高等院校公共课系列规划教材

人 际 关 系 学

（第二版）

杨丹　编著

WUHAN UNIVERSITY PRESS

武汉大学出版社

图书在版编目(CIP)数据

人际关系学/杨丹编著.—2 版.—武汉:武汉大学出版社,2019.1(2025.7
重印)
高等院校公共课系列规划教材
ISBN 978-7-307-20173-6

Ⅰ.人…　Ⅱ.杨…　Ⅲ.人际关系学—高等学校—教材　Ⅳ.C912.11

中国版本图书馆 CIP 数据核字(2018)第 098211 号

责任编辑:胡国民　　　责任校对:李孟潇　　　版式设计:韩闻锦

出版发行:**武汉大学出版社**　(430072　武昌　珞珈山)
　　　　(电子邮箱:cbs22@ whu.edu.cn 网址:www.wdp.com.cn)
印刷:湖北云景数字印刷有限公司
开本:787×1092　1/16　印张:15.5　字数:263 千字　插页:2
版次:2010 年 11 月第 1 版　　2019 年 1 月第 2 版
　　2025 年 7 月第 2 版第 4 次印刷
ISBN 978-7-307-20173-6　　定价:34.00 元

杨 丹

杨丹，武汉轻工大学副教授、湖北省礼仪学会第一副会长、武汉公共关系协会副会长。兼任湖北省委讲师团、中国企业联合会、武汉市精神文明办等机构礼仪培训师。主要从事高校公共关系学、礼仪文化教育及研究。出版专著《人际关系学》，主编《公务礼仪》，参编《社交礼仪》（普通高等教育"十一五"国家规划教材）等多部礼仪著作。

作者简介

第一版序言

周洪宇 *

人是群体性的社会动物，但凡有人的地方，就有人际关系。由于每个人都有其独特的背景、经历、思想、个性、价值观与行为方式，因而人际关系对每个人的生活、学习与工作都有很大的影响，乃至影响其一生的发展。从某种意义上来说，人际关系决定了人的成败与命运。

对个人这样，对社会也同样如此。人际关系是维系社会关系的重要纽带。当前，构建"和谐社会""和谐世界"，已成为时代的最强音。"和谐"的第一要义就是人与人的和谐。被称为"万世师表"的我国古代大思想家、大教育家孔子，其告诫世人的话语"己所不欲，勿施于人"，穿透历史的时空和尘埃，仍为今天各民族所推崇，这正说明"和谐"对于人类社会发展的意义重大。人类现已悄然进入信息普及的时代，在新的环境和条件下，人际关系在社会关系系统中的地位日益凸显，人与人的关系不仅影响政治稳定、经济发展和社会和谐，也对整个社会的运行发挥着基础性乃至决定性的作用。

由此可见，人际关系无论是对于我们每个人，还是对于整个社会来说，都是一个需要时时面对与正确处理的问题。正因如此，我们需要不断地从中外各种关于人际关系的学说中获取知识的养分，构建现代社会和谐的人际关系。

作为一个长期工作在教育领域的老兵，我一直期盼高校开设人际关系学课程，以培养相关人才，提高大学生的基本素质与能力。最近，有机会拜读了杨丹同志撰写的《人际关系学》一书，感到十分欣喜。对杨丹同志，我很熟悉，她家学渊源深厚、仪态

* 周洪宇，全国人大代表，湖北省人大常委会副主任，华中师范大学教育学院教授、博士生导师。

端庄、精明干练且待人热忱，现担任湖北省礼仪学会第一副会长、武汉公共关系协会理事、武汉创意产业研究会理事、武汉市婚庆协会顾问，还是民进湖北省委员会委员。多年来，她从事高校公共关系学、人际关系学和现代社交礼仪的教学与研究，主编和参编《公务礼仪》《公关礼仪》《现代礼仪》《社交礼仪》等多种论著。近年来，热心公益，多次应社会企事业组织及大专院校之邀，开设礼仪知识讲座，并被省、市电视台及广播电台聘为评委，具有相当的社会影响。

作者在这本书中，以其长期在该学科领域的理论钻研与实践积累，使该书的内容现实针对性强，可操作性强，在编写体例上也较以往有所突破。

我认为，这本书最可贵之处，在于能够紧密结合现实社会中的人际关系问题进行分析，为现代人提供了改善和调适人际关系的理论和方法，也对青年人尤其是大学生全面提升自我素质，以积极的人际交往促使其心理的健康、人格的健全和社会适应能力的增强具有指导作用。

此书不仅适宜作为高校教材，也可使社会普通读者从中获得裨益。

人际关系早已有之，但人际关系学还是一门新兴的学科领域。我希望广大教育工作者对这一新兴学科领域给予积极的关注，并期盼该书的出版，能够有力地推动该学科的进一步发展，使之涌现出更多更好的研究成果，造福于社会与个人。

是为序。

2010 年 4 月于武昌水果湖

前　言

美国成功学大师卡耐基说：我们生活在一个人际关系重于其他的世界里，人与人相处的好坏，是决定人生成败的重要因素。人的一生是在社会交往中度过，因而人际关系极大地影响着每个人的生存和发展。人与人之间建立关系及交往，不仅是人本能的需要，也是社会发展以及个体实现自我价值的需要。有句形象的比喻：没有交际能力的人，就像陆地上的船，永远到不了人生的大海。的确，古今中外无数事实证明，一个人来到这个世界，无论自身具有多么好的条件，如果没有良好的人际关系，便无法获得一切成功。正如本杰明·富兰克林所言：成功的第一要素是懂得如何搞好人际关系；商界著名成功人士李嘉诚也告诫世人：营造一张和谐舒适的人际关系网络，是您打开成功之门的钥匙。

因而，在现实社会里，每个人都生活在一定的经济关系、政治关系、文化关系和思想关系中，并且心理和行为都深受其各种关系的影响。虽然，宏观的社会关系对个体行为的影响不是那么直接，但是它可以通过微观的人际关系来实现社会对个体的影响和控制。可见，人与周围世界的相互作用，其实质是通过一系列的人际关系实现的，而每一个人都是通过自我和周围的人际关系而生活并努力实现着自己的一切。因此，人际关系是我们每天都必须面对的课题。

撰写《人际关系学》一书，是本人多年来的夙愿。由衷盼望能将自己在此学科领域所做的初浅探索，以及在教学耕耘中的点滴领悟形成文本，为社会文明的进步尽绵薄之力。本书试图从历史和现实、理论和实践相结合的角度，深入浅出地阐述人际关系的相关原理，探索人际关系的发展规律，着重阐述现实社会中人际关系的问题及产生根源，力求能为现代人成功地进行交往并创立和谐的人际关系，提供有益的指导和有效的对策。本人殷切期盼，此书能对高校学生及社会读者有所裨益。

此书的编写能顺利地完成，首先感谢我国著名教育学家、湖北省人大常委会周洪宇副主任的热忱关心及为本书亲笔作序；我国著名礼仪专家、湖北省礼仪学会会长、武汉大学李荣建教授在我写作之初以真诚的鼓励给我莫大信心，我在此表示深深的敬意及感谢；我国人际关系学研究领域的资深专家、华中农业大学冯兰教授予以悉心指导，我深表感谢；在此书编写过程中给予密切关注和热忱关心的良师益友，在此一并致以由衷的谢意。

目　录

第一章
人际关系学导论

┌─ **本章要领** ───┐

　　本章主要概述人际关系学的概念及研究人际关系学意义；人际关系学的研究对象、研究目的及研究方法；人际关系学的主要理论。

└──┘

　　一部人类社会发展史，可谓一部人类社会交往史，即一部人际关系史。作为一门研究人际关系的新兴学科，人际关系学一直备受广泛关注。这门学科从传统的管理学中分离出来，随着社会的发展，不断从历代中外学者的研究中获得丰富的营养，其理论探索不断深入，人际关系学说的理论体系也日臻完善。

第一节　人际关系学的概念及研究意义

　　人类社会早期已开始关注人际关系，并且许多中外学者在此方面作了大量探讨。但人际关系学作为一门独立学科的诞生，乃以 20 世纪 20 年代后期，美国心理学家梅奥等学者通过"霍桑实验"的研究，提出了人际关系学说为标志。[1] 人际关系学的研究历经大半个世纪，作为一门独立的学科而言，仍是一门正待发展的新兴学科。

---

　　[1]　梅奥（George Elton Myao，1880—1949）原籍澳大利亚。美国行为科学家，人际关系理论创始人，美国艺术与科学院院士。曾在美国西方电器公司霍桑工厂进行长达九年的实验研究，称为"霍桑实验"。主要代表著作：《组织中的人》《管理和士气》。揭开作为组织中人的行为研究的序幕，找到效率逻辑与感情逻辑之间动态平衡的有效途径，发现非正式组织的存在等，是梅奥人际关系理论的重要贡献。

一、人际关系学的概念

人际关系学是通过研究人际关系的客观规律，探讨现实社会中的人际关系问题，经过分析、归纳，从而系统地提出科学协调人际关系的相关原理、原则及方法。因而，此研究领域赋予它的定义是：人际关系学是一门研究人际关系的形成和发展规律，并以此规律指导人们的实践，优化人际关系的科学。这门学科具有以下三个特征：

（一）它是一门社会科学

人际关系是伴随人类发生、发展的社会现象，人际关系的发展规律受社会发展规律的制约，因而，人际关系学的研究是在社会学范畴内的研究。就目前所公认的三大科学来看，自然科学、社会科学、思维科学，人际关系学明显属于社会科学。它是一门专门研究社会人与人之间的交往互动关系及其影响因素的社会科学。

（二）它是一门综合性学科

人际关系学虽作为一门独立的学科，具有其自身的性质、特点，但此学科的涵盖面广，与众多学科有着密切联系。例如人际关系与人类学、心理学、社会学、伦理学、行为学、管理学等，都有某种内在联系。人际关系学的研究过程也综合了许多学科的相关知识。

（三）它是一门应用性学科

从这门学科的性质来看，人际关系学的原理、原则及发展规律等，都是从实践中探索并总结出来的；反过来，又对社会实践发挥一定的指导作用。因而，相对于一般基础理论学科而言，人际关系学也可定位为应用性学科。

人际关系作为一门新兴学科，为当代社会心理学、社会学、人际交往学等学术领域关注及研究，但应说明，当今对于人际关系理论的研究，尚处于研究探讨阶段。譬如从社会学角度而言，人际关系是指人们在生产或生活活动过程中所建立的一种社会关系；从心理学角度而言，人际关系是指人与人交往中建立的心理上的关系。关于社会关系与人际关系含义的界定，苏联社会心理学家安德烈耶娃在《社会心理学》（1984）中说：要正确认识人际关系的性质，就不要把人际关系和社会关系放在同一类，而要把它看成是社会关系中的一个特殊的"类"。它产生于每一个社会关系中，而不是产生于社会关系之外。可见，社会关系包括人际关系，人际关系是社会关系的一个"类"，是社会关系的一种横断面；而社会关系是在人际关系的基础上形成的，会随着人际关系的不断发展渐变和更新。在此，也指出人际关系与公共关系的区别：首先，人际关系是以社会个体为支点，而公共关系是以社会组织为支点。其次，公共关系的"关系"内容，是关系双方通过契约（合同）来决定的，可能受到国家强制力量法律的制约；而在人际关系中，若违反承诺，只会受到道德舆论谴责。还应看到，人际关系的研究，对当今时代社会个体交往、组织的有效管理、社会和谐发展等，有着重要的指导意义和运用价值。

二、人际关系学的研究意义

作为社会个体的人，只有与他人发生联系即结成人际关系，才能实现个体的生存与发展。人际交往可谓社会个体的本质表现，是人的本性要求。人与动物的最大区别便在于人的社会性。试想如果一个婴儿在仅仅保证他生存下去的条件下与人类社会隔离，中断与人的交往，结果将会是怎样的呢？13世纪，德国腓特烈二世试图研究与世隔绝的孩子长大后会讲什么语言？会有什么样的讲话习惯等？于是，他让孩子的养母和看护只给孩子喂奶、洗脸、洗手、洗澡，但绝不许和孩子讲话交流。结果，因为没有语言交流，没有爱抚，没有笑脸，没有感情，没有人际互动，这些孩子都相继死去了，他们无法生存。这个实验是残酷的，但它警示世人：人不能离群索居，与世隔绝。而人只有在与他人交往和互动中才能求得生存，并实现其社会价值。

人际关系既然是一种客观存在的社会现象，那么展开人际关系学的研究必然有着重要的意义。因为通过研究，我们才能正确地认识人际关系，并科学地把握人际关系的实质、特点及其发展规律，为人们的人际交往提供科学的理论指导；通过研究，为人们深入探讨、分析人际关系的表现形态、从根本意义上区分人际关系与庸俗关系，提供理论依据。研究人际关系学的现实意义还体现在以下几个方面：

（一）建立正常、和谐的人际关系

对人际关系的探讨和研究，可从主观、客观两方面促使人际关系的正常化、和谐化。

1. 主观方面

人们在现实的交往中，不可避免地会遇到来自本身的障碍，其中最突出的、对人际关系影响最大的是心理障碍，它会严重地影响和干扰人际交往的正常进行。人际关系学研究可以帮助我们认清产生其心理障碍的原因，并掌握正确的消除障碍的方法，以建立良好的、正常的、健康的、和谐的人际关系。

2. 客观方面

在人与人的社会交往中，由于利益关系及种种因素的影响，人与人之间会产生各种矛盾和问题，进而导致冲突发生。研究人际关系学，能帮助我们找到化解冲突、消除矛盾的有效方法，并能探寻出协调人际关系的交往规范和准则。

（二）创立适应社会发展的新型人际关系

随着社会的快速发展，人际关系也必然需要更新和发展，例如当今广泛建立的竞争关系和合作关系，被称为网络时代的网际关系，以及各种所谓的临时关系等。我们必须加强对人际关系的研究，才能探寻人际关系的发展趋势，预测社会变化对人际关系提出的新的要求，以创立顺应时代变化和社会发展的新型人际关系。

（三）成就社会个体的人生及事业

每个人的存在都不是孤立的，无论是日常生活还是工作学习，其实都是人际交往的过程，因而人际交往不仅是人类社会发展的基础，也是每个人应具备的基本能力。在信息社会里，更凸显出人际交往能力的重要性。人与人在相互交往中发生、发展及建立起来的人际关系，极大地影响着一个人的生存状态，因此人际关系备受人们的关注。美国一项权威调查显示，成人最为关注的有两大问题：一是健康问题；二是人际关系问题。世界著名的成人教育家、人际关系学专家戴尔·卡耐基曾说出了让成千上万的人顿悟的话：一个人的成功，只有15%是由于他的专业技术，而85%则要靠人际关系和他的处世能力。不可否认，在现代社会中，缺乏人际交往能力，是难以立足于世，并得到发展、获得成功的。研究人际关系学有助于我们以系统、完善的人际关系学原理为指导，运用和掌握科学的调适人际关系的方法，解决所遇到的问题，正确调整自我状态，提高与人交往的能力。

第二节 人际关系学的研究内容、目的及方法

人际关系学作为一门独立的学科，具有其特定的研究对象及区别于其他学科的研究目的及方法。

一、人际关系学的研究内容

人际关系学有其独特的研究内容，它不同于社会关系学和公共关系学。社会关系

学主要研究人类社会交往中的一切关系的总和，公共关系学主要研究组织与相关公众之间的关系，而人际关系学则侧重研究人与人之间的关系。因此，人际关系学的研究对象是社会人与人之间的关系及其发展规律。它研究的主要内容是：人际关系的主要理论、人际关系的形成与发展、人际关系的结构与功能、人际关系的类型、影响人际关系的主要因素、协调人际关系的原则、人际交往的心理障碍及克服方法、协调人际关系的技法、人际关系的研究方法和评估方法等。

二、人际关系学的研究目的

人际关系学有其明确的研究目的，目前学术界将其归纳为两个方面，即理论方面和实践方面。

（一）理论方面

为了正确认识人际关系，科学地把握人际关系的实质、特征及发展规律，人际关系学研究的目的是：首先，从理论上通过深入研究探讨，建立一套独立的、系统的、完善的学科体系，为人们的人际交往提供科学的理论指导；其次，通过对人际关系学的研究，揭示人际关系的本质特征，以准确把握人际关系学的学科性质，分析和研究人际关系学与相关学科的联系与区别；再次，从理论上划清人际关系学与庸俗关系学的界限，为人们的正常交往提供理论依据。

（二）实践方面

首先，人际关系学的研究致力于指导人们交往的实践，以探索出协调人际关系的行为规范和准则，指导人们掌握和运用优化人际关系的技巧和方法以建立良好的人际关系；其次，通过探讨人际关系学，并对影响人际关系的障碍因素作深入分析，提供如何预防、消除人际障碍的方法；再次，从社会发展及人际关系的发展趋势方面，探讨如何建立和发展新型的人际关系，并从实践中引导人们正确处理人际关系，培养和提高人际交往能力。

三、人际关系学的研究方法

人际关系学属于社会科学范畴，因此在研究方面大多参照社会科学的研究方法，如文献法、观察法、实验法、社会调查法、社会测量法、统计法等。

（一）文献法

文献法是指根据特定的研究目的，通过各种文献资料获取相关的信息，从而全面、广泛、系统地了解要研究问题的一种方法。如查阅文献目录及索引、专家咨询、网络查询等。运用文献法展开研究，首先，应对文献资料的范围、来源、类别及取舍有明确的评价标准；其次，应对有特殊价值的信息进行归类整理，以便研究分析时使用。

可以利用互联网展开文献资料的收集工作，还可以在互联网上采取发放问卷、发电子邮件、开展网上对话等形式，以快速、高效地获得更为真实而准确的信息。

(二) 观察法

观察法是指研究者通过感官，对被调查对象进行观察和记录，从而获得资料的一种方法。运用观察法必须按照严格的要求进行，如观察者必须在被调查对象处在自然状态中进行，否则便失去了真实性；观察必须是有目的、有计划的，而不是盲目的，对观察内容需有详细的记录；在整个观察过程中，必须防止主观片面，确保观察的结果可靠和有效。

(三) 实验法

实验法是指有目的地控制某些条件，观察和研究被试对象的活动和变化情况，从某种意义上说也是一种观察法，不同之处在于它是在一种有控制的条件下进行的观察。历史上，梅奥等人所做的著名的"霍桑实验"，堪称经典实验，其重要意义在于通过对实验的总结，提出了人际关系学说。

(四) 社会调查法

社会调查法是指通过直接向被调查对象提问而获取信息的方法。通常用到的调查方法有普遍调查、抽样调查、典型调查、个案调查等。社会调查法获取资料的工具是问卷，其问卷调查法也是开展人际关系调查常用的方法。

(五) 社会测量法

社会测量法是指通过制定量表对研究对象的人际关系加以测量的方法。测量法在自然科学研究中应用非常广泛，且非常成熟，但在社会科学研究中还存在一定难度，这是因为社会科学测量的对象是"人"而非"物"，其测量对象是能动的客体，存在不确定性、可变性、复杂性。因此，运用社会测量法测量人际关系，必须注意把握好测量的科学性和客观性标准。

(六) 统计法

统计法是指对经由研究者调查、访问、测量而获得的数据进行统计分析的方法。

这种方法已被广泛应用于自然科学研究和社会科学研究之中。统计法的作用在于对调查数据的定量分析和定性分析，并对调查对象进行描述和归纳。

（七）人际关系评估法

人际关系评估法是指通过运用科学的评估方法，了解社会个体人际关系状况的方法。我们可借助此方法发现人际关系中最本质的东西、最具有规律的东西，以便调节和改善个体人际关系。人际关系评估法主要有：社会测量法、参照测量法、人物推定法、自然观察评估法和心理测评法。①

第三节　人际关系学的理论奠基

从 20 世纪初开始，许多西方学者，尤其是一些哲学家、管理学家、社会学家、社会心理学家，纷纷关注人际关系学领域，并在各自的研究领域发表了独到的见解，以至于形成了早期人际关系学领域的不同理论流派，并为后来的人际关系学研究奠定了理论基础。

一、社会交往理论

马克思从宏观视角，把人际交往看作是社会生产和生活中不可缺少的因素，认为人际交往在本质上是社会交往。马克思指出："迄今为止的一切交往都只是一定条件下的个人交往，而不是单纯的个人交往。"② 马克思在这里所说的"条件"主要指社会条件。人际交往都是社会条件下的交往，即社会交往。马克思不仅强调社会因素对人际交往的制约性，而且指出了交往对生产力的作用，说明交往已经成为生产力发展的必要条件。随着人类交往范围的不断扩大，社会生产力将不断走向新的阶段。马克思的社会交往理论把人际交往看作是社会系统的要素，并把它放在人类整个发展过程中去考察，从而揭示了人际交往的发展趋势：共产主义社会将实现普遍交往。

二、社会交换理论

社会交换理论是美国社会学家霍曼斯于 1958 年提出来的。霍曼斯认为社会互动

① 冯兰. 人际关系学 [M]. 沈阳：辽宁大学出版社，2005：27.
② 马克思恩格斯文集（第1卷）[M]. 北京：人民出版社，2009：579.

行为是一种商品交换，不仅是物质商品的交换，而且是诸如赞许、荣誉或声望之类的非物质商品交换。在商品生产的社会里，人际交往就如同商品的交换原则一样是等价的，是公平交易。据此，在人际交往的相互作用中，他提出了人际双方的报酬与代价问题，认为在人际交往的相互作用中，既要收支平衡，也要获得利润。霍曼斯的交换理论最富有成效的一项结果，就是他发展了"分配上的公平原则"。霍曼斯论证说，存在着一种制约社会交换的普遍规范，人们指望通过交往得到的报酬与他们付出的代价成正比。

三、社会需要理论

社会需要理论是由美国的心理学家魏斯于1974年提出来的。魏斯分析了人类的亲和需要，提出了六条基本的"社会关系律"，即：依附的需要；社会整合的需要；价值保证的需要；可靠同盟的需要；寻求指导的需要；关心他人的需要。

美国社会心理学家舒兹认为，每个个体都有以人际交往建立一定的人际关系的需要。他把这种需要分为三类：

第一，人与人之间"包容"的需要，即希望从交往中与他人建立和谐的关系。

第二，人与人之间"控制"的需要，即在"权力"的基础上希望对他人做出某种良好的调节作用。

第三，人与人之间"感情"的需要，即在"友爱"的基础上希望与他人建立并维持某种良好关系。

舒兹指出，上述每一类需要都可以转化为动机，产生一定的行为倾向，表现为主动性或被动性，于是，可组合成六种人际关系的行为模式，如表1-1所示：

表1-1 　　　　　　　　　　　　　　人际关系的行为模式①

需要＼行为倾向	主动性	被动性
包容	主动与他人交往	期待他人接纳自己
控制	支配他人	希望他人引导
感情	主动表示友爱	等待他人对自己亲密

---

① 时蓉华. 现代社会心理学 [M]. 上海：华东师范大学出版社，2002：338.

四、社会实在理论

美国社会心理学家菲斯汀格提出了社会实在理论。菲斯汀格用社会实在论观点解释人际交往的现象。社会实在论是指当人们对自己的态度和意见正确与否的判断无确定标准时，往往将周围其他人的态度、意见或行为作为暂时性判断标准，以使自己的认识和行为与周围人保持一致。菲斯汀格指出，当人们一时难以寻求到判断事物的客观依据及标准时，就采用现实主义的立场和观点来评判事物，认同团体的意见与行为。此时团体内人际关系及人际交往有助于促使个体的认知协调和保持团体内人的心理上的平衡，并取得团体中其他成员的帮助、支持，消除个体判断事物正确与否的标准或行为表现的偏差。

五、需要层次理论

需要层次理论是由美国心理学家马斯洛（1908—1970）首创的一种理论。他认为人的动机是由多种层次与性质的需求所组成的，而各种需求之间有高低层次之分。他将人的需要按其强度不同归纳为以下几类①：

1. 生理需要

马斯洛指出生理需要是人的第一层次的需要，也是人类最基本、最重要的需要。人类生存必须具有的生存条件，如食物、阳光、住房及基本生活设备。

2. 安全需要

马斯洛指出当生理的需要获得适当的满足后，寻求安全就成为起主导作用的需要。所谓安全的需要，是指防御灾害疾病，获得福利和稳定的生活环境。

3. 社交需要

社交的需要是人们第三层次的需要，表明人希望和他人建立关系，并通过社会交往得到他人的关心和爱护、帮助与支持，建立爱情与友谊等，从而获得一种归属感。

4. 尊重需要

这是更高层次的需要，尊重包括自尊与他尊。这种需要既包括渴望自由与独立、获得知识与能力，从而感到自信与自豪的需要；又包括对权力、地位、荣誉的追求。

---

① ［美］亚伯拉罕·马斯洛. 动机与人格［M］. 许金声，等，译. 北京：华夏出版社，1987：53.

5. 自我实现需要

这是在上述需要得到充分满足之后的一种更高追求。

1954 年，马斯洛在《激励与个性》一书中，在前述第四层与第五层需要中补充了两个层次，后人也将其与前五种需要合称为七种需要。这两种需要，即：

第一，认识与理解的需要。这一需要须以安全、自由、社交、尊重以及自我实现为先决条件。

第二，追求完美的需要。追求完美是最高层次的需求，也是人类行为的普遍现象。

可见，马斯洛的人际需要理论的七个层次，是呈逐级上升趋势，即当低层次的需要相对满足之后，才会追求更高层次的需要。

六、互动理论

互动理论是近些年西方人际关系学研究中比较重要的一种理论。其研究重点在于人与人之间的交互影响、交互作用的过程。该理论认为，个人创造社会，个体是互动中的最小单位。个人的互动过程可以描述为：最初个体的观点与团体的观点有差距，当得知团体的观点后，个体就会将自己的观点加以修正以符合团体的观点，互动过程就是这种不断修正和改变的过程。简而言之，个人创造社会，社会更创造个人，这二者是不可分的，这是一个互动的、连续的过程。

【短文一则】

人际关系对现代企业发展的影响

在高科技迅速发展的现代社会，无疑，优秀的人才是企业最重要的资产。在当今，谁更有效地开发和利用了人力资源，谁就有可能在日益激烈的市场竞争中立于不败之地。人力、财力、物力是企业经营管理必不可少的三大要素，而人力是其中最为活跃、最富有创造力的因素。因此，在现代社会中，即便有最先进的技术设备，最完备的物质资料，若没有人的准确而全力的投入，所有的一切将毫无意义。可见，对于人的有效管理，不仅是高效利用物质资源的前提，而且是一切创新的最基本条件。但是，人的创造性是有条件的，是以其能动性为前提的。因此，企业在现代管理中，应重视人际关系的影响及作用。企业须注重与员工建立良好的关系，力求做到令员工满意。为此，企业需要悉心分析和了解他们的真正需要：不仅要满足其必要的物质需求，还须满足其更深层次的社会需求。如让他们获得尊重感，受到重视，并参与企业的管理，令企业员工充分体验个人价值的存在，从而激发其主观能动性和创造性，与企业组织同呼吸、共命运。

☞ **思考题**

1. 人际关系学作为一门独立学科有什么特殊意义？
2. 人际关系学的主要研究对象有哪些？
3. 马克思的社会交往理论的核心是什么？
4. 简述马斯洛的人际需要理论的基本内容。

第二章
人际关系基本理论

本章要领

　　本章主要阐述人际关系形成的先决条件及促使其发展的动力因素，人际关系的结构类型，人际关系的特征、功能，以及人际关系的历史进程和发展趋势。

　　人类自诞生以来，便是以群体的形式存在和进化发展的。不管什么人来到这个世界，既要同自然发生联系，又要同社会发生联系；离开自然界，人无法生存；离开社会，人不能成其为人，因而现实中的人类为聚合群体。我国古代学者荀子说："人生不能无群。"（《荀子·王制篇》）用现代汉语来说，即人们无不生活在由人际关系交织而成的网络中，而且每个个体都是这张人际关系网的网结。人，既可看作是一切社会关系的起点，也可看作是一切社会关系的终点。

第一节　人际关系形成的动因

　　任何人际关系的形成，都需遵循一定的规律，必须拥有必备的前提条件，以及推动其发展的动力因素。

一、人际关系形成的先决条件

　　先决条件是指对于人际关系的形成和发展具有普遍促进作用的决定性条件。人际关系形成的先决条件主要有以下三点：

（一）人

　　人是人际关系的主体。人类首先是一种生物存在或自然存在，具有生命力和自然力。而自然生命的存在是人存在的基本的自然的前提，是人从事一切社会活动的物质载体，也是人得以存在和发展的物质基础，因而人是构成人际关系的第一个前提条件。

（二）人际接触

在人类发展的初期阶段，人作为个体，依靠其自身的能力是难以在自然界中生存的，必须通过劳动过程中的互助协作来实现人的存在，因而劳动过程中的这种协作关系，提供了人与人接触的机会，建立了最初形态的人与人之间的关系。因而可以说，在人际接触即交往中，孕育着人际关系的形成与发展，没有人际接触即人际交往，便没有人际关系，也就没有人类社会。

从一定意义上可以说，人与人之间接触的机会、频率、方式，对人际关系影响极大。"邻近性"在人际关系的形成和发展中有重大作用，在人际关系研究中颇为重要。"邻近性"的实质就在于人与人之间存在较多接触和互动的机会。一位社会学家进行的一项调查结果表明，居民们和住得最近的人最亲密。因此，一般说来，直接的、频繁的、信息性的接触，对人际关系的影响更大一些。

（三）人际需要

人际交往活动是以人的需要为前提的，人与人之间的一切关系，都是建立在一定的相互需要的基础上的，如果没有相互需要，即使有彼此接触的机会，也不会结成一定的关系。人类的许多需求，都是出于人类的本性，是人类所共有的。

二、人际关系发展的基本动力

上述三个前提的实现，应当说都是受其基本动力的驱使，是社会内部人的生产、物质生产和精神生产相互作用和共同发展的结果。所以，可将人的生产、物质生产、精神生产视为促进人际关系形成和发展的基本动力。

（一）人的生产

人的生产就是人类自身的生产，即人类种族的繁衍。人类通过不断地生产出新的生命，而产生出人际关系的主体。可见，人的生产对人际关系的影响：产生了人际关系的主体，形成了最基本的人际关系，为人际关系的发展奠定了基础，从而保证了人际关系的发展。历史上曾经因战争、疾病、自然灾害等原因，破坏乃至中止了一些地区的种族自身的生产，结果导致这些种族的灭绝，也导致了这些种族人际关系的灭绝。

从人的生产来看，它最初产生的几种人际关系如下：

①家庭关系，如夫妻关系、姊妹关系、父子关系等。

②亲属关系，如祖孙关系、叔侄关系、舅甥关系等。

③社会关系，如亲人朋友之间的关系，同住地人之间的关系等。

那么，人的生产数量和质量，也对人际关系的形成和发展有着不容忽视的影响。人口数量对人际关系的总体影响是：人口越多，人口密度越高，人与人之间相互接触和结成关系的可能性就越大。再从人的生产质量来看，它对人际关系的形成和变迁的影响，主要表现在通过种族繁衍的自然选择来调节人的婚姻、血缘关系。在人类初期，因文明程度较低，近亲婚配的现象较为普遍，影响了后代的质量。随着人类社会的不断进步，人的婚姻范围逐步扩大，使人际关系由血缘关系向非血缘关系扩展，人的自身得到改善。

（二）物质生产

人类为了生存，需要有维持生存的最基本生活资料，人们则要进行物质资料生产活动。而在生产中需要以一定方式结合起来活动和互相交换其活动，必然会建立起各种各样复杂的社会关系。可见，物质生产是人际关系形成和发展的决定性动力。从另一方面而言，人只有与他人合作，才能增强征服自然的能力，获取更多的生活资料，以降低对自然界依赖的程度，从而也提高了人际关系的发展水平。

从社会发展来看，现代化的大机器流水线生产将许多人集中到一起共同生产，提高了生产社会化的程度，也发展了人与人之间的社会联系。可见，物质生产的发展促进了人际交往的扩大，并且随着社会交通的迅速发展，使人们大大克服了空间距离的限制，增加了交往的次数，促使人际关系更加密切。因此，可将物质生产对人际关系的作用归纳为四点①：

第一，物质生产推动了人际关系的形成和发展；

第二，物质生产的发展导致了人际关系的变化；

第三，物质生产的发展促进了交往范围的扩大；

第四，前代人的物质生产制约了后代人的人际关系。

（三）精神生产

随着物质生产的发展，人类社会的精神生产也得到发展。但与物质交往不同，精

① 冯兰. 人际关系学［M］. 沈阳：辽宁大学出版社，2005：76.

神交往关系的制度化和规范化形成社会意识形态，其特点是具有强烈的价值倾向性。可以说，由于精神生产的迅速发展，促使人类语言的整合、情感的交流、信息的传递、知识的爆炸、艺术的繁荣、观念的变化等，而这一切都有力地影响着人际关系的形成与发展。

在此应提及，人类精神生产的方式随着社会发展不断改变，也使人际关系方式发生着相应变化。在早期人类社会，精神生产十分分散，一个部落的文字语言与其他部落不通用，最初的精神生产是个人凭兴趣单独进行，其精神成果只在部落内部享用。而随着人类社会向着文明化迈进，各民族的语言交流日益增多，其精神活动表现为有组织、大批量的进行，如当今社会出现的集中开展科学研究，生产精神产品。例如：美国的硅谷科学城，牛津、剑桥大学城，科学、文化、艺术的交流已经国际化，人与人之间的心理接触几率大大增加。可见，精神生产的方式越先进，人际关系发展越显著。

再从其他方面来看精神生产对人际关系形成和发展的影响。首先，从思想意识来看，显然，相同的思想意识观念是维系良好人际关系的纽带，思想意识是否正确决定着人际交往是否恰当，思想认识的深浅程度影响建立人际关系的速度；其次，知识层次对人际关系的影响也较大，科学文化水平相近、知识层次相同的人，相互之间的交往越多；再次，精神产品的生产方式也对人际关系的发生有一定的影响作用。

总之，上述三种需求，是人的本质的表现，是人性的基本要求。马克思说：人的本质不是单个人所固有的抽象物，在其现实性上，它是一切社会关系的总和。人的本质就只能是一种社会性的存在本质，而人际交往的前提和基础是在满足人们物质和精神客观需要的同时，建立相应的人际关系。

第二节　人际关系的结构类型

人际交往从其本质而言是一种社会交往，所以它不能是随心所欲、混乱无序的，它必须纳入一定的规范，因而，人际关系犹如一个多层次、多向度的极其复杂的网络系统。从宏观上，人际关系可划分为经济关系、政治关系、法律关系、伦理关系、道德关系、宗教关系等；从微观上，若按人际关系的内在纽带来划分，可将人际关系划分为血缘关系、地缘关系、业缘关系、趣缘关系等；若按其他形式还可划分出若干类型的人际关系。当然，这些关系看似相互独立，但有些是交叉的，例如经济关系与业缘关系；有些是可以相互转化的，例如法律关系与伦理关系；有些是有层次高低区分的，例如上下级关系、长晚辈关系。对于人际关系结构类型的划分，目前学术界有多种方法和标准，但总体原则是依据人际关系的特点、变化及发展规律予以科学划分。

一、宏观划分

宏观划分法是指按人际关系的内容来划分，可将人际关系划分为经济关系、政治关系、道德关系、法律关系、伦理关系、宗教关系等。

（一）经济关系

经济关系是人际交往中最基本且最常见的一种关系，可分为宏观经济关系和微观经济关系。前者指集团、组织之间发生的经济关系；后者指个人之间所发生的经济关系。人际关系学主要研究后一种经济关系，主要包括生产关系、分配关系、交换关系、消费关系等。

1. 生产关系

生产关系是最基本的经济关系，它包括生产资料所有制形式、人们在生产中的地位和相互关系以及产品的分配形式等。由于人们在生产中的地位不同、分工不同，所结成的生产关系也不同，因而生产领域有上下级和平级关系。

2. 分配关系

分配关系是指人们在对产品的分配、利润的分配及个人消费品的分配中所形成的关系。分配关系主要是由生产资料所有制的性质决定的，因而，人类社会处在原始社会阶段，生产资料是公有的，采取的是社会成员平均分配的方法；而处在奴隶社会、封建社会、资本主义社会阶段，生产资料被统治者所占有，致使社会分配既不合理也不公平。人类向往建立真正的事实上的平等的分配关系。

3. 交换关系

交换关系是人们为满足生活需求，在以其商品或货币进行交换的过程中建立的彼此关系。真正合理的交换关系是：交换双方都遵守公正、公平原则；尊重对方的物质利益，同时维护自己的正当利益，从而建立正常的人际关系。

4. 消费关系

消费关系是人们为满足生产和生活需要而在消耗物质财富和精神财富的过程中结

成的相互关系。消费关系中包含个人消费、家庭消费和社会消费关系。无论哪一种消费关系，都应建立在平等互利的基础上，如当今在朋友及家庭中所倡导的"AA制"消费关系。

（二）政治关系

政治关系是人们在一定经济基础上，围绕特定的利益，借助于社会公共权力来规定和实现特定权利的一种社会关系。政治关系一般具体地指阶级关系、党派关系、民族关系、国际关系等。需要说明的是，政治关系只是人际关系的一种，并非所有的人际关系都表现为政治关系。如一个政治党派成员，在家庭里则表现为家庭成员之间的关系，因而政治关系是指人们在政治活动中所发生的人与人之间的关系，并且政治关系在不同的社会制度下表现出不同的性质。

（三）道德关系

道德关系是指人们在属于道德规范调整的范围内所发生和结成的关系。从个体的道德需求来看，一方面是人的自我肯定、自我发展、自我完善的需要；另一方面是协调人际关系、维护社会秩序的需要，因而个体的道德活动从本质上说，是与他人发生关系的人际行为。通常在具体的人际情境中，道德主体的同情感、正义感、责任感、义务感、自尊感等，会引导并推动个人采取道德行为，促使人际交往的和谐。若道德主体缺乏正当的道德品质，便会造成与他人的交往障碍。

因此，道德是人们社会行为的基本准则，道德的直接目的在于维护人际行为秩序，保障社会存在的发展。我国基本的道德规范是：爱国守法、明礼诚信、团结友善、勤俭自强、敬业奉献，并强调社会公德，即全体公民在社会交往和公共生活中应该遵循的行为准则。随着全球化趋势的发展，应当注重维护国际共同认可的道德原则及规范。

（四）法律关系

法律关系是指人们在社会生活中依据法律规范而结成的关系。法律是由国家立法机关制定、受国家政权强制力保证执行的行为规则。经常发生的并作为公民的一般法律关系有婚姻关系、家庭关系、劳动合同法律关系等。在人际交往中，虽然道德对人们内心的影响和外在行为都具有一定的约束力，但无法解决各类复杂的社会问题，因而必须借助于法律的约束力。在社会交往中，关系主体应按法律关系规范自己的行为，做一个知法、懂法、守法的文明公民。应当重视人际之间的法律关系，它对于调整、稳定和发展人际关系有着重要作用。

（五）伦理关系

"伦"，即"人伦"；"理"是指道理、规则。伦理便是指人与人之间应当遵守的行为准则。所谓伦理关系，也可称为道德关系，指在道德规范调整的范围内所发生的人与人之间的关系。例如在公共场合，是否遵守公德，尊老爱幼等；在家庭里，是否遵守家规，孝敬长辈，关心下辈等。

伦理关系及道德关系与法律关系的主要区别：法律关系是强制性的，是有法定的条文规定的；而伦理关系及道德关系则是非强制性的，是人们在长期交往中逐步形成，潜移默化在人们心目中，依靠社会舆论的力量，依靠人们的信念、习惯、传统等来维持的。因此，现实生活中对人们言行的调整和控制，伦理关系及道德关系与法律关系是互为补充的。

（六）宗教关系

宗教关系是指人们在参与宗教活动中形成的关系。宗教属于上层建筑的范畴。目前，世界上有三大宗教：基督教、伊斯兰教、佛教。全世界现有宗教信徒30多亿人。宗教不仅对信徒的思想观念产生了深刻的影响，而且对他们的行为方式有着重要影响。因而，要建立和发展良好的宗教关系，需要对各种宗教的教义信条、神学理论、清规戒律和祭仪制度等有所了解。同时，要了解我国发展宗教关系的基本政策，如我国公民有宗教信仰自由；任何国家机关、社会团体和个人不得强制公民信仰宗教或者不信仰宗教，不得歧视信仰宗教的公民或不信仰宗教的公民。要把握我国处理同宗教界朋友之间关系的原则，即政治上团结合作、信仰上互相尊重。

二、微观划分

微观划分主要从人际关系联结的内在纽带、正式群体与非正式群体之间人际关系来划分。

（一）按人际关系联结的内在纽带划分

1. 血缘关系

血缘关系是指人们以血缘为纽带而结成的相互关系。血缘关系是先赋的、与生俱来的，并且是个人无法选择的。血缘关系的基础是血缘和情感。血缘关系应是人的一生中交往频率最高、持续时间最长的一种关系，血缘关系对个人的成长和发展的影响甚大。血缘关系也称为第一人际关系。现代人际关系学将血缘关系分为以下两类：

（1）夫妻关系。夫妻关系是指男女两性合乎法律规定结合为夫妻而建立家庭的关系。相对于血缘关系来说，以婚姻为纽带的夫妻关系是后天产生的，是可变的、短期的。通常夫妻关系发展一般要经历几个阶段：浪漫期（生孩子前）——注意中心转移期（孩子出生后）——负重期（承担社会、家庭双重负担）——依恋期（孩子成年后，怀旧）。在现代社会，夫妻是以情感为基础，外在的道德伦理约束相对减少。随着现代社会变迁加快，以及其他多种因素影响，离婚现象日益增多，这是当今人际关系变迁的一个重要方面。

（2）代际关系。代际关系是指上下辈两代人之间的关系，泛指青年人与老年人、父母与子女之间的关系。代际关系虽是骨肉关系，但由于代与代之间的经历差异、年龄差异、心理差异，致使代与代之间出现"代沟"问题。如何解决"代沟"问题，已成为当今突出的家庭乃至社会问题。当然，处理好代际关系，需增进相互的理解、体谅、尊重和支持，在家庭和全社会建立互补的、亲近的、和睦的代际关系。

人与人之间的血缘关系，无论是在人类自身的生产和发展中、在家庭的延续中、在个人的一生中，还是在社会生活的各个方面，都占有极其重要的位置。它不仅是人类社会最原始、最久远的人际关系，而且也是互动性最强、对人的影响力最大的人际关系，这种关系可谓与人类共生存。但随着社会的发展，血缘关系的范围和联系的程度在不断变化，伴随人们迁徙频率的加快，人的生存越来越多地依赖技术、职业等，血缘观念将逐渐淡化。

2. 地缘关系

地缘关系是人们以共同生活居住的地理位置而结成的关系。从地缘关系来看，居住地搬迁次数越少，地缘关系就越重要，反之就越淡漠。如美国是一个大量移民的国家，这个国家的人对"祖国"这个词有着较为复杂的理解，因为"祖"表明先辈所在地。地缘关系按范围划分，是有不同层次的。一般视国籍为最高的地缘关系，其次为省级、县级、乡级、村级。一般来看，地缘关系主要分为两类：邻里关系、同乡关系。

（1）邻里关系。邻里关系是指左邻右舍人与人之间的关系，常以家庭之间的联系为表现形式。不管人类的生活方式怎样变化，搬迁多么频繁，邻里关系一般是存在的。其邻里关系的特点是：交往频繁，相互影响大（如古代有孟子的母亲"三迁"的典故）。因而，好的邻里关系会对人们的生活产生正面影响，俗话说"远亲不如近邻"，"邻里好，赛金宝"，就是如此。自然，邻里关系也在发生变化，就我国而言，过去几家同住一个大杂院并一扇门进出的时代，邻里关系密切。如今居住环境和结构变化，单元楼式并独门独户，邻里之间往往呈封闭或半封闭交往状态，邻里关系渐渐疏远。

（2）同乡关系。同乡关系是社会发展到一定阶段，人的外出交流机会增多的产物。这种关系也属于一种特殊的人际关系。它的功能体现在两方面：一是联络情感，满足人的合群和交友的需要；二是交流信息，得到帮助，促进合作。然而同乡关系也有它的负面效应。由于同乡之间加深了地缘关系和乡情，容易形成一种狭隘的地方观念，以及拉帮结派的不正之风。在旧中国，同乡会便是一些背井离乡在外谋生的人们，迫于当时的社会环境而成立的，它带有封建帮会的性质。一些人常因同乡关系看重感情因素从而破坏了组织原则。当然，如今社会有些组织也设有"同乡会""同乡俱乐部"，正常的老乡交往应是无可非议的。应该看到，同乡关系是社会发展到一定阶段的产物，因而也会随社会的发展而逐步消失。

地缘关系主要靠社会道德、公民道德、社会文化习俗来调节。地缘人际交往的基本原则是：交往双方应平等相待、谦恭自重、严于律己、乐于助人，并避免矛盾，促使深化关系。从地缘关系的发展趋势来看，随着人们接触的地理范围越来越大，在一个相对固定的地方居住的时间越来越短，地缘关系的密切程度将逐渐减弱。

3. 业缘关系

业缘关系是指以人们的职业生活为纽带而结成的关系。如企业中的业缘关系、学校中的业缘关系、政府机关中的业缘关系等。业缘关系受职业活动的影响，它体现为人与人之间的直接角色联系。业缘关系的交往双方，必须遵循自己在职业群体中的角色行为规范，其交往双方表现出一种责任依从性，交往关系受到社会规范、职业规范和角色规范的约束。

业缘关系的特征表现为：其一，阶段性或变动性。每一个人都可以在同一时期内与不同职业的人发生联系，因自身职业的改变而建立新的业缘关系。其二，合作性与竞争性。职业差异是永存的，职业差异体现着劳动分工，有分工就必然有合作，在职业领域内有提供给人的选择机会，就必然有竞争。

在业缘关系中发生最频繁，影响最大的是同事关系、师生关系、同学关系。

（1）同事关系。同事关系一般指在一起工作的横向关系。相互信任是维系这一关系的重要因素。

（2）师生关系。师生关系指以教与学为纽带而形成的人与人之间的关系，尊师爱生是维系这一关系的重要纽带。

（3）同学关系。同学关系为同班或同校同学之间的关系。从人生来看，大学同学可谓人生中最珍贵的社会财富。因为人在这个时期，心理、个性逐步成熟，并确立了自己的交友观，这个时期所建立的良好关系，极易促成人生事业的成功。

从社会总的发展趋势来看，血缘关系、地缘关系在人际关系中的地位和作用将逐步降低；由于业缘关系是与社会生产、技术和职业分化直接联系在一起的，所以业缘关系的地位和作用会逐渐增强。古代人的情感更多的是建立在血缘和地缘基础上，伴随着社会职业和技术的分化，人们的职业联系越来越强，因而现代人的感情更多的是在职业交往中产生。现代社会中的业缘关系，要求交往双方的行为符合职业角色规范，服从组织和社会利益。

4. 趣缘关系

趣缘关系是指以人们的专业技术特长或兴趣爱好为纽带结成的人际关系。趣缘关系往往是通过参加社交活动或民间社团的活动建立和发展起来的。人们因兴趣及爱好形成的交往关系，能丰富交往个体的精神生活，促使社会文化的发展及精神文明的建设。

5. 友谊关系

友谊关系是指人们在日常生活和社会交往中以友谊为纽带结成的人际关系，我们通常称为朋友关系。友谊（朋友）关系按照其密切程度，可分为知己型、亲密型、一般型。

（1）知己型。所谓知己型朋友，是与你心灵距离最近、关系最密切的朋友，又称为知音。他（她）不仅对你的各方面最为了解，并且能与你分享喜悦，分担烦恼。在你失意彷徨的时候，会给你鼓励；当你得意忘形的时候，会给你提醒。著名的美籍华人陈香梅和美国政界的资深律师葛柯伦是一对知己。在陈香梅的丈夫陈纳德去世之后，葛柯伦用尽了后半生的精力来关心、呵护他这位朋友的遗孀，陈香梅也把整个的心交给了葛柯伦，把他视作自己的亲人。我国唐代的大诗人李白和汪伦是一对知己，"桃花潭水深千尺，不及汪伦送我情"（李白《赠汪伦》），便是对他们之间深厚情谊的写照。古今中外，有关知己型朋友之间深厚友谊的例子不胜枚举。俗语说：人生在世，朋友好找，知己难觅。

（2）亲密型。所谓亲密型朋友，是指其交往关系的亲密程度仅次于知己型朋友。亲密型朋友又可称为密友或挚友。在生活中，与亲密型朋友的交往频率可能是最高的，因而，亲密型朋友对其交际者的影响是极其深刻的。如美国前总统尼克松和基辛格就是一对密友，他们共同策划并积极推动了中美两国关系的改善。尼克松在任期间，不但在一些重大的国际国内问题上经常与基辛格共同商讨和谋划，而且在一些个人生活的小事上，尼克松也乐于与基辛格商讨并采纳他的建议。美国著名心理学教授保罗·H. 赖特说，在亲密的友谊中，生活是密切的，犹如在婚姻中一样。他还说，亲密的好友会在一起度过闲暇时光，他们对对方的一切都感兴趣。

（3）一般型。所谓一般型朋友，是指交往者之间的亲密程度在"一般"状态。通常，我们所交往的大多数朋友应属于此种类型。不可忽略一般型朋友的作用，他们虽然没有知己型朋友和亲密型朋友与你的关系那样密切，对你的影响那样深刻，但却是你人际关系网络中的一个主要组成部分，它在很大程度上反映了你的社交能力。应该看到，随着时间的推移，与你交往的一般型朋友中，有些会转化为你的知己。不可否认，一个人事业的成功，是靠众多的一般性朋友的帮助才得以完成的。因而，注重维持并升格与现有的一般型朋友之间的友谊，并逐步地扩大一般型朋友的数量，应是人际交往的一项重要内容。①

（二）按正式群体与非正式群体之间人际关系划分

1. 正式群体中的人际关系

正式群体是指有正式组织形式的、基层的人群集合体，如一个大型组织中的某部门、学校里的班集体、机关里的科室等。这种人际关系的特点是：角色清楚、职责分明。其作用，首先能满足人的生存需要，因为严格来讲，物质的分配主要是在正式群体中进行的；其次能满足人的自我实现的需要，实现自己的理想和抱负，实现人生的价值。正式群体中人际关系的不足是：不能完全满足人的社交和感情交流等多方面的需要，因而需要非正式群体中的人际关系来补充。正式群体的人际关系主要有上下级关系、平级关系。

（1）上下级关系。上下级关系是指在正式组织中，根据职位或地位结成的一种领导与被领导的关系。不论是古代还是现代，上下都是有序的，但性质截然不同。在封建社会里，上下有序是以个人意志为基础、以强权为后盾的，表现为绝对服从的专制型上下级关系。在现代社会中，上下有序则是以集体（法律）意志为基础、以民意为后盾的，表现为协商式的民主集中型上下级关系。从某种意义上来说，上下级关系与

---

① 李蔚，黄鹏. 社交谋略与技巧 [M]. 成都：四川大学出版社，1997：5-6.

社会稳定直接相关。如党的十一届三中全会以来我国经济社会得到迅速发展，这与上下关系的协调密切相关。作为正式群体中的上下级关系，其主要功能有：传递功能（在组织内部明确目标，了解上下情况）；控制功能（组织全体成员受控于统一的组织要求）；协调功能（协调组织中的各种关系，使之达到最佳状态）。

上下级关系也是一种双重结构的纵向关系。从角色来看，它既是上下有序、层次分明的等级关系，又是相互尊重、人格平等的非等级关系。从工作来看，它既是下级服从上级的关系，但又是鼓励自主创新的关系。现代科学的管理理念是发扬民主，减少对权力的盲目服从，鼓励下级开展符合实际的创造性工作。推崇"制度是无情的，管理是绝情的，操作是有情的"，这有利于构建一种新型的上下级关系。

（2）平级关系。平级关系是指正式组织中平级之间因工作而产生的关系。这种关系一般具有相对的稳定性。平级关系的交往者，往往是工作或事业上的伙伴，因而维系其关系，需要彼此尊重、以诚相待；在工作中既有分工又有合作，相互帮助，相互支持。在处理平级关系时，应一视同仁，避免过于亲近少数人而疏远与多数同事的关系，应与所有同事建立彼此信赖的友好关系。

2. 非正式群体中人际关系

非正式群体是指自发形成的，未经权威机构承认或批准而形成的人群集合体，如民间的各类团体、沙龙、同乡会。这种人际关系的特点是：以共同的兴趣、爱好、利益追求为基础，以感情为纽带，有较强的内聚力和行为的一致性，有较强的信息传递渠道，自卫性和排外性较强。在非正式群体中，人际关系是自然、自发形成的成员之间交往密切，信任度高；成员对领导的服从是自愿的，这些恰好与正式群体中人际关系的作用形成互补。

从微观角度来划分人际关系，除了以上两种外，还可按其他形式划分出不同的人际关系类型，如按人际关系中不同关系性质划分，可分为对抗关系和非对抗关系；按人际关系中不同关系特征划分，可分为平等型关系、不平等型关系、对立型关系。对于这些类型的关系，本书不作详细论述。

第三节　人际关系特征及功能

人际关系经过漫长的发展，已显现出一些基本特征，并体现出它对于个体及社会发展所具有的多元化功能和作用。

一、人际关系的基本特征

人际关系在形成、发展的过程中形成的基本特征为：社会性、历史性、客观性、情感性、复杂性、变化性，以及网络性。

（一）社会性

所谓社会性，是指通过人的社会关系表现出来的属性。可以这么说，社会性是人际关系的本质属性，即没有无社会性的人际关系。它把人的群体关系同动物的群体关系区别开来，把社会同自然界区别开来。人际关系的社会性，首先体现在人们是在赖以生存的劳动中结成了相互依存的关系。因为在劳动中，人们必然产生一定联系和关系，并运用在劳动中产生、发展起来的语言系统进行交往。再从社会的进步和发展来看，在人类社会的初期，人际关系的自然性强，社会性弱；而现代社会，随着人们活动的社会化程度提高，人际关系的社会性大大增强了。应当指出的是，人际关系的社会性在现代社会体现得更明显、更强化；人们之间的社会交往更频繁，其交往的内容更丰富，交往的方式及途径更多样化。

（二）历史性

所谓历史性，是指人际关系所具有的发展变化及新旧交替的特征。纵观人类社会发展的历史，人际关系经历了原始社会的平等关系、封建社会的等级关系、现代社会的平等关系。从人际关系的历史性特点来看，它是随着社会的发展而发展变化的，在不同的历史阶段，人际关系的表现形式、内涵要求、性质原则等也不同，因而，人际关系是伴随着人类的产生而产生，伴随着人类的发展而发展，它将贯穿于人类社会发展的始终。

（三）客观性

所谓客观性，是指人们在客观社会活动中确立的人际关系，具有现实性和真实性。人际关系是客观存在的社会现象，每一个社会成员必须承认并接受人际关系的客观性。同时，清楚现实人际关系的调整与改变是不能凭想象去实现的，只有在人际交往的客观活动中通过主观努力去实现。

我们应认识到，人际关系和一切事物一样，有其自身的形成和发展规律，这些规律具有客观性，是不以人的主观意志为转移的。由于人际关系要受客观规律的影响和制约，因而现实中的各种人际关系，会对社会个体产生正面或负面的影响。因此，了解人际关系的客观性特征，有利于端正我们的人际交往观。

（四）情感性

所谓情感性，是指人际交往具有明显的倾向性，而这种倾向性往往受交往者情感的影响和支配。在人类社会生活中，情感是人际交往的动力因素，如果没有情感，也就不会有人际交往。在人际交往中，人的情感可以大致分为两类：一类属于结合性情感，具有积极性特点，它使人们互相接近、吸引、接纳、沟通、理解等；另一类属于分离性情感，具有消极性特点，它使人们互相疏远、脱离、回避、紧张、不和谐等。人们在交往中，结合性情感越强烈，分离性情感则越薄弱，交往程度便会越高；反之，结合性情感越薄弱，分离性情感则越强，交往程度就越低。①

人们为了各自的目的和需要，同各种各样的人进行交往，保持一定的联系，交往促进了感情的交流和心理上的满足。

（五）复杂性

所谓复杂性，是指人际关系是纷繁复杂的，其交往层次错综复杂，交往内容丰富多彩，交往形式多种多样。通常在现实生活中，每个社会个体都会有不同的人际角色，并且根据不同的交往对象，随时变换角色身份。由于不同的人际角色，而形成现实中不同的人际关系，致使人际关系呈现出复杂性的特征。

（六）变化性

所谓变化性，是指人际关系具有多变的特征。首先，人际交往是在一定社会环境中的交往，社会环境的形成因素无时无刻不在变化之中，如政治因素、经济因素、文化因素、道德因素、习俗因素、科技因素等都处在不断变化中。当社会环境中的这些因素发生变化时，人际关系也会随之发生变化。其次，人际交往的双方都是能动的主体，人际关系也会随着交往主体的态度、行为的变化而变化。社会个体需要把握人际关系多变性的特征，以便在现实生活中调整和适应人际关系的变化。

（七）网际性

随着网络时代的到来，网络人际交往作为一种全新模式的人际关系逐渐成型。它不仅使人际交往在心理和动机上发生改变，并且使人类的交往方式、交往结构和交往形式发生了巨大的变化。其网络人际关系呈现出不确定、复杂多变的特点。当然，网络人际交往充分体现了它的快捷性、高效性、开放性等优势。无疑，在信息时代，它

---

① 冯兰．人际关系学［M］．沈阳：辽宁大学出版社，2005：11.

使人际交往的范围得到了最大化，赋予人际交往更广泛的意义和内涵上的升华，同时，也使各种关系变得越来越复杂。

二、人际关系的功能

人际关系的功能，是指人际关系对社会及社会个体显示出来的影响和作用。显然，人际关系具有多元性功能，可从多个角度去诠释。这里，主要探讨其具有普遍意义的功能。

（一）产生合力

人类最初阶段，人们是以群体的联合力量及集体行动，来弥补个体自卫能力的不足并获取生活资料的。可以说，人际交往形成的"合力"是人类生存下来的重要原因，因而这里所说的"合力"是指人的力量、能力的有机结合。"合力"所产生的效能，正如常言所说的"团结就是力量"，"人心齐，泰山移"，"众人拾柴火焰高"。当然，人们的结合方式不同，结合的程度不同，所显示的"整体效应"也就不同，即合力的大小不同。

（二）形成互补

人们通过建立人际关系，以促使相互学习、取长补短。俗语说，"金无足赤，人无完人"；"荷花虽好，还需绿叶来衬"；"一个篱笆三个桩，一个好汉三个帮"。这些生动的比喻，说明人们需要在多方面相互协作、鼓励，从而产生个体能力上的跃进和行为的增值。当今时代，人才领域便提出了"人才互补效应（黄金搭档）"理论，认为一个具有不同知识、才能、气质、性格的科学工作者组成的研究团队，其展现出的综合实力水平，是任何一个科学家所望尘莫及的。现代组织管理尤其注重如何利用人才的互补效应，以使人力资源的潜能得到最大限度的开掘。

（三）互相激励

个体处于孤独时，容易表现出停滞而无生气状态；在群体中则会产生一种类似共生的作用，能造成个体在智力和体力上的跃进，使奇迹出现，这便是相互激励的反映。相互激励的因素主要来自三个方面：第一，群体压力。根据现代心理学的从众心理效应，社会心理环境一经形成，就会产生一种群体压力。比如在一个集体内部，大家都认为不努力工作是不光彩的，这便会促使集体中的每个人奋发努力。第二，人际比较，即通过与周围的人进行比较，来正确认识和评价自己。如某个学生，在高中是优等生，进入大学便是平常的学生，自身智力情况并没有发生变化，只是参照系发生了变化。这种情形往往会产生一种激励作用。第三，竞赛与竞争。竞赛是竞争的集中、典型的表现；竞争则是广义的竞赛。在这两种状态下，人们往往会为提前达到目标、争取优胜而付出努力。如体育项目中的马拉松和百米短跑，不能单人进行，而是许多人在一起，你追我赶，才能赛出水平。人际交往便是通过相互影响，而发挥其激励功能的。

（四）联络情感

与他人进行情感交流，可谓人与生俱来的本性。医学心理学的研究表明，在社会生活中长期孤立、独处的人，慢慢会变得神情忧郁，并发生心理变态，其寿命也比乐观开朗、善于交往的人要短。其实，人最怕孤独。即使那些性格孤僻的人，其感情也不是完全封闭的，他们仍然有自己的交往圈，只不过较狭小罢了。因此，注重改善人际关系，加强人际间的感情联络，无疑能形成健康良好的性格心理特征。一般在夫妻、家庭之间，注意感情联络是缩小心理距离、保持家庭和睦的重要因素；从社会组织角度来看，联络情感也有不可忽略的作用。西方社会心理学者通过对领导功能的分析与浏览，指出领导行为的两个主要向度之一，便是以交流情感来增强整体效应。

（五）交流信息

在社会生活中，信息的交流与沟通是人们相互联系的重要形式。有人估计，人除了八小时的睡眠以外，约有70%的时间在进行相互交往并沟通信息。人类在文字出现以前，是以鼓声、烽火、狼烟传递信息的；而在文字出现之后，人们便是通过一定的符号系统传递信息，如有声符号，口语；无声符号，文字。

人际信息交流的基本结构模式可用图2-1、图2-2、图2-3表示：

1. 来复式信息交流

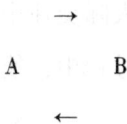

$$\to$$

A   B

$$\leftarrow$$

图2-1

2. 汇流式信息交流

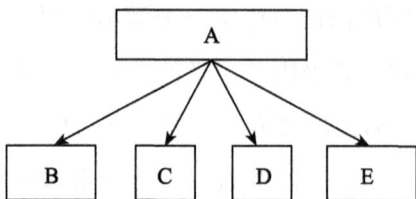

图 2-2

3. 网络式信息交流

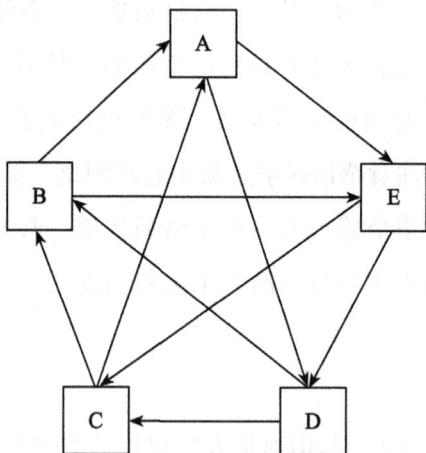

图 2-3

　　人际信息交流有其鲜明的特点，它所交流的是人们不同的观念、兴趣、情绪、情感、意向，等等。

　　当今已进入信息社会，信息就是知识，信息就是财富。但随着时代的发展，信息呈几何级数增长，我们直接从书本上获得的知识和信息总是有限的，这需要人们采用更为迅速的方法。人们可以充分发挥人际交往中交流信息的功能，即通过人际沟通直接获取信息，并且在人际信息交流的过程中，使人际结构和人际关系得到不断改进和完善。

（六）有益健康

　　进行交往不仅可以获得信息交流，而且还可实现心理上的沟通、情感上的交流，这自然便可促进身心的健康。人际交往有益于身心健康主要表现在：

1. 有益于心理健康

美国心理学家摩根对纽约州退休老人进行了一项调查，发现凡是在人际关系方面保持较多往来并较为协调的老人，往往比那些很少与人交往的老人有更强烈的幸福感，而后一种老人更多体验到的是悲伤感和孤独感。这说明人际交往能消除孤独、减轻痛苦、增加快乐，它通过人与人之间的、充分的思想、情感的交流，促进个体心理的健康。

在人际交往过程中，通常交往双方对某一事物有相同的认知时，双方会产生情感上的共鸣，这便会令彼此成为力量汲取和情感宣泄的对象。人们在生活中都有这样的体验，遇到好友时有谈不完的话题，"酒逢知己千杯少"；即使与对方的某一观点不一致，也不会指责或排斥对方，而会采取接纳、容忍的态度。这说明人们在交往时彼此相容，心理上的距离很近，双方都感到心情舒畅、愉快。可见，人类心理健康，其实质是人际关系的适应。相反，心理病态是人际关系的失调所致。因此，人际关系对于个体的心理健康有着重要的影响。

2. 有益于身体健康

良好的人际关系对人的身体健康也有明显影响。通常一个和睦的家庭，其家庭成员均拥有较健康的身体状况；而大多离婚或分居者，则易患精神方面的疾病。近年来，对妇女展开的调查表明，若家庭中夫妻关系融洽，便可减少妇女患抑郁症的发病率，其实还可延长其家庭成员的寿命。从普遍意义来说，善于交往的人，能消除孤独、减轻痛苦，能更多地体验生活的快乐，因此对减少疾病、延年益寿产生有利作用。

（七）优化环境

社会个体是以一定的社会环境为生存和发展条件的。社会心理学的实验证明，通常在其他条件不变的情况下，社会心理和社会环境对群体成员的工作、学习积极性会带来很大影响。因此，正常的人际关系及人际交往，无疑对社会心理和社会环境的优化有着重要的作用。

第四节　人际关系的进程及发展趋势

人际关系是伴随着人类的出现而产生并不断发展的，我们可以通过对人际关系发展进程的探究，了解和认清人际关系的发展趋势。

一、人际关系的历史进程

在人类社会发展的不同阶段，人际关系有其不同的表现形式和基本特征。显然，在每一种社会，都有一种主要的人际关系，和其他社会既相区别，又相联系，从而构成了互相衔接、依次递进的人际关系发展进程。

（一）原始社会——血缘关系

在原始社会里，人与人之间的一切关系都以血缘关系为轴心，通过血缘关系表现出来并以血缘关系为转移。血缘关系构成了整个社会的基础，原始社会的氏族制度便是实证。

氏族制度是原始社会最普遍、最基本的制度。氏族就是由一个共同祖先传下来的血亲所组成的团体。氏族成员具有共同的姓氏，一起生产、生活，组成共同的生产关系和生活关系。在氏族基础上发展起来的胞族、部落，也是一种血缘关系组织。在原始社会里，氏族、胞族、部落是三种集团，它们分别代表着不同程度的血缘亲属关系。

（二）奴隶社会——依附关系

奴隶社会是奴隶主占有生产资料和奴隶，奴隶对奴隶主的人身依附关系可视为奴隶社会中社会关系的最基本形式。

在奴隶社会里，一个奴隶同其他奴隶发生什么样的联系，往往取决于奴隶主的意志。奴隶主对奴隶握有生杀予夺之权，可任意奴役和买卖，例如古代罗马的许多城市设有贩卖奴隶的市场。因此，在奴隶社会，人际关系的特征是，奴隶对奴隶主的依附关系。而这种"依附性"是历史发展的产物，它在当时为保证奴隶社会强制性的大规模劳动协作的进行发挥了相应的作用。

（三）封建社会——宗法关系

封建社会的人际关系表现为宗法关系。这种关系是按宗族血统的远近区分亲疏贵贱的等级关系，它是以宗法制度为基础的。宗法制度萌芽于原始社会的父系家长制，形成于奴隶社会，到封建社会日臻完备。这种宗法制以宗族为中心，并以血缘划分确定人的等级。

例如，在封建社会里，常常是"一人有罪，株连九族"；"一人当道，鸡犬升天"。宗法制度渗透到社会关系的各个方面，使人与人之间的关系成为一种宗法关系。封建社会人际关系的宗法性、等级性、地域性以及超稳定性显然不能适应现代社会的发展。

（四）资本主义社会——物质关系

资本主义社会是商品经济高度发达的社会，这便促成了商品交换和货币关系的普遍发展，从而造就了人际关系的物化。可以说，资本主义社会的进步在于扩大了人们自由交往的范围，为人们提供了共同竞争和在同一价值尺度下改变自身同他人关系的可能，并增强了人的自主性。但由于资本主义社会加剧了社会的不平等，扩大了人与人之间的贫富悬殊，也使得人际关系出现两极分化的弊端。

（五）社会主义社会——平等关系

社会主义社会是平等关系。其平等性首先表现在经济上，在以公有制为主体的社会中，每个公民都是生产资料的主人，遵循"按劳取酬"的原则，人与人之间逐渐形成了以劳动为尺度的新型人际关系。其次表现在政治上，体现为人们共同享有当家做主的政治权利。反映在社会生活方面，上下级关系、师生关系、父子关系、夫妻关系都是平等的、相互尊重的。

社会主义社会的人际关系，是与时俱进的新型人际关系。我国所建立的社会主义新型平等关系，是以马克思主义和社会主义思想为指导，重视并应用协调人际关系的理论和方法，以改善人际关系的结构和状态，增强人与人之间的诚信度、和谐度、吸引力、凝聚力，以达到提高全民族素质的目的。当然，目前社会主义社会中还存在不平等的现象，加之人际关系的发展水平存在不同的层次，因此人与人之间仍会发生各种各样的矛盾，我们仍需将建立真正的平等、和谐的新型人际关系，作为长期努力的目标。

二、人际关系的发展趋势

人际关系尽管纷繁复杂、变化多端，但它总是要受到时代条件的制约，受到社会发展规律的支配。了解人际关系的发展趋势，有助于我们把握人际关系的发展方向，从而有效地协调和改善人际关系。

（一）社会性增强，自然性减弱

纵观人类社会的发展进程，人际关系正是沿着社会性增强、自然性减弱的轨迹在变化发展着。在古代社会里，血缘关系和地缘关系一直占据着主导地位，而这种关系是以生活因素和地理因素为基础的，因而其自然性十分突出。随着商品经济的日益发展，人们日益重视其所在的组织和所从事的职业，人与人之间的业缘关系更加紧密起来，致使人际关系的社会性不断增强。

（二）自主性增强，依赖性减弱

在我国古代社会，人际关系的依附性占主导地位，而自主性是次要的。这种依附性是以"三纲五常""三从四德"的伦理道德和国家法规来加以确定的。在当今社会的人际关系中，这种依附性仍然存在，如子女信赖父母、女子依赖男子、个人依赖他人、下级依赖上级等。

随着商品经济的发展和经济体制改革的深入，组织和个人的自主权扩大了，社会向个体提供了大显身手的机会，同时竞争增强了人们的自主自强的观念，因而人们的依赖心理不断减弱，自主意识日益增强。人际关系由被动依赖变为主动参与，如当今社会自愿组合的社会群体（多种经济联合体、生产科研体、学会、协会、民间团体等）越来越多，这就给人们主动参与和自愿组合各种人际关系创造了条件。

（三）平等性增强，等级性减弱

随着人类社会的发展，人际间的平等关系必将取代等级关系，这是不可逆转的发展趋势。这主要表现在两个方面：第一，人际关系由纵向控制为主发展到纵向联系和横向联系相结合。从历史来看，在等级关系占主导地位的社会里，人与人之间按等级发生联系较多，而横向联系甚少。现代社会横向联系则越来越多，如各种不同职业、年龄、经历的人们相互交往，在自觉、自愿、自主、平等的基础上形成横向联系。第二，由单向交往发展到双向交往。在等级社会里，人际关系是自上而下的，上级有权力决定下级。在现代社会里，则普遍出现由单向交往发展为双向交往，以往一方制约另一方，如家长、上级、男性拥有话语权的情形，正在被双方共同参与、共同决定的关系所取代。

（四）开放性增强，封闭性减弱

封闭性的人际关系与封建社会自给自足的经济形态有着密切联系。在这种经济形态为主的社会中，人们在狭小范围内从事固定的简单再生产，同外部发生的联系少，自然形成其封闭性特点。进入市场经济发展的时代，社会打破了闭关自守的状态。人与人之间的联系越来越频繁，人们交往的范围日益扩大，并向更广的范围发展，呈现出"个人→家庭→邻里→单位→国内→世界"的发展趋势。显然，人际关系由封闭性向开放性的转变，是个体社会化程度逐步提高的表现。同时应当看到，人际关系越开放，个体的适应能力和创造能力就越强，因此，需要建立更广泛、更有适应性的人际关系。

(五) 合作性增强，分散性减弱

现代社会人际关系的一个重要发展趋势，是孤立分散的人际关系状态正在被迅速打破，而人与人之间的合作程度将越来越高。很显然，这是因为现代生产的社会化程度不断提高，其生产过程和社会分工日益复杂、精细。因此，现代社会要求人们必须进行密切的合作，才能更有效地实现其目标。

(六) 复杂性增强，单一性减弱

人类社会的发展变化可谓瞬息万变。在人际关系方面，其突出的特征是，从简单重复走向复杂多变。我们看到，人际关系的这一变化趋势，是由简单再生产向扩大再生产的转变和发展引起的。一项统计表明，19 世纪研制一个项目，所需时间在 14～70 年之间；但 20 世纪以来，每项发明的时间，都在 20 年以下，最短的只需一年。应当说，这一切有力地促进了人际关系的变化。当然，现代社会人际关系的复杂性还表现在多个方面，如人际关系的节奏日益加快、交往对象的日益增多，以及因现代社会迁徙快、流动大，接触人的频率会不断加快，这些都使人际关系朝着复杂多变的趋势发展。①

(七) 功利性增强，情感性减弱

在以往的传统社会里，由于人们交际的范围狭小，人际关系主要靠亲情、友情和乡情来维系。现代社会交往面扩大、交往速度加快，且从"熟人"交往社会进入"生人"交往社会。现代社会的开放性与多元性，从客观上促成了人们价值观念和价值追求的多样化，促使以往社会单纯的情感被渐渐地理性化、功利化和工具化。因而，现代社会里，由人的生存方式所导致的人的行为选择的趋利性，交往的利己性，使其人际关系蒙上了一层功利化的色彩。

【短文二则】

人际交往呈现摆脱"固定模式"束缚的趋势

现代社会的人际交往模式在发生改变。可以发现，受现代社会生产和生活特点的影响，交往形式的个性化和多样化已成为趋势。究其原因，当今时代已结束

---

① 冯兰. 人际关系学 [M]. 沈阳：辽宁大学出版社，2005：91-95.

了依靠众多体力消耗和传统技艺的局面，使得以往的简单相加的同质状态，被现代社会的生产异质状态所取代，随之形成生产过程的个体化或非群体化，这便需要发挥个体的创造性。现代人为促使其个性的发展及自我完善，便尝试选择和采用各种不同而行之有效的形式和方式，展开人际交往。可见，这种以满足个性需求而开展的多种形式的人际交往活动，其相互作用的结果，促使人际交往愈来愈个性化，意味着人际交往已逐渐摆脱固定化模式的束缚。

现代信息社会趋于"相互依赖"态势

从全球范围来看，"相互依赖"的加强，已成为人际关系的发展走向。其直接效应是：交往范围的扩大和交往频率的加快。可以见到，现代科学技术呈综合性趋势发展，科学与技术、技术与工程以及自然科学和社会科学，正在相互渗透，譬如一个重大的科研项目，需要世界不同学科的众多科学家的协同攻关；生态科学研究的对象更是涉及全球范围，覆盖面大，需要人类交往冲破宗教信仰、政治观念和社会制度的限制，跨越时空阻隔的国界，相互合作，彼此交流，通过频繁密切的交往来实现。

☞ **思考题**

1. 人际关系产生的先决条件及前提是什么？

2. 在人类社会发展的不同阶段，人际关系所表现的不同特征是什么？

3. 如何理解在人际关系中伦理关系和法制关系是互相补充的？

4. 21世纪，人际关系的发展呈现出怎样的新特点？

第三章
影响人际关系的主要因素

本章要领

　　本章主要阐述人际关系的发生、发展及变化受多方面因素的影响，诸如个体因素、社会因素及其他诸多因素的综合影响。

　　纵观人类社会的发展历程，显然人际关系的发生、发展及变化，是由多种因素决定的，并受多方面的影响。依据哲理，世上一切事物的变化，都是内因和外因共同影响的结果，人际关系的发展变化也不例外，它既受到来自个体内在复杂因素的影响，同时也要受到客观外界诸多因素的影响，并在一定程度上受到这些因素的制约。

第一节　个体因素的影响

　　个体因素也即关系主体的内在因素，指个体在人际交往中表现出的人格心理特征、个体交往素质、人际认知等方面的因素。它对人际关系有着重要的影响和制约作用。

一、人格心理特征

　　人格心理特征，也可称为个性心理结构，是一项复杂的系统。它主要反映为个体的个性心理特征和个性倾向，如个体的价值心理、气质、性格、兴趣及能力等方面。它们对人际交往有着重要的影响。

（一）价值心理

价值心理指个体对作用于自身的客观事物或对于其所参与的活动的价值，所进行的心理评估的一种稳定的个性倾向性。对于个体而言，价值心理一旦形成，便对其态度和行为起着指导和调节作用。若自身行为违反了自己的价值心理，便会出现心理上的不平衡，产生负疚感和自责感，因此正确的价值心理有利于人际关系的正常发展，而有问题的价值心理则会构成人际交往的障碍。

（二）气质

气质是一个心理学概念，是指人的神经活动的类型，即表现在一个人的心理活动的强度、速度及灵活性方面的典型的、稳定的心理特征。从常见的气质类型对人际关系的影响来看，多血质的人，反应快而情绪多变，活泼开朗，善于与人交往；胆汁质的人精力旺盛，性格外向，也易与人交往。而其他两种气质类型，即黏液质、抑郁质的人，性格内向，喜爱安静和独处，表现为不善与人交往。从心理学角度划分的人的气质类型，是无优劣好坏之分的，每种气质类型有其优越性的同时，也有其缺憾，但具有其相对的稳定性和可塑性的双重特征（见表3-1）。

表 3-1 气质类型及其特征表①

气质类型	主 要 特 征
胆汁质	精力旺盛、直率、热情、刚强、动作迅速、情绪体验强烈、智力活动具有极大灵活性、解决问题有不求甚解倾向、易感情用事等，具有外倾性
多血质	活泼、好动、反应迅速、动作敏捷、思维灵活，但往往不求甚解、注意力易转移、情绪不稳定且易表露、易适应环境、喜欢交往、做事粗枝大叶，具有外倾性
黏液质	安静、沉稳、喜欢沉思、情绪不易外露、灵活性不足、比较刻板、注意力稳定、不容易习惯新的工作、反应缓慢、善于忍耐，具有内倾性
抑郁质	行动缓慢、敏感、情感体验深刻、容易感觉别人不易察觉的细小事物、易疲倦、孤僻，具有内倾性

现代人对气质的理解，更侧重一个人由内向外散发出的一种美的个性魅力。有一个现象可充分地说明这种个性的影响力。例如，一个演说家在发表演讲时能像暴风骤雨般打动他的听众，然而一旦这些演说词被打成铅字，就会大大丧失其感染力。这说明演说家征服人心的力量主要源于他们的个性及气质魅力。

---

① 樊富珉，王建中．当代大学生心理健康教程 [M]．武汉：武汉大学出版社，2006：106.

不可否认，我们会有意无意地被拥有这种魅力的人所影响。与他们接触时，我们有一种升华的感觉，即使是初次见面，我们也会用一种使自己都惊讶的方式与之交谈，因为在他们的个性气质影响下，激活了我们深藏的自我，从而释放出一种超越自我的潜能，并产生出更强烈的渴望。其实如果我们愿意，也能培养出这种性格。因而，在当今社会的人际交往中，交际者具有其特有的和良好的气质，无疑能为自身增添魅力，促使人际交往顺利开展，并取得令人赞美、敬慕的效果。

（三）性格

性格是指通过比较稳固的对现实的态度和与之相适应的习惯化了的行为方式所表现出来的心理特征（见表3-2）。应当说，性格是个体在后天适应和改造社会的环境过程中逐步形成并发展的。关于性格对人际关系的影响等问题，一直受到人们的关注。美国《今日心理学》月刊曾进行过一项大规模的问卷调查，了解读者对益友的意见。经对收回的4万余份问卷进行统计发现，按下列次序排列的八项性格特质是多数人公认的选择益友的条件：（1）值得信赖（80%）；（2）待人忠厚（88%）；（3）热心且富激情（82%）；（4）爱帮助人（76%）；（5）诚恳坦率（75%）；（6）有幽默感（72%）；（7）肯花时间陪我（62%）；（8）个性独立（61%）。

表3-2 性格结构及特征表[①]

性格结构	主　要　特　征
性格的态度构成	谦虚或自负、自信或自满、自豪或自卑、自尊或羞怯、同情或冷漠
性格的意志构成	目的性或盲目性、独立性或依赖性、自制或放纵、勇敢或怯懦、果断或犹豫、坚韧或软弱
性格的情绪构成	乐观或悲观、热情或低沉、高涨或消沉
性格的理智构成	主动观察或被动观察、主动记忆或被动记忆、想象大胆或想象受阻抑、理想型或空想型等

在生活中，我们常常见到，性格内向的人难以与他人和谐相处，情趣不同的人在一起"话不投机半句多"，有着积极心态的人和有着消极心态的人对同一事物的看法可能完全不同。如关在同一间牢房中的两名囚犯，他们晚上从同一扇窗户往外看，一个看到满天的繁星，感叹世界真美；另一个却看到漆黑一片，认为自己的前途一片黑暗。

---

① 樊富珉，王建中. 当代学生心理健康教程［M］. 武汉：武汉大学出版社，2006：111.

（四）兴趣

兴趣是反映个体行为指向特征的个性心理指标。一般而言，个体之间在兴趣上存在着广泛与狭窄、持久与暂时的差异。可见，若一个人兴趣较窄，对什么都不感兴趣，自然不易与人接近，也不易与人产生共鸣，因而会阻碍人际交往的进行，所以需要重视个体兴趣的培养。

（五）能力

能力是指直接影响活动效力、使活动得以顺利完成的个体心理特征。能力可以说是动态的反映，但也是影响人际交往最基本、最直接的心理因素。就个体的能力而言，可以分为一般能力和特殊能力。一般能力指注意力、观察力、思考力、想象力、表达力、记忆力等。特殊能力则指其专业方面的能力，如绘画能力、写作能力、数学能力等。通常特殊能力是几种一般能力的有机结合而在某一方面的突出表现。这里要特别提到的是，人们从实践中锻炼出的社交能力，是一种特殊能力，它对人际关系发挥重要的作用和影响。

人的人格心理特征，对人际交往及人际关系的建立产生着重要影响。经过近几十年来的大量研究，在国际心理学领域较认同五因素人格结构（见表3-3）。自20世纪90年代以来，五因素人格结构理论被广泛应用。

表 3-3　　　　　　　　　　　　西方人格结构五因素①

人格因素	有代表的人格特质	两极表现
神经质 N　neuroticism	焦虑、敌对、压抑、自我意识、冲动、脆弱、自我防卫等	平静—烦恼；坚韧—脆弱；安全—危险
外向性 E　extraversion	热情、社交、健谈、果断、活跃、冒险、乐观、激动、好动、表现等	孤独—交际；寡言—多语；克制—冲动
开放性 O　openness to experience	想象、思考、审美、情感丰富、求异、智能、创造、兴趣等	守旧—创新；胆怯—勇敢；保守—开明
随和性 A　agreeableness	信任、直率、利他、依从、谦虚、同情、体贴、友好等	暴躁—温和；粗鲁—文静；自私—无私

---

① 樊富珉，王建中. 当代大学生心理健康教程 [M]. 武汉：武汉大学出版社，2006：103.

人格因素	有代表的人格特质	两极表现
谨慎性 C conscientiousness	胜任、条理、尽职、自律、谨慎、可靠、能力、责任、效率等	粗心—细心；独立—依赖；冷漠—热忱

二、个体交往素质

个体交往素质主要包括个体的仪表形象、文化素养、道德品质、交往技能等因素。不可忽略这些因素对人际交往及人际关系的影响。

（一）仪表形象

仪表指人的外表，包括人的仪容、表情、姿态、服饰等具体构成因素。交往个体仪表的作用不可忽视，它在很大程度上影响着人际交往的效果。在人际交往及沟通的最初阶段，往往是仪表最能吸引对方的注意，人们常说的"第一印象"，其产生多来自个体的仪表。显然，在人际交往中，良好的仪表不仅能美化自身形象，同时也体现出对他人的尊敬，这已成为人们的思维定式。有一项心理学实验表明，在多人初次相识之后，愿意保持继续往来的因素中，仪表所占的比例高达 87%。不难看出，仪表虽是人的外表，但它也是一种无声的语言，在一定意义上能反映出一个人的修养、性格及特征，对沟通的有效展开显然至关重要。

（二）文化素养

文化素养主要反映为个体的人生价值观念、知识水准、审美趣味、礼仪修养等，它是影响人际关系的一个重要因素。

1. 价值观念

价值观念是指个体对人生意义和作用、衡量人生价值标准以及怎么实现人生价值等问题的观念及看法。显然，一个人的价值观念及处世态度，会在很大程度上影响他的人际交往态度和方式。当然，个体的价值观念会受到自身人格的影响。一般具有理性价值观的人，偏重于对理想和信念的追求，他们在处理人际关系时，强调的是信念的一致性、坚韧性，更注重大局，因而价值观念会直接影响个体的行为，以致影响其人际关系。

2. 知识水准

知识水准是指个体所拥有的文化知识达到的程度及水平。在人际交往中，个体的知识水平对交际效果的影响不容忽视。显然，拥有一定的知识积淀，可使人具有良好的语言表达能力，促进与人的交流和沟通。因为交际主要是通过言语进行的，一个人文化修养的深浅会直接影响他对话语意义的理解。比如言语交际中时常出现的所谓"对牛弹琴"，便会导致交往对象的不解或误解，以致交际失败。因此，要建立良好的人际关系，个体需要不断提高知识修养，来提升自我形象、美化个人气质。古人云，"腹有诗书气自华"，我们应以此增添人际魅力，促使自身在人际交往中获得成功。

3. 审美趣味

个体的审美趣味是指对美的事物的感知力和鉴赏力。这一因素也会影响人际交往的进行。可以看到，个体若有较高的审美趣味，会产生对艺术美的热爱和追求，会懂得欣赏艺术，因而有生活情调，并使人性情温和、情趣高雅，在交往中易于理解对方并激发对方的热情，由此可推动人际关系朝着良好的方向发展。

4. 礼仪修养

个体的礼仪修养是指在人际交往中体现出的良好行为规范。古人云："人无礼则不生，事无礼则不成。"当今的现实也表明，良好的礼仪修养能令交际者在所有场合里表现得自如从容、举止大方、谈吐文明、仪态优雅。交际者以彬彬有礼的姿态表现出对对方的尊重，以此获得对方的信赖，从而自然地营造出融洽的人际关系。

（三）道德品质

由人类的文化特征和价值取向决定，人类的交往活动及人际关系是被赋予道德属性的。应该明确，个体的道德活动从本质上说是与他人发生关系的人际行为，道德的目的也在于维护人际行为秩序，保障社会存在的发展。当然，不可忽略人性有道德需求，一方面是人自我肯定、自我发展、自我完善的需要；另一方面是协调人际关系，维护社会秩序的需要。这两方面的需要使人无时无刻不与他人发生联系，并对其行为作出道德选择。在具体的人际情境中，人们对任何具有或符合一定道德准则的行为给予肯定和赞许；而对任何缺乏或违背道德准则的行为予以否定并谴责。主体良好的道德品质会引导和推动交往关系的正常发展；反之，主体缺乏正当的道德品质，便会造成与他人交往的障碍。可以这么说，道德维度规约着人际交往的内容与方式。

品德修养是一个人人格的最高体现。做一个有品德修养的人，不仅是对他人、对社会的尊重，而且更多的是对自己的尊重与珍惜。古人就有"君子忧道不忧贫"，"不患位之不尊，而患德之不崇"的诚训。在当今社会里也是如此，一个品德修养差的人，是很难有自己的知心朋友的。人们都愿意同那些有良好品德修养的人相处，因为同他们相处，会有如沐春风的感受。因此，品德修养也是一个人社交魅力之所在。

《三国志》中曾记载这样一个故事：有一位北方少数民族的首领前来拜访曹操。曹操因觉得自己身材矮小、相貌不扬而不想接见他，怕自己遭到嗤笑。于是，曹操就选了一名身材高大、仪表堂堂的卫兵装扮成他在大帐内接见这位首领，而自己却扮成卫兵守在一边。接见结束以后，有人问这个首领对曹操印象如何，这个首领答道："曹操只是一个平庸之辈，而守在他身边的那个小卒却颇有气质！"这个有趣的故事向我们表明的道理是，外表之美固然不可缺少，而内在的品质却更能折射出一个人的人格魅力。良好的品德不仅可使他人感到愉快，而且可使你自己也生活在快乐当中。无疑，一个拥有优良品德的人，不但会获得众多的朋友，而且还会促使自己取得事业的成功。

（四）交往技能

个体对于交往技能的掌握和运用是有差异的。交往技能主要体现为交际者是否能成功地展开人际公关的能力。其实，与人交往的过程是一个不断遇到问题又不断解决问题的过程，因而善于运用交往技能的人，能有效地排除人际交往中的障碍而妥善地处理人际关系。当然，人际交往能力的提高，需要借助各方面的学习，更需要通过长期的实践积累。作为个体若能注重自身交往技能的提高，必然有助于其人际关系的改善。

三、人际认知

人际认知是指个体通过人际交往，根据认知对象的外在特征，推测与判断其内在属性的过程，或者说是在个体与他人交往过程中，观察了解他人并形成判断的一种心理活动。人际交往与人际认知有着密切联系，任何人际交往都包含有认知的因素，并且建立在认知的基础上。在日常人际交往中，唯有主体的主观认知与客观实际相符，才能根据不同的对象采取相应的交往方式，促使交往顺利进行。

以下从人际认知效应、人际认知偏差、人际认知的"双向性"过程几方面逐一说明。

（一）人际认知效应

人际认知中的心理效应主要有：首因效应、近因效应、晕轮效应、刻板效应。

1. 首因效应

首因效应即第一印象，指的是人们在第一次交往中对他人形成的印象最深刻，难以改变，往往影响甚至左右以后的交往。人们在交往中，往往比较重视最先得到的信息，据此对别人下判断，形成最初的印象，而在最初的印象形成之后，对后来信息就较不重视，这种社会知觉效应，即称为首因效应。

首因效应使认知者第一次得到关于认知对象的感知、意象和概念，因此每当再次与认知对象接触时，原先的意象和概念就会产生"筛选作用"，即新信息中与原先印象相符合的信息被接受，而另外一些就被不自觉地忽视。例如我国有"逢人说项斯"的典故，说的是唐代青年诗人项斯携诗见当时的名士杨敬之，杨与他一见如故，非常欣赏他的诗和他的人品，于是大加奖掖，项斯因而"得中高科"的故事。

我们在日常生活中，与他人接触时，都会产生首因效应。如果首因效应是和谐的，那么这种和谐会产生惯性，至少会维持一段时间；否则，双方就无话可谈。

2. 近因效应

近因效应是指在人际交往中，最近的印象对人的认知产生的影响作用。换言之，在交往主体的印象形成和态度改变中，新近得到的信息比既往得到的信息对于整个印象和态度会产生更强的影响。例如，春秋战国时期，苏秦周游六国，宣传自己的"连横术"，未成功。回家时，他身无分文，功名未就，导致"妻不下纴，嫂不为炊，父母不与言"。在这里，苏秦的处境使妻子、嫂子、父母产生近因效应，而导致其遭到冷遇，连家人都忘了他是一个才华横溢的人。

在日常生活中，教师对学生的鉴定、领导对下属的评价、下级对上级的印象等人际认知都与近因效应密切相关。

3. 晕轮效应

晕轮效应是指在人际交往中，人们常以对某人某一特性的认知推及尚未认知的其他特征上。晕轮效应又称为成见效应、光圈效应、日晕效应，是在人际知觉中所形成的一点概念或以偏概全的主观印象。美国心理学家凯利·阿希等人在印象形成实验中证实了这一效应的存在，认为这一效应主要是个人主观推断的泛化、扩张和定式的结果。

晕轮效应所揭示的人际认知泛化、扩张和定势普遍体现在人际交往中，我们所说的"子不嫌母丑""情人眼里出西施""东施效颦"都是如此。晕轮效应还充分体现在对历史人物的评价中，如对秦始皇的否定、对诸葛亮的神化。应该承认，晕轮效应多有认知偏差，但由于它符合人们的认知规律，因此，人们表现得宁愿让自己的认知结果有偏差，也要保留由此所得的认知结果。显而易见，作为被认知者就要遵循这条规律，有效控制传达给对方的信息，避免对方对自己产生不良的晕轮效应。

4. 刻板效应

刻板效应是指在人际交往中，对某人或某一类人进行简单概括归类，形成比较固定的印象或看法。刻板效应常常表现为：因认知者的国籍不同而形成的刻板效应，因职业、年龄不同而形成的刻板效应，因性别不同而形成的刻板效应。

刻板效应是认知者通过归类、概括而产生的人际认知，它往往既是人际认知的重要捷径，也是造成人际认知偏差的主要原因。因为一般情况下，人的个性具有稳定性，正所谓"江山易改，本性难移"，好的品质是如此，不良的品质也是这样。因此，这些认知对象的品质就类似于物理性质与化学性质，为他人认知自己提供了重要的捷径。例如无数的革命烈士对共产主义信念至死不渝，很多人一辈子都拥有同学之间、师生之间、同事之间、朋友之间的深厚友谊。这些都是刻板效应的体现。

但应意识到，如果刻板效应是建立在一种不正确的意象及概念之上的，那么所得的认知结果便会导致人际认知出现偏差。例如，典故"负荆请罪"中的两位主人公廉颇与蔺相如都有刻板效应。廉颇认定对方不如自己，蔺相如则认定对方本质是好的。当然，事实证明，前者是一种认知偏差，而后者则是正确的认知。

（二）人际认知偏差

所谓人际认知偏差，是指由于认知方法不正确而导致错误的一种人际认知现象。在现实生活中，有人会受到他人的喜欢和仰慕，有人却被周围的人厌恶和疏远，造成这种人际关系相容或相斥的原因，除了以上分析的因素之外，还有一个不容忽略的因素，便是认知偏差。它通常具有以下表现：

1. 第一印象偏差

心理学家认为，第一印象对于人际认知具有很强的决定力。我们可以看到，通常在初次见面时，交际者易将对方的仪表风度、谈吐举止当做主要的感性认识，便据此片面地形成一种意向与概念，得到"第一印象"，这便是现实生活中"以貌取人"的现象。可见，第一印象是受对方外在因素所制约、建立在大量感性认识上的一种直觉。虽然外在的形貌比内在的智力、性格、态度等更容易迅速引起反应，但它毕竟是不全面的，因而第一印象容易造成人际认知的错误，需要正确判别。

2. 单向思维偏差

出现这种偏差，是认知者习惯以单向思维判断交往对象的结果。例如对方被认为是好的，人们就很难发现他不好的一面；反之，对方被认为是不好的，人们也就很难相信其有好的表现。事实上，一个人的内心世界总是不一致的。例如在学校学习成绩一贯优秀的学生，也可能会违反学校纪律；而被视为学习成绩较差的学生，也可能是一个乐于助人的人。可见，单向思维易导致人际认知出现偏差，对交往对象需要以多向思维去考察，才能获得正确的人际认知。

3. 综合品质偏差

这是人际交往中经常出现的一种认知偏差，即在综合他人品质时，将他人积极的一面加以弱化，而将他人消极的一面加以夸张。这反映为现实中一个人好的品质不易引起人们的注意，因而不容易形成印象；而一个人的不良品质较容易引起人们注意，使人快速形成印象。例如，当一个人做了件好事，常常会被旁人所质疑；若是做了件坏事，更是会被旁人怀疑他将继续做坏事，从而格外对其加以防范。应当指出，这种偏差是认知过程中最易犯并且也最危害人际关系的认知错误，应有正确的克服方法。

4. 主观尺度偏差

主观尺度是指认知者由自身个性决定的评价系统。人的个性具有复杂的心理结构，人与人之间存在着诸多差异，如兴趣、动机、需要、价值观、人生观等，还有性格、气质、能力上的差异，这些会导致在认知上形成不同的主观尺度。就认知个体来说，其主观尺度也不是恒定不变的，有时也会自相矛盾。因此，在正常的人际交往中，应警惕这种认识偏差，在对交往对象的认知上，我们不能认为对方符合自己的主观尺度，就盲目地认同，作出肯定的态度；反之，则形成一种否定、排斥的态度。

5. 个体归因偏差

归因是指人们从可能导致行为发生的各种因素中认定行为的原因并判断其性质的过程，或者说，归因是指人们通过对自己或他人的行为进行分析寻找原因的一种心理活动。

常见的归因偏差主要表现为以下两个方面：（1）将成功归因于个体内在因素，比如个人的能力、个人的奋斗、个人的品格、个人的素质、个人的智慧、个人的态度以及个人的性格特征等方面。（2）将失败归因于客观外在因素，如环境恶劣、条件太差、机遇不好、外界干扰、他人不配合等。

必须看到，在人际交往中，双方认知差异较小，有利于关系的良性发展。但从认知差异的形成来看，其认知上的差异主要是由双方认知的失调引起的，如交往双方在信息交流中看问题的角度不同，各有自己的思维定式，对同一问题就可能产生不同解释。同时，个体情绪的差异也对信息的传递产生影响，交往双方如果处在激情状态或心境不佳时，就难以与对方沟通意见，甚至产生对立情绪，歪曲对方信息的意义。因此，认知程度会直接影响彼此关系的状态。为促使人际交往的顺利进行，交往双方不仅需努力克服自身认知上的偏差，还需尽可能地缩小双方在认知方面出现的差异。

（三）人际认知的"双向性"过程

人际认知实质上也是一个认知者对被认知对象形成"感觉、知觉、意象、概念"的过程。但是，人际认知的双方都是具有主观能动性的人，因此，与对其他事物的认知有所不同，人际认知是一个双方信息"双向交流"的过程，因而，人际认知过程具有多变量性、不一致性、互映性和制约性的特点。

1. 多变量性

所谓人际认知的多变量性，是指认知双方都是一个多变量体，这些变量都影响到认知的现象。

在人际认知过程中，双方的需要、动机、情感、态度、性格、能力、品质、社会关系、环境因素等影响着各个认知环节。因此，认知双方的内心世界就处于一个多变量的动态过程中，相互形成的人际感觉、人际知觉、人际表象和概念也就随之变化。例如，一个性格外向的人在帮助他人时，表现为热情积极；而一个性格内向者，则更多地表现为暗中相助。当一个人高兴的时候，具有较大的心理相容性；而遇到挫折时，则会迁怒于他人。

2. 不一致性

所谓人际认知的不一致性，是指认知双方的内心认知状态都存在一定程度的自我矛盾现象。

对于被认知者来说，不一致性表现为外在表现与内在想法之间具有不对应性；对于认知者来说，则表现为自我认知状态总是处于不稳定状态中。

3. 互映性

人际认识的互映性是指认知双方的相互认知往往有相似之处。你对别人持有的认知，往往也就是别人对你的认知。例如"你敬人一尺，人敬你一丈"，"你对他人笑，他人也对你笑"，说的就是这个道理。①

4. 制约性

人际认知的制约性是指人际认知过程中存在很多的制约，这种制约性主要体现为认知条件的限制。

随着现代社会科学技术的发展，许多学者对于认知结构等问题的研究越来越重视。当今时代，认知心理学利用计算机技术模拟认知结构，使此项研究向纵深发展，不断将其研究推向新的阶段。

第二节　社会因素的影响

人际交往是在社会实践中进行的，因而关系主体除了受自身主观因素的影响外，还会受到来自客观外界及社会因素，如社会背景、文化观念、社会角色、社会资源、社会群体等因素的影响。

一、社会背景的影响

社会背景的影响主要指社会制度、道德规范、相关法律、社会习俗等在人际交往中对交往主体的影响。

（一）社会制度的影响

社会制度是指在一定历史条件下形成的社会关系和与此相联系的社会活动的规范体系。社会制度是发展变化着的，由此也影响人际关系的变化和发展。就宏观而言，人际关系的每一种历史形态的演变无不与社会制度联系在一起。就微观而言，人际交往的范围在不同时期以及不同地区会发生不同变化。如在较为开放的社会制度里，人际关系的范围往往容易扩大；反之，在较为封闭的社会制度里，人际关系容易狭窄，并且，社会制度还具体影响到人际交往的行为模式，如在不同国家里，人们的行为模式存在很大差异，这个问题将在本书第七章中详细论述。

（二）社会道德的影响

社会道德是指由社会舆论力量和个人内在信念系统驱使支持的行为规范的总和。

---

① 黄华新. 现代人际关系学 [M]. 杭州：浙江大学出版社，1995：50-51.

可以这么说，人际交往就是社会交往，它不可以混乱无序，必须纳入一定的规范中，进行必要的控制、约束和调节。道德正是这种规范和调节的手段，因此道德还可解释为：它是一种社会现象，是调整人们相互关系的各种行为规范和准则。社会道德主要是依靠社会舆论、传统习惯和人们的内心信念来维持的，并用善与恶、公与私、诚实与虚伪、正义与非正义等范畴来评价并影响人们的心理、意识、情感和意向的调节方式，所以它的影响是非强制性的。

正因为社会道德的影响，人们便依据道德规范来辨别是非、善恶、美丑，并以道德规范来指导或调节自身行为。在现实社会里，人们遵守道德规范，就会受到舆论的赞许并感到心安理得，否则就会受到舆论的谴责并感到内疚。显然，交往中的关系主体讲求道德、诚实守信、平等互助、助人为乐，能够营造一种良好、温馨的人际氛围，促进社会文明的进步；反之，不讲道德、损人利己、虚伪欺骗等，则会破坏人际关系，败坏社会风尚。因此，社会生活的正常秩序和人类文明的发展，客观上要求有一定的道德规范来调整各种人际关系。中华民族历来就提倡用道德规范的力量来协调人际关系，比如儒家强调的"父慈子孝，兄友有信"，以及"忠恕之道""民胞物与"等观念，都突出了处理人际关系时相互尊重的基本道德原则。当今，人际关系呼唤我们建立一套具有现代意识的道德规范，因为传统道德规范与现代道德规范的冲突时有发生。

（三）相关法律的影响

法律的本质是规范人的行为，自然也规范着人际关系。法律的影响是指通过国家强制力量的支持，来调节人们法定的权利和义务关系。在法制社会里，人们在法律范围内进行人际交往活动、建立和发展人际关系，便会受到法律的保护。从法律对人际关系的影响来看，若社会法律健全，并贯彻实施到位，就能促使人际关系健康而正常的发展；反之，法律不健全或实施不到位，便会阻碍人际关系的正常发展。

（四）社会习俗的影响

它主要指一定社会中的生活方式，以及待人接物的风俗习惯对交往双方的影响。可以看到，不同的国家、不同的民族、不同的习俗，在人际交往上有着明显的差异，正所谓"十里不同风，百里不同俗"。如全世界的见面礼，便可分为许多种：欧美国家行拥抱礼和握手礼，日本等国家行鞠躬礼，南亚及东南亚一些国家行合十礼，还有的地区及国家行抬手礼、脱帽礼等。在交往风格上也有显著不同，如美国人乐于与人交往，而且不拘礼节，与人沟通坦率直言；中国人在人际交往中，习惯于谦虚、含蓄。

因此，社会习俗的差异，也会给人际交往，尤其不同民族、国家、地区之间的交往，带来一些影响。

二、文化观念的影响

文化观念的影响主要指文化价值观念的差异对于人际交往的影响。它表明人对社会行为的评价态度，突出地表现为不同文化背景的人对社会的认知态度。首先，交际主要是通过言语进行的，一个人的文化修养的深浅、受教育程度的高低既影响着他对话语意义的理解，同时也制约着他对言语材料的选择与组合。比如，在言语交际中对牛弹琴，导致交际对象的误解以致反感，就是交际失败。其次，如何区别好和坏、正确和错误、真善美和假恶丑，不同的文化价值观，其看法也不尽相同。如我国的一位学者在西方国家进行一次学术演讲，他按照中国人的价值观念，在发表演说之前，以谦虚的口吻说："本人才疏学浅，只有一点不成熟的看法，希望大家批评。"西方学者听后却会感到纳闷，认为既然你的研究还不成熟，为什么要公开发表观点呢？再如"两个老太太在天堂"的故事：两个老太太在天堂相遇了，一个来自中国，另一个来自美国。中国老太太说："我攒了一辈子钱，终于在临死前买了一套大房子，就上天堂了。"美国老太太说："我住了一辈子大房子，终于在上天堂前还清贷款了。"这两例都反映了不同文化背景下的价值观念的差异。在我国国内也存在价值观念的不同，如有的人"一切向钱看"，以"钱"及"财富"的多少来衡量人生的价值，但有的人追求的是"精神"，以奉献为人生价值的实现。

三、社会角色的影响

每个人在现实的交往中，都会受到自身所扮演的社会角色的影响。其社会角色主要由社会地位和职业身份等因素构成。

（一）社会地位的影响

社会地位是指关系主体所处的社会地位，从政治学和法律学的角度来说，是指由法律规定和公众认可的具有一定特权和专利的社会等级。社会地位的不同会造成交往的障碍。社会地位对人际关系的制约或影响主要表现在三个方面：（1）社会地位制约或影响人们的交往对象和人际关系状况。（2）社会地位制约或影响着关系主体的交往热情和交往需要。（3）社会地位制约或影响着人的交往动机和诸多的交往心理。

在人际交往中，通常身居高位的人易表现出盛气凌人，使其下属不得不敬而远之，以致妨碍了上下级之间的正常沟通。我们应该采取发扬民主、经常对话的方法，消除上下级之间的障碍。另外，社会角色的不同也会影响家庭成员的交往，如父母不以平等的态度对待子女，令子女与父母产生隔阂，导致家庭中人际关系出现障碍。从交际主体的年龄角度来看，年龄的差异会导致长辈与晚辈之间沟通的困难，产生所谓"代沟"现象。

（二）职业身份的影响

职业身份是指关系主体所从事工作的类别，即做什么工作和担任什么职务。在社会交往中，个体的职业身份往往对人际关系起着一定的影响和制约作用。

作为交际主体，所从事职业的不同，就会有不同重点的人际交往对象。例如，教师的主要交往对象是学生，公务员的主要交往对象是同事，服务人员的主要交往对象是顾客等。可以说，职业类别与人际交往对象的这种关系，是职业类别对人际关系的第一制约和影响。就交际者不同的职业身份来看，它能满足不同交际对方的需要。例如，商业工作者能满足人们购物的需要，修理家电的技师能满足人们修理家电的需要，等等。因此，越能够满足别人的需要人，越容易建立广泛的人际关系；从事满足需要程度越高的人也越容易建立较深或较亲密的人际关系。

四、社会资源的影响

社会资源的影响主要是指交往主体在社会中的人脉关系对其人际交往的影响。若交往主体的社会交往范围较大，善于广结良缘，拥有较丰厚的社会资源，自然在人际交往中会感到轻松自如，并且左右逢源，这种状态也必然有利于自我人际关系的发展；反之，交往主体的交往面狭窄，社会资源较匮乏，便会对个体的人际关系构成一定的局限性。中国台湾学者郭腾尹在他所著的《人脉是画出来的》一书中，向人们推荐运用曼陀罗思维工具管理自己的人脉资源，可在人脉建立方面有策略、有系统地大幅度提升自己的能力。

五、社会群体的影响

社会群体是指以一定方式的社会共同活动为基础结合起来的人们的集合体。社会群体的特点：其一，同属一个群体的各成员在心理上能感知到对方，具有相互认知与同属一群体的感受；其二，同属一个群体的各成员在行为上相互依赖，相互作用，彼此影响，并且具有互补性；其三，同属一个群体的各成员在目标上是共同的；其四，同属一个群体的各成员共同遵守该群体的行为规范和规则。可以推断，人际关系的形成需要一定的机会和环境，社会群体则为其成员提供了人际交往的舞台，使交往主体能在群体中表露自己的内心世界，从而成为周围人们知觉和作用的对象，进而确认自身的存在，表现和实现自我，并由此获得自身的个体性。不可否认，人的一生，其交往是广泛的，但与群体内成员的交往是最持久和最重要的。社会群体对人际关系的影响有以下特点：

（一）相似性

由于一个社会群体有共同的活动项目和目标，这便有利于培养其成员的合作精神，可以增进彼此的了解，增强彼此的信任。因此，交往主体长期在一个群体中生活、学习或工作，易受群体的影响，与群体中的其他成员在态度、信念、爱好上日趋一致，使其人际关系变得融洽。

（二）接近性

作为社会群体中的成员，由于共同开展一切活动，促使其相互接纳、认同，彼此间的距离越来越近。个人与个人、个人与群体间的依恋感越来越强，心理安全感也越来越强。可见，社会群体内成员的相互依赖，使其不断接近，这便有利于人际关系的和谐。

（三）压力性

所谓压力性，是指当个体在群体中与多数成员的意见有分歧时，在心理上便会感到一种压力。来自社会群体的舆论、风气和规范等，都能形成一股催人行动的心理压力；而群体压力容易使群体内成员形成从众心理。应当指出，群体压力和从众心理对于群体内成员的人际交往，具有积极和消极两方面的作用。其积极作用是，使群体内成员的价值观、信仰、行为、兴趣、爱好逐步趋于一致，使人们有更多的交往理由，为人们的和谐相处拉近了心理距离。其消极作用则是，使群体内成员的创造性受到遏制，使其差异性越来越少，不利于人际间的长期吸引，也不利于对群体外的人际吸引。因此，同属一个群体的成员应有共同遵守的行为规范，这不仅有利于群体内人际关系的和谐，也有利于内部成员与其他群体成员人际关系的建立。

第三节　其他因素的影响

现实中的人际关系还会受到其他诸多因素的影响，这里主要从自然环境、时空环境等方面展开探讨。

一、自然环境对人际关系的影响

自然环境对人际关系的影响，我们可从人类发展的宏观和现实的微观两个角度来展开分析。

（一）从人类发展的宏观角度来看

在人类社会早期，人们为了求得生存，获得物质所需，应对大自然的灾害，便已开始意识到与他人交往的需要。可以这么说，在人类原始时期，自然环境是促使人际吸引的最主要的情景因素，并且在人类发展的历史进程中，自然环境也对人际关系有着重要的影响，如每当大自然的威胁降临时，人际的亲密关系会更加凸显出来。而在未遇到大自然的威胁时，人际关系则往往出现分歧、冲突、仇恨和争斗的情形。

（二）从现实的微观角度来看

自然环境的优劣直接影响到人际关系的状态。一般而言，优美的自然环境能使人心情愉悦，促使人际交往顺利地进行。如现实生活中正在热恋的人们往往选择花前月下、小桥潭边谈情说爱，其交往双方愉悦的审美感受会部分地移情于交往对象，从而增强彼此的吸引力。可见，善于交往的人会选择最适宜的环境以达到交往目的。确实，自然环境对人的生理、心理也有一定的影响作用，优美的自然环境可以强化人际交往过程中交往双方的积极情绪，增进彼此的联系。因此，自然环境对人际关系构成影响，进而影响到人际关系的行为模式。

二、时空环境对人际关系的影响

大量的研究表明，个体由于受生命周期和生物节律的影响，在不同的时间和空间条件下，其心理状态具有明显的差异，对信息的敏感程度和注意力的强弱也有所变化，因此不可忽视时空因素在人际交往中产生的影响。

（一）时间因素对人际关系的影响

时间因素对人际关系的影响，主要体现为交往个体对时间的反应，即时间观念以及对时间的把握。

1. 时间观念对人际关系的影响

一般在人际交往中，双方的时间观念往往会对人际交往的维持产生一定的制约作用。如有一位女青年，她有许多可爱之处，但有一个坏习惯，不遵守时间。多次与朋友约好时间，却不能如期而至；朋友对她很反感，认为她每次都浪费别人那么多时间，是一种不可饶恕的行为，而渐渐地与她疏远关系。现代社会，人们的时间观念越来越强，切不可忽略时间观念对人际关系的重要影响。

2. 时间把握对人际关系的影响

通常在人际交往中，对于时间的掌控也能影响到人际关系的展开。如现实中常遇到接受对方邀请而参加一个正式的活动的情况，按照交往的一般规则，受邀者应该早些到达，并一直到结束时才离开，这样才会令对方产生信任感，有利于关系的良好发展；反之，则会被对方视为不礼貌，从而影响双方的继续交往。再如，运用电话与人交往，需要懂得时间禁令，若与一般的交往对象通电话，不宜在早上七点以前、就餐时间或晚上十点半以后进行，并且电话中的交谈时间也应控制在三至五分钟；否则，会因失礼而使双方关系的发展受到影响。

（二）空间因素对人际关系的影响

空间因素与人际关系是有着密切联系和影响的。我们从以下几个方面去探讨：

1. 不同的空间距离反映不同的人际关系

社会心理学认为个体之间在进行交往时所保持的心理距离，受到个体之间由于相容关系不同而产生的情感距离的影响。人类学家 E. 霍夫认为人际距离可以区分为四种，即亲密距离、个人距离、社会距离、公众距离，这四种距离所指的对象如下：

亲密距离——父母与子女之间、情人或恋人之间；

个人距离——朋友、同学之间；

社会距离——上下级之间、师生之间、顾客与营业员之间等；

公众距离——正式交往的个体之间或陌生人之间。

因此，不同的空间距离代表不同的人际关系。通常社会交往中还存在人与人之间所要求的空间距离，因其不同的文化背景、不同的社会关系、不同的性格等而大相径庭。例如：两位领导人见面时是握手还是拥抱，除了文化习俗外，不同的距离反映着不同的关系；日本人与英国人相比，日本人的个人空间小些，英国人的个人空间大些；性格外向者比性格内向者在人际交往中的距离近些；女人之间比男人之间的距离近些；熟人比生人靠得近些。

2. 距离远近的不同对人际关系的影响

一般而言，人们生活的空间距离越小，交往双方就越容易接近，彼此之间就越容易相互吸引；反之，交往的可能性就减弱。在交往中，时空距离的接近为人们了解交往对象提供了更为优越的交往机会。我们以最少的时间、最小的精力去取得更多的信息、情感和帮助，何乐而不为呢？1950年，心理学家贾斯汀格等人曾对住在同一楼房里的家庭彼此成为朋友的情况进行了研究，结果表明：住在同一层楼房里的邻居，地理位置越接近，越容易建立友谊关系；住在同一楼房同一楼层的人比住在同一楼房不同楼层的人，成为朋友的可能性更大；甚至住在同一层楼，两户相距22米和相距88米，在形成友谊关系上也有差别。这一研究表明：交往的频率与距离的远近成正比例的关系。需要指出的是，距离的远近并不是形成人际关系的主要因素，它只是影响人际关系的各种因素之一。在其他因素大体相同的情况下，距离的远近才会表现出作用。

人际关系原理中有一种强迫性吸引观点，是说在诸多因素中，距离的因素有可能使人不由自主地被某人吸引或对某人产生好感的现象。例如苏联有部电影叫《第四十一个》，讲述的是一个红军女战士在押送一个白军俘虏到一个荒岛的过程中，与部队失去了联系，为了生存，两人相依为命，在相当一段时间的近距离接触中产生了感情的故事。这种现象在心理学上，也被视为一种强迫性吸引现象。再如小说《鲁宾逊漂流记》中的鲁宾逊，因在荒岛上势单力薄，因此让土人星期五做了仆人，并与他在后来的共同生活中建立了友谊。现实生活中也有这样的例子，由于时空限制，交往者缺少更多的选择机会或者根本就没有较多可供接近的人，这时他们通过互相了解并有可能在此基础上产生友谊。倘若有更广阔的与人交往的空间，也许两人并不会认识，更不谈上成为朋友。应当肯定，近距离接触会产生人与人之间强迫性吸引的现象。

3. 不同的空间环境对人际关系的影响

通常而言，在相对整洁、安静、优雅的环境里，或精力旺盛的时候，人们大多会有一种好心情,并对接收的信息产生较深刻的印象和记忆;相反,在混乱、嘈杂的环境或疲惫、心情不佳时,人们的心理往往比较紧张,容易产生排斥心理。我们应该选择良好的环境以及最佳时机,才能实现良好的沟通效果。

【短文二则】

拥有个性,你就是自己的主人①

雪花是独一无二的,没有任何两片雪花是同样的。我们的指纹、声音和 DNA 也是如此。因此可以肯定,我们每一个人都是独一无二的。然而,尽管我们知道历史上从来没有完全像我们一样的人存在过,但我们还是习惯于将自己和别人作比较。我们把他们作为标准来衡量我们是否成功,我们常常在报纸上读到某人取得了伟大的成就,然后很快就发现他们的年龄超过了我们,因此我们至少得到了一点暂时的安慰:我们也有可能取得同样的成功。

但是,把自己和别人相比是毫无意义的,因为你根本不知道别人在生活中的目标与动力以及别人独一无二的能力。别人有别人的才干,你有你的才干。我们常常认为才干就是音乐、艺术或智力方面的天赋,但实际上我们人人都有奇妙的、却被人忽视的才干,诸如激情、耐力、幽默、善解人意、交际才能等,它们是可以帮助我们取得成功的强有力的工具。

所以,不断地拿自己与别人相比,只能使你对自我形象、自信以及你取得的成功的能力产生负面影响。你应该向"这个人"请教自己的能力是否得到了充分的开发——"这个人"就是你自己。

努力地去实现自我②

"走自己的路,让别人说去吧!"对但丁留下的这句名言,我们并不陌生。不过,我们在生活中是否要信奉它、实践它呢?

答案是肯定的。

贝多芬学拉小提琴时,技术并不高明。他宁可拉他自己作的曲子,也不肯做

---

① 陈南.感谢折磨你的人全集 [M].北京:中国妇女出版社,2007:100.
② 陈南.感谢折磨你的人全集 [M].北京:中国妇女出版社,2007:101.

技巧上的改善，而他的老师说他绝对不是个当作曲家的料。

发表《物种起源》的达尔文当年决定放弃行医时，遭到父亲的斥责："你放着正经事不干，整天只管打猎、逗狗、捉耗子。"另外，达尔文在自传中透露："小时候，所有的老师和长辈都认为我资质平庸，我与聪明是沾不上边的。"

苏格拉底曾被人贬为"让青年堕落的腐败者"。

美国职业足球教练文斯·伦巴迪当年曾被批评"对足球只懂皮毛，缺乏斗志"。

爱因斯坦四岁才会说话，七岁才会认字。老师给他的评语是："反应迟钝，不合群，满脑袋不切实际的幻想。"

牛顿在小学的成绩一团糟，曾被老师和同学称为"呆子"。

罗丹的父亲曾怨叹自己有个白痴儿子，在众人眼中，罗丹曾是个前途无"亮"的学生，艺术学院考了三次还考不上。罗丹的叔叔曾绝望地说：孺子不可教也。

试问：如果这些人不是"走自己的路"，而是被别人的评论所左右，怎么取得举世瞩目的成绩？

俄国作家契诃夫说得好："有大狗，也有小狗。小狗不应该因为大狗的存在而心慌意乱。所有的狗都应当叫，就让它们各自用自己的声音叫好了。"

所以说，真正的成功的人生，不在于成就的大小，而在于你是否努力地去实现自我，喊出属于自己的声音，走出属于自己的道路。

☞ 思考题

1. 影响人际交往的个体因素主要有哪些？
2. 影响人际交往的社会因素主要有哪些？
3. 个体的仪表风度对人际交往有何重要意义？
4. 群体对人际关系的主要影响有哪些？

第四章
人际交往的基本状态

本章要领

　　本章主要阐述人际交往的基本状态，即增进与保持状态、疏远与冲突状态、竞争与协作状态，以及个体在群体中表现出的三种基本行为。认识人类如何通过自身的交往状态及行为，以及如何建立、保持、疏远和结束关系，进一步了解人际交往过程的复杂性，以便更深入地探讨人际交往的规律和本质。

第一节　增进与保持状态

　　人际交往中的增进与保持状态，是人际关系中最常见的两种状态。一直以来，它在人际关系学说中有着重要的研究意义。

一、增进状态

　　人际关系的增进状态，是指交往双方关系稳定，且越来越亲密的状态。在人际交往中，关系的增进意味着交流双方的亲近和对对方的有效控制。交流双方不仅在认知和感情上相互有了了解，而且也能通过活动在行动上相互回应。同时，关系增进促使交流双方从社交关系进入私人性关系。从广泛意义上而言，社交关系是一种角色关系，在这种关系中参与者能被其他人代替。私人性关系则是唯一的，在这种关系中，你不能取代其他人而继续保持这种关系。《人际交流》① 一书将人际交往中的增进关系归纳

---

　　①　伍茂国，徐丽君. 人际交流 [M]. 北京：中国纺织出版社，2003：124.

为以下七个特征：

第一，交往双方交流次数以及交流持续的时间增加。

第二，交往双方相互了解各自内心最隐秘的信息，讨论话题的广度和深度增加，双方形成了某些特殊的、个人性的交流模式。

第三，交往双方对各自的特征十分熟悉并且心有灵犀。

第四，交往双方在相互关系中增加投入（时间、金钱、感情等）。

第五，交往双方相互依附的倾向和交融的感觉增强。

第六，交往双方都觉得各自私人的兴趣与幸福安宁的关系联系在一起。

第七，交往双方的积极情感（热情、喜欢、爱等）和关爱感、责任感、信任感不断增强。

（一）增进状态对人际关系的有利性

人际交往的大量实践表明，增进状态对人际关系的有利性可体现在以下几个方面：

1. 增强交流双方的信赖程度

彼此关系的增进，有助于交往双方信赖程度的加深，从而促使交往者达到所期望的个人目的。也就是说，我们与他人的关系越密切，对他们的影响就越大。如获得对方的帮助，共同参与一些活动，从而使双方都能获益。

2. 满足特定的人际交流需要

美国心理学家舒茨发现，在人际关系中人们存在着三种基本的人际需要，即包容、控制和感情。他认为，你需要包容他人作为你的世界的一部分或者被他人包容成为他人世界的一部分。一旦包容的需要得到满足，你就会有指导别人的需要或被人指导的需要，最后你会有表达或者接受影响的需要。而关系的加强就包括满足这些特定的需要，这些需要的满足可以转化为具体的交流行为。比如，分享交往对方的爱好或习惯，尝试着去包容对方，谈论彼此关心的话题，并满足在情感上的相互需求，如送对方生日卡片、相互称赞等。

3. 得到交往对象的理解

通常，无论交往对象是朋友、亲戚，还是情人，真正的人际关系是基于他人的独特认识。一般而言，人际关系是通过关系的独特性和对交往对象心理上的理解，而不是依据简单的社交规则建立起来的。因而处于增进状态的人际关系，能促进双方的相互了解；而了解交往的对象，无疑是加强关系的重要前提。这一点也越来越受到人们的重视。

4. 减少对他人的不确定感

可以说，对他人认知的不确定性一般标志着某种不安的经历，交往者对于他人的信息了解得越多越有助于减少不确定性。信息可通过与他人的交流和在不同的社交场合观察他人来获得。这些积累起来的信息，能帮助交往双方减少在交往过程中的不确定性。

（二）增进状态对人际关系的不利性

从实际的人际交往来看，追求与他人建立密切的关系，也会给交往个体带来一些不利。

1. 易暴露自己而受到攻击

由于彼此关系的密切，交往者的私人感情和一些不愿公开的想法便会暴露出来，这些感情和想法可能包含许多隐私甚至痛苦，将其暴露会容易使个体受到攻击。无疑，在密切的个人关系中，人恐怕更易受到伤害，因为了解一个人越深，也就意味着越知道如何去伤害那个人。

2. 易被人抛弃而丧失关系

在现实的交往中，交往双方往往因彼此具有所谓的新奇感、神秘感而使关系靠近。随着增进状态的持续，交往双方会因近距离而更加了解对方的缺点，当交往者不能忍受这些缺点时，他便会阻止其关系的继续发展，并有可能最终抛弃对方。许多人经历过失去所爱或所信任的人这样的痛心事，所以有的人不再找新朋友的理由就是害怕被抛弃而使已建立的关系丧失。

3. 失去自我控制力而导致破坏性冲动

应当指出，密切的关系容易控制个人的独立空间。当感情不再通过自我内心的酝酿和传达，这些感情会成为控制你的异己力量，从而使你失去自我，最后引起破坏性冲动。并非所有人都有能力控制自己对人做出的承诺，因此他们宁愿与他人保持安全距离以保护自己。因而，为避免破坏性冲动，从保护自己和他人的角度出发，人们就可能选择保持一定的交往距离。

总之，处在增进状态的交往关系，能使双方更加信赖，有助于交往个体实现所期望的个人目的。然而，这种关系状态也有其负面影响，它容易控制个人的情感；当情感不再通过自我内心的酝酿和传达，就会导致失去自我，引起破坏性冲动。因此，在交往过程中，为防止破坏性冲动伤害到对方，从保护交往双方的角度出发，建议交往双方尽可能保持一定的距离。若持续这种关系状态，要求交往双方不仅要在认知和感情上有不断了解，而且也必须在行动上相互回应。

二、保持状态

所谓保持状态，是指维持关系的存在，并使关系不断改善，致使关系处于稳定的状态。通常，保持关系的目的是：维持关系的存在，使波动的关系趋于稳定，进而使关系更加密切。

（一）保持状态的原因分析

人际关系的诸多研究显示，人际关系的保持与利益的多寡以及关系平等紧密地联系在一起。许多学者认为，人们希望保持关系的原因主要有以下三条：

（1）人际关系能使人际功能很好地发挥；

（2）在变动不定的世界和危急时刻提供安全保障和支持；

（3）因为某些关系的存在使人感觉自豪和骄傲。

有些学者从恋爱关系这一角度展开研究，补充了上述结论。他们认为人们致力于保持某种关系，是由于大量的满足和投入，例如时间、金钱和感情，以及暂时缺少其他可替换的关系或活动。

（二）维系保持状态的人际关系的策略

维系现实中保持状态的人际关系，确实不是那么容易完成的任务。事实上，人们是在利益的驱使下和平等的前提下保持关系的。有必要说明的是，人际关系中的利益，既包括物质利益，也包括情感和精神利益。如何有效地维系保持状态，我们以伍茂国、徐丽君的《人际交流》一书中归纳的、由许多人际关系研究专家提出的维系保持状态的人际关系的三项策略作为参考。[①]

1. 积极性策略

积极性是指这样的交往行为：快乐的行动；礼貌；避免批评。积极性是维持关系的一种有效的方法，因为积极能提高交往对象欣赏的程度。我们都了解真正积极的和易于得到奖赏的交往者，他们在交流时，总是面带微笑，告诉人们他们是如何欣赏对方、从不抱怨双方关系的。以浪漫型关系为例，积极性与喜欢之间有着极密切的关

---

① 伍茂国，徐丽君. 人际交流 [M]. 北京：中国纺织出版社，2003：213-216.

系。在浪漫关系中，保持积极的方式是人们所说的浪漫策略——表达感情、有趣和自然等。

研究发现，从积极性策略来看，妻子认为丈夫保持关系最有效的策略是诚实、自然而然、自我投入（丈夫使自己投入妻子的活动）、敏感和精神分享。但应指出，积极性策略的反面是反社交策略。所谓反社交策略，是指人们使用暴力或欺骗在他人面前展示自己的地位，如婚姻生活中，丈夫使用反社交策略与妻子得到的满足消极地联系在一起。人们可能使用反社交策略限制关系的密切程度或者确认对伙伴的控制，有时人们粗鲁的行为会阻碍伙伴加强关系（不回电话，隐藏周末行动，威胁或利诱伙伴，等等）。

2. 开放策略

开放策略反映了交往双方明确讨论关系性质的程度，这种策略也被称作直接性策略。运用开放策略，人们讨论关系问题，询问同伴对关系的感觉，讨论关系目的，以此保持关系。通过讨论对双方而言都至关紧要的话题，有助于保持关系。此外，公开自己成功的秘密和相互信任是保持友谊的两种重要方法。若不敞开自己所需要的东西，要保持令人满意的关系常常是困难的。

尽管开放的可能性有效，但研究显示，过度的开放（特别是消极的开放）也许会危害关系（可参阅第七章的有关论述）。另外，如果交往者认为对方想改变关系的密切程度而自己却不愿意，那么开放就不是一种令人满意的策略，有时甚至会产生适得其反的结果。也就是说，当交往对象想增强关系的密切程度时自己宁愿避开（忽略这个人）；当然如果当对方想疏远关系而我们却想保持关系的时候就会加以平衡（保持情绪稳定）。

但需要注意的是，一般来说，交往双方都羞于谈论禁忌话题，或者一方认为是犯禁的话题。以浪漫关系为例，其中存在许多禁忌话题：关系状态、异常关系活动（比如其他的浪漫伙伴）、关系标准（关系规则讨论）、优先关系、导致冲突的话题以及消极效价的自我表露。这些禁忌话题有其产生的内在动机，比如说，如果双方对关系承诺差异较大，那么讨论关系状态很可能破坏双方原有的关系。

3. 保证策略

保持关系的第三种策略是使用保证。使用这种策略的时候，交往者显示他们是忠诚的，强调他们对关系作出的承诺，而且暗示双方关系前途光明。友谊就是通过保证情感、道义支持、互相信任或提供帮助来加以维持的。保证显示了交往者在语言和行动上所作出的承诺。

与保证策略非常接近的是安慰策略，它是指关心他人需要并为之提供信息的行为，比如接受其他人的观点，这种策略可以说是保证策略最为有益的补充。

需要说明的是，许多人际关系研究专家通过查考文献，广泛调查，以及利用统计方法得出了五种保持关系的策略，即积极性、开放、确信、社交网络和共担任务。在此，本书只是对前三种策略做了介绍。

【案例】

近年来，人际关系学领域的一些研究，譬如借助人与人之间的吸引，来达到保持人际关系的目的。此处对几种常见的"人际吸引"作简要说明：

1. 一致性吸引

所谓一致性吸引，主要指交往双方在个体主观因素，即思想性格、情感态度、价值观及追求等方面，以及交往者社会背景如文化、语言、种族、职业、家庭等方面存在的相似性而产生的相互吸引。社会心理学家告诉我们，如果双方有某种一致性，并能为彼此所认同，则易产生双向吸引，产生亲切感，即"物以类聚，人以群分"的朴素道理。因而，彼此间的"一致性"，不但能获得共鸣与相互支持，同时易预测对方的情感和反应倾向，增强相互之间的默契度。中外历史上不乏此类例子，如马克思和恩格斯、歌德和席勒、钱三强与何慧泽等，正是由于一致性吸引而结成了伟大的友谊。

2. 互补性吸引

所谓互补性吸引，是指交往双方感到自己存在某种欠缺，而向对方求得补偿以至于产生的相互吸引。保加利亚伦理学家瓦西列夫说："两个人受教育的条件相同，感情相同，承担的社会任务相同，但他们之间却缺乏明显的好感。在某些条件下，甚至会出现嫌恶感。"这便说明，人总是在寻求自己所不具有的东西，因而会对他人身上存在的那些所谓神秘的、未知的、自己不具备的东西，产生强烈的好奇心和探究欲。不可否认，"互补性吸引"对人际关系的保持和发展，具有重要意义。

3. 互动性吸引

所谓互动性吸引，是指人与人之间相互影响而产生的行为对应现象。应该看到，人与人之间的互动有积极的与消极的性质之分。应重视积极的人际互动，它可增添交往双方的吸引力，使彼此感到一种向心倾向。如当你遇到困难时，你的朋友主动给予帮助，会令你十分感动而以正面的行动予以回报，如此循环，自然会促使双方关系的稳固。相反，消极的人际互动，不仅不利于相互关系的保持，反而会令关系趋向淡漠。产生互动性吸引的动力，主要来自交往双方的互敬、互信、互慰、互勉、互谅等。因此，我们不可忽略这些重要方面。

4. 互悦性吸引

所谓互悦性吸引，是指交往双方相互欣赏、彼此能带来愉悦感以至于产生的相互吸引。互悦性吸引通常最明显的表现为"一见如故""相见恨晚"，以及恋人之间的"一见钟情"等。现实生活中大量的实例表明，互悦性吸引，不仅较容易建立交往双方的情感与友谊，而且能使这种良好的关系长久维持。①

从现实考察，以及人际关系学的相关研究理论来看，人际关系的保持状态，显现出自身的规律性。我们须遵循其规律，从而恰当地采用相应合理的策略。

西南师范大学的黄希庭等人（1983）采用社会测量、访问与观察等方法，以大学生为对象（共21个班集体），研究了人际吸引问题，得出以下结论：

（1）形成小群体的主要吸引力可分为三类：第一，相似性吸引。这是指在态度、信念、价值观和追求目标上相似，因而互相吸引形成小群体。如："我们兴趣、志趣相投，谈得拢"；"他有钻劲、有正义感、生活不庸俗，我们有共同语言"。第二，接近性吸引。由于是同时入学、年龄相当、同住一个寝室、同乡等原因而经常接触，互相了解。第三，补偿性吸引。如在思想上、学习上、生活上从对方得到帮助，如："他成绩好，知识面广，可以帮助我"；"我们在一起，经常在思想上、学习上相互帮助"，等等。

（2）各个班级中都有极少数的嫌弃型学生及人缘型学生。从班集体其他成员对本班人缘型及嫌弃型成员的评价，反映出这两类人物各具类似的个性特征。下面举出两个班集体对这两类人物个性特征的评价，如表4-1、表4-2所示②：

---

① 李蔚，黄鹂. 社交谋略与技巧 [M]. 成都：四川大学出版社，1997：57-62.
② 时蓉华. 现代社会心理学 [M]. 上海：华东大学出版社，2002：351-352.

表 4-1 人缘型的个性特征

个 性 特 征	人 数	%
尊重他人，关心他人，对人一视同仁，富有同情心	39	100
热爱班集体活动，工作非常可靠和负责	37	94
持重，耐心，忠厚老实	37	94
热情，开朗，喜爱交往，待人真诚	36	92
聪颖，爱独立思考，成绩优良，乐于助人	35	89
重视自己的独立性和自治性，并且有谦逊的品质	35	89
有多方面的兴趣和爱好	20	51
有审美的眼光和幽默感，但不尖酸、刻薄	15	38
温文尔雅，端庄，仪表美	12	12

表 4-2 嫌弃型的个性特征

个 性 特 征	人 数	%
自我中心，只关心自己，不为他人的处境和利益着想，有极强的妒忌心	55	100
对班集体的工作缺乏责任感，敷衍了事或浮夸不诚实，或完全置身于集体之外	55	100
虚伪，固执，爱吹毛求疵	50	90
不尊重他人，操纵欲、支配欲强	45	81
对人冷漠，孤僻，不合群	45	81
有敌对、猜疑和报复的性格	43	78
行为古怪，喜怒无常，粗暴、粗鲁、神经质	39	70
狂妄自大，自命不凡	38	69
学习成绩好，但不肯帮助他人，甚至轻视他人	35	63
自我期望很高，气量狭小，对人际关系过分敏感	30	54

续表

个 性 特 征	人数	%
势利眼，想方设法巴结领导而不听取群众意见	30	54
学习不努力，无组织，无纪律，不求上进	24	43
兴趣贫乏	18	32
生活无约束	8	14

第二节　疏远与冲突状态

在人际关系学领域中，人际交往中的疏远与冲突状态，受到诸多学者的关注，他们也对此进行了深入的研究。

一、疏远状态

这种人际关系状态一般表现为降低关系的亲密程度，最直截了当的体现则是断绝关系，以致完全放弃关系。

(一) 疏远状态经历的几个阶段

人际交往中的疏远状态，一般会经历四个阶段：心理阶段、双向权衡阶段、社交阶段、绝交阶段（绝交阶段是疏远关系的最后阶段，主要考察人际关系如何逐渐疏远和结束，绝交并不是瞬间行为，因为在绝交阶段交往双方还表现出许多交流行为，甚至包括一些仪式性行为）。

1. 心理阶段

在心理阶段，交往者把某一关系和其他关系作比较，并将眼前的关系对象和潜在的关系对象进行比较，以此来反映当前这一关系的性质。当交往者用内部斗争的方式来衡量许多关系问题的时候，就会发生内在的心理冲突。这种衡量主要包括六个方面：口评对象的行为；评估关系的内在动力；表示不满意（不直接向对象表达）；质疑对方某些有关关系的决定；寻找调整对象行为和改变关系结果的方式；在内心寻找分手比在一起好的理由。在这个阶段，认真反思关系的人会找出不满意的理由或原因，决定问题是否能加以解决，他或她是否能够有效地激发起来继续保持关系。这一阶段最容易修复关系。

2. 双向权衡阶段

在这一阶段，双方面对交往关系中出现的不利因素，交往中的一方表达自己对关系的看法，并直接向对方表达自己的不满，以致对双方关系做价值评估，权衡对方可能做出的反应，对关系进行整体考虑，选择最终是修复关系还是脱离关系。

3. 社交阶段

在这个阶段，关系中的一方会在公开场合表露出自己在关系中的不快，从他人那里寻求忠告和支持，设法寻求双方都能接受的新的关系，如熟人或同事关系。在此阶段，交往的一方需要挽回面子，需要得到周围其他朋友的安慰、支持。

4. 绝交阶段

绝交阶段是关系疏远的最后阶段。此时，关系的破裂已基本成定局，但从挽救关系的角度来看，还可尝试依靠外在的力量，比如朋友的帮助，或者其他社交力量的干预，对已破裂的关系进行重新修复。当然，修复关系最终还得依赖关系双方的承诺及情感付出的多少，也与交往者的个性有关。

通过对关系的实际考察，我们发现一般具有较高的人格魅力，比如漂亮、可爱、有能力等类型的交际者，若恰当地运用了较为合适的关系疏远策略，便会与他人保持友谊关系。在一般情形下，只要主动提出分手的一方不采取过激的行为，而以合作的态度出现，双方也会愿意保持友谊。[1]

（二）疏远关系产生的原因

在现实交往中，人们对关系产生疏远的理由主要有：缺乏共同点，沟通存在障碍，性格不合，有经济问题，存在冲突和隔阂等。有关学者曾经在大学生中进行过"断绝关系理由"的调查，学生列出的理由共有42种，通过整理，大致可以分成三类，即缺陷、拒绝妥协、强制。[2]

缺陷类理由是指挑对方的毛病，大多数学生认为对方的个性存在缺陷，而且显然把分手的过错推给了同伴。

拒绝妥协类理由往往认为关系一方不愿为关系的良好发展做出让步，看问题主观武断，不再浪漫，等等。

---

① 伍茂国，徐丽君. 人际交流 [M]. 北京：中国纺织出版社，2003：235-238.
② 伍茂国，徐丽君. 人际交流 [M]. 北京：中国纺织出版社，2003：235-238.

强制类理由反映了这样一种想法，对方强制性地要求得到比已有的关系更密切的关系。无论是拒绝妥协还是强制理由都把人们的承诺纳入到关系中。当人们看出对方拒绝妥协的时候，也许会为关系投入更多精力、情感，承担更多义务；相反，当你感觉同伴强制你的时候，你也许会觉得自己期望过高。

以上三类问题（缺陷、拒绝妥协、强制）在关系的发展过程中都会影响交往。

总之，我们需要通过人际交往中出现的疏远状态，清醒地认识到以前关系中那些无效和有害的行为，尤其需要从自我一方寻找原因，如个人是否沾染一些恶习、交往中有无考虑对方的感受、交往方式及技巧是否得当等。应该清楚，必须具备真诚、平等、深沉的爱、相似性、包容性以及等值的承诺等因素，交往者才有望保持长久的关系。当然，很少有关系能真正天长地久。

二、冲突状态

冲突是人际沟通的特性，是人际交往中不可避免的。因而研究人际冲突具有十分重要的意义，它可帮助我们正确认识现实中人际冲突产生的原因，避免人际交往过程中人际矛盾的加剧。

在现实的人际交往中，并非我们所想象的那样，永远风和日丽、和谐平静。一切事物都在不断发生变化，常言道，"天有不测风云"，但从人际冲突来分析，其实"冲突"本身并无好坏，只是它的性质和对待它的态度上有积极与消极之分。我们可看到，积极冲突非但不会伤害正常的人际关系，反而能增进人际关系，使当事者在冲突中互相学习，相互取长补短，统一认识，求得和谐。当然，若把握不好度，那么积极冲突也可能向消极冲突转化。有一位大学生朋友在回答记者提问时说："学术的争论可能导致朋友的反目成仇。"可见，学术争论本是积极的，若在争论中把握不当，如转移了"冲突点"，便会使冲突性质发生变化，而变为消极的。就"争论"来看，我国古代，很讲究"君子之争"，但提倡争要争得有风度、有气量。《论语·八佾》中有一段话描述了这种"君子之争"："子曰，君子无所争。必也射乎！揖让而升，下而饮。其争也君子。"这段话翻译成白话文为："君子没有什么可争的事情。如果有所争，一定是比箭吧！（当射箭的时候）首先相互作揖然后登堂；射箭完毕，走下堂来，然后喝酒。这样的争也是君子之争。"可见，古人所倡导的"君子之争"要讲求风度，值得现代人推崇。

避免积极冲突向消极冲突转化，应当掌握两条基本原则：一是不可感情用事，不顾及基本的事实，采取一些极端的方式攻击对方的人格，揭对方的疮疤，打击对方的自信和自尊。这样做虽可使自己发泄情绪，但对于解决问题本身，非但无帮助，反而会扩大矛盾和冲突。二是不可随意转移冲突点，更不可把论题偷换成与冲突点毫无关联的问题。面对双方争论有话题偏离冲突点时，正确、理智的方法应该是立即提醒偏离冲突点的人。若能做到这两点，积极冲突向消极冲突转变的可能性就小得多了。①

沟通学家研究证明，一般来说，一周之内，一个人至少要遭遇 7 次冲突。这些冲突大多发生在亲人、朋友和恋人之间（80%以上的人际冲突属于这种类型）。冲突是自然而然、不可避免的，因为每个人并不是另一个人的克隆。每个人都有自己独立的信仰、行为和目的，这些不同的信仰、行为和目的必将导致自身与他人发生冲突。众所周知，在发生冲突的情况下，交往者有时不惜实施报复或者加以言语侮辱，例如根据全国妇联调查，中国 30%的家庭存在家庭暴力。统计数字表明，近年来，在 2.7 亿个中国家庭中，大约每年有 10 万个家庭因家庭暴力而解体。这些家庭冲突的当事人，有的对人际冲突的实质毫无所知。

不能说运用特定的沟通技巧就能解决所有的人际冲突问题，但我们认为，了解、学习更多的有关人际冲突的知识，有利于促使人们达到目的，即使是在感情用事的情况下，使用最恰当和最有效的控制冲突的沟通策略也能够提高人们的交往能力。

从沟通角度看，如果恰当地控制，冲突也有益于人际沟通。家庭成员、朋友、恋人和其他人之间的冲突能帮助人们认清自己和对方的目的。冲突也能引导新的观点产生并作出新的选择。鼓励不一致能够提高有效决定的产生，而故意隐瞒冲突反而会导致做出毫无意义的决定。

人际交往中五种冲突类型及其利弊可如表 4-3 所示：

表 4-3　　　　　　　　　　　　　　　五种冲突类型的利弊②

类　型	利	弊
竞争型	如果工具目的比关系目的或自我表现目的更重要，那么这种类型有用；如果需要迅速做出决定，这种类型对人有帮助	可能伤及目的和自我表达目的；可能导致冲突加深，造成他人的疏远

① 李蔚，黄鹂. 社交谋略与技巧 [M]. 成都：四川大学出版社，1997：86-87.
② 伍茂国，徐丽君. 人际交流 [M]. 北京：中国纺织出版社，2003：283.

续表

类　型	利	弊
迁就型	能够显示理性；加强关系，特别是与长辈的关系；使别人不伤害你	交流缺乏力度；忽略相关的问题；牺牲工具目的
协作型	能使双方都满意；提高解决问题的创造性和加强承诺；增强关系和工具目的；能长期保持关系	要求更多的付出，为了某一个目的付出太多；如果不是相互行为，可能令人迷惑；可能虚假
退缩型	承认某些目的不值得争斗；防止可能的伤害；更适合短期关系	给人留下懦弱或不值得关心的印象；取消目的；认为冲突不好，应当不惜代价避免
妥协型	能使双方用有效的方式实现某些目的；对大多数人而言，似乎更合理	难以达到预期目的；某种程度上要求牺牲双方的目的；影响创造性转换的使用

第三节　竞争与协作状态

在人际关系中，人与人之间经常表现为竞争与协作两种状态。竞争与协作是相辅相成的关系，在群体中既有竞争，也有协作，往往两者并存。例如，足球队员为了球队的胜利而相互协作，但每位队员都想成为己方胜利的贡献最大者，因此其中又包含了竞争。

一、竞争状态

竞争是指个人或团体的各方，力求胜过对方的对抗性行为。竞争在社会生活中是比较普遍的现象，其呈现形式往往表现为竞赛或对抗等。竞赛时，各方都积极争取同一个目的，即获得名次。除了有组织的一些竞赛活动，如球赛、劳动竞赛等，可以说，凡是可以比出高低水平的对抗性行为，在人们心目中都认为是一种竞争。在当今时代，尤其我国处在改革开放以及建立市场经济中，竞争是一种极为重要的机制。

（一）两种不同性质和不同表现形式的竞争

竞争有两种不同性质和不同的表现形式：一种是在对抗的基础上进行的竞争。在这类竞争中，竞争者绝对排斥、互不包容，竞争的结果是"你死我活"。另一种是非对抗性的竞争。这类竞争具有包容性、渗透性和互补性。人们通过竞争，互相促进，共同提高，不是一方排斥、损毁另一方，而是"你高我更高"。从社会发展的角度来看，后一种是最佳的竞争形式，随着人类文明的进步，这种竞争形式将得到发展。

（二）个体之间的竞争和团体之间的竞争

竞争可以分为个体之间的竞争和团体之间的竞争。首先来看团体竞争。在团体竞争的条件下，工作是相互支持的，共同活动的目的指向性很强，彼此的情况及时交流，相互理解，相互友好，提高了单位时间内的效率。日本心理学家研究表明，团体之间开展竞争对于每个成员来说，更利于创造；但问题在于容易滋生小团体主义、宗派主义，这样就不利于建立团队之间的良好关系。

其次来看个体竞争。与团体竞争相比，在个体竞争的条件下，多数人只关心自己的工作，相互不给予支持，影响与他人之间的友好关系。但能增强自我意识，通过与他人的竞争，个体对自己的力量和能力有了进一步认识，因此能客观地评价自己，扬长避短，精益求精。即使是遇到失败，遭到挫折，也能寻找原因，再接再厉。同时存在的问题是，这种竞争阻碍了人与人之间友好关系的发展。由于个体一心想战胜对方，经常拿自己与对手进行比较，往往会过高地估计自己，对于对手的优点、友好的表示等不想作出公正的评价，甚至采取忌妒、贬低和敌视的态度，不利于同他人建立良好的关系。

因此，可以看出个体与个体频繁地进行竞争，容易产生紧张、忧虑、自卑感、优越感等消极的情绪体验，从而使自己失去人际吸引力，也不利于自身生活与心理健康。如体育方面的重大竞赛、升学考试、智力测试等活动，参加竞赛者心理上的消极影响特别大，由于求胜心切，容易造成怯场与失误，从而影响成绩。

（三）竞争的组织与引导

竞争虽然可以作为动机力量来推动人们的活动，但如果经常遭受失败，会使人们产生挫折感、失败感与自卑感；如果经常获得成功，则可能使人产生骄傲自大的心理。因此，有些心理学家不提倡竞争，对此，有人认为这是一种消极的做法，是因噎废食。但这并不意味着任何情况下都必须开展竞争，必须因时、因人、因地，有计划地组织竞争。有时候开展一些竞争，如团体竞争，其效果比开展个人竞争更好。

还可采取多项指标，如果只有一项指标，竞争太激烈，会使许多人缺乏斗志，由此产生消极情绪；如果设立多项指标，如综合奖、单项奖、安慰奖、鼓励奖等，参赛者可根据各自的具体条件，提出自己的奋斗目标，去争取胜利，以获得成功感。

现实生活中的许多事实表明，竞赛对人们的心理及其行动有相当大的促进作用，但由于组织形式不同，其效果各异，团体的领导人要根据具体条件有针对性地开展各种竞赛活动。然而，并不是任何活动都非要采用竞赛形式不可，因为处于竞赛条件下，人们的情绪十分激动紧张，精神负担很重，如竞赛过多不利于青少年儿童的身心健康发展，所以开展竞赛要适可而止。

二、协作状态

协作乃是群体成员为了实现共同目标而同心协力、相互促进的合作性行为。人们在协作过程中，各个成员之间的关系是融洽的，但又带有竞争性的、相互依存的性质。

协作亦是一种普遍的社会现象。研究表明，真诚的协作必须具备一定的条件，即目标相同；相互依存，缺一不可；共同活动，相互理解。

【案例】

美国心理学家做过一项实验，利用三个星期的暑假时间，将22名12岁的男孩组织起来参加野营生活。

第一阶段是建立两个互不相干的群体，各自开展活动，尽快使两个群体形成各自的规范。两个群体都形成了群体意识"我们"，而对另一群体的成员产生一种敌对情绪。

第二阶段是开展两个群体之间的竞争，于是双方的纠纷接踵而来，相互攻击的行为增加。此时，实验者让每个个体进行朋友的选择，结果许多成员选择自己所属群体中的其他成员，说明群体内成员关系友好，而群体间的人际关系紧张。

第三个阶段是两个群体实现协作。开始时，两个群体持相互对立情绪，实验者试图创造条件与机会，使双方成员多联系与接触，如一起劳动、散步、看电影，并安排了必须由双方成员齐心协力才能办成事情的活动，造成双方为实现共同目标而分工合作的情境。例如野营用的蓄水池已损坏，卡车陷入泥水中，需要许多人去帮助；看电影钱不够，必须由成员的负责人把钱凑集起来，等等，经过一系列为实现共同目标而齐心协力的活动之后，逐渐消除了双方成员之间的对立情绪，双方感到谁也离不开谁，而且在共同活动中增进了理解。野营生活结束时，实验者要求每一位成员再次进行朋友的选择，结果选择对方群体成员作为朋友的比例明显上升。

这一实验有力地证明了群体之间协作的必要条件，即双方的总目标是一致的，双方都有协作的意愿并富有诚意，双方能互相配合且互相理解，能共同面对和解决合作过程中的问题，其最终结果是能达到互惠互利协作型人际关系的共同目标。这些条件对于社会生活中各个层次的群体以及个人与个人之间的协作来说，大多也是适用的。

无疑，竞争与协作的有机结合是现代人际关系的主要特征。合作是社会活动中人与人、群体与群体之间为了实现对互动各方都有某种利益的共同目标而彼此相互配合的一种联合行动。人们之所以要进行合作是因为仅靠个人的单独行动，往往无法实现某种利益和目标，只有靠合作才能成功。据科学家的研究发现：大雁之所以能够长途飞行，就是因为群体协作的原因。成群的大雁呈"V"字形飞行，比一只大雁单独飞行能多飞出 12% 的距离。人也一样，与他人相互协作，能使自己发展得更快更好。合作同竞争一样，是人类社会的活动方式之一。共同利益和共同目标的实现是人与人合作的基础。

大量实践证明，现代科学技术的重大突破，既离不开个人的努力奋斗，更离不开集体的密切合作。现代科学技术的一个重要特点就是在高度分工基础上的高度综合，一个问题的解决，往往涉及多门学科。在各学科的交叉点上，往往是新理论、新科学的生长点。学科的发展呈现出综合化和整体化的发展趋势。这种大学科的发展趋势，要求有多科专业和知识结构的人才，只有个人和群体的智慧相结合，事业才能取得成功。诸如消除贫困、环境保护、航天工程等重大问题，都必须通过合作才能完成。所以，在社会主义市场经济条件下，如果片面强调竞争而忽视合作，就会矫枉过正，不仅不能促进社会和经济的发展，反而会抑制社会的进步。

有学者已提出：21 世纪的人需要有四大支柱能力，即"学会求知，学会做事，学会合作，学会发展"。由此可见，协作是未来人才的必备素质之一。当然，竞争与协作是密切联系、相互带动的，两者之间是有机结合的。

第四节　个体在人际交往中的基本行为

个体在人际交往中的基本行为，一般表现为：利他行为、侵犯行为和冷漠行为。

这三种不同性质的行为，既反映了个体对群体及其他成员的态度，也反映了个体人际关系的特点。

一、利他行为

所谓利他行为，是一种不期望被帮助者日后报答而出于自觉自愿的助人行为。这种助人行为有两种形式：一是利他主义的行为，以助人为行为的目的，即"我为人人"；二是报答性行为，自己曾受人帮助而认为自己应该帮助人，即因为"人人为我"，所以我要帮助他人。

（一）利他行为的特性

利他行为的表现有同情、慈善、捐款、救难、自我牺牲等。通过调查和分析，这种行为通常表现出如下四种特性：

（1）几乎所有的利他行为，对个体来说都是一种自觉自愿的行为；

（2）从其行为的动机来看，是以有益于他人为目的的；

（3）做出利他行为者，不会有任何期望他人能日后报答自己的想法；

（4）利他者在其动机实现过程中，自身会不可避免地受到损失。

显然，利他行为的特性可归纳为：利他者都是为了使别人获得方便和利益，而不惜付出自我。所以，利他行为的主要指向，是利于他人而不期望获得报偿的行为。行为做出之后也可以产生报偿的结果，例如无偿献血、义务为民服务，以及社会中涌现出的大批"活雷锋"利他者，这些利他者往往是从精神方面获得报偿的。

（二）利他行为的分类

从利他行为产生的情景来看，主要可分为两类：非紧急情况下的利他行为；紧急情况下的利他行为。

1. 非紧急情况下的利他行为

这是指并无危害生命财产的威胁存在，即日常生活中经常遇到的情况，如公汽上的主动让座、进行义务劳动、帮助有困难的人等。其帮助他人不需要采取紧急措施，而是在一种正常情景下进行的。

2. 紧急情况下的利他行为

这是指当他人生命与财物受到威胁或遇到一定的危险时，而做出的利他行为。这种行为可能会使自己付出很大的代价，甚至是生命，如抢救遇险者、救火等。在这种情况下，一般需要用特殊手段去帮助他人。

影响利他行为的因素，从主观方面来看，主要与个体性格特征、个人品质有重要联系；从客观方面来看，与当时情景（危险关头）、被帮助者特点（社会同情的对象，如弱势群体）有关联性。

二、侵犯行为

所谓侵犯行为，是一种故意伤害他人身心健康的行为。这种行为具有如下特点：它是一种外显性的行为，即此种行为不是受感情、动机、态度等内在心理的驱使，而是从其个体外部表现出来。从侵犯行为的产生来看，其诱因是多方面的，如发怒是一种侵犯的愿望，偏见是一种内在的心理状况，但它们对构成侵犯行为的动机都可发生促进作用。

（一）侵犯行为的动机

侵犯行为有种种表现形式，但从侵犯者的动机来看，一般可以分为两类：

1. 敌意性

敌意性是指个体出于敌意性侵犯的目的，故意伤害他人，并给他人造成痛苦或不快的事实和结果。因此，侵犯行为的动机显然是让对方受到伤害或不幸。

2. 工具性

工具性是指个体借助侵犯行为，达到其不良目的，如拦路抢劫，为了钱财而起伤害对方的念头。这种侵犯行为，往往会对对方的身心健康造成巨大伤害。

（二）产生侵犯行为的原因

1. 需要未满足

在现实社会里，当个体的需要未被满足，容易导致其侵犯行为的发生。作为有侵犯行为倾向的主体，一般对内表现为自杀，对外则表现为迁怒于他人，容易形成对他人的侵害。

2. 习惯导致

习惯侵犯行为是指某些具有侵犯行为的个体，由于自身已经形成了侵犯的习惯而导致的行为。这类人往往会为了一点小事，动辄侵犯他人；在与人交往中，易无事生非，意气用事，并逞能逞强、称王称霸。

3. 为报复对方

报复侵犯是指为了报复他人而发生的侵犯行为。报复者往往将自己所遭遇的挫折、失败，统统归于他人身上，充满敌意并伺机报复。由报复心理而导致的侵犯行为，极富情绪性和攻击性，无论是对报复者本人，还是他人及社会，都会造成极大的危害。①

总之，侵犯行为是极不道德的行为，它破坏了人际关系的正常和谐。有侵犯行为倾向的个体应加强自我修养，采取自我克制的态度。同时，社会要加强法制宣传，对侵犯者要酌情采取法律手段，并要努力营造和谐的人际关系环境。

三、冷漠行为

所谓冷漠行为，是指在紧急、危险的情况下，个人明知他人的生命和财产受到威胁而需要得到自己的帮助时，却持袖手旁观的态度。有专家指出，我国目前社会中普遍存在着一种人与人之间的冷漠，比如在发生交通事故的现场，观看者多，帮助者少。

2017 年 10 月 26 日，《环球时报》报道了一则新闻——《妇女光天化日被强奸 印度"看客式冷漠"被批"道德沦丧"》。该报引用了《印度快报》10 月 24 日的消息：醉汉光天化日强暴妇女，路人驻足围观却无人制止。印度安得拉邦维沙卡帕特南市 22 日发生一起恶性强奸事件。警方视频资料显示，就在这起罪行上演之时，犯罪现场却出现了几近荒诞的一幕：多名路人对此视若无睹，直接走开。其间也有人想上前一探究竟，看到凶神恶煞的嫌犯，却又裹足不前。有多名看客一直忙着拍摄，直到嫌犯兽欲发泄完毕，始终无人上前制止。等到警方赶到时，嫌犯早已溜之大吉。参与此案的一名警员感慨地说："很明显，人们对女性遭受侵犯事件都麻木了。"该事件引爆国际舆论：相比强奸犯的肆无忌惮，旁观者的冷漠与麻木更令人感到心寒。对于这一事件，有外国媒体毫不客气地用"道德沦丧"来表达愤怒。

（一）冷漠行为产生的主要原因

1. 人格因素

人格因素主要是指个体的人格特点。社会生活中的许多事例充分说明，是否产生冷漠行为取决于个体本身的道德水准和信念。冷漠行为的核心是保护个人的自身利益。

---

① 时蓉华. 现代社会心理学 [M]. 上海：华东师范大学出版社，2002：365.

2. 推诿心理

这里主要是指责任的推诿。做出冷漠行为的人认为，反正帮助的责任不会单单落到自己一个人身上："他们不帮助，何必我去？"

3. 暗示作用

这里的暗示作用主要是指他人的示范作用。社会心理学家观察到，个人的冷漠行为是受他人冷漠行为影响的。如果一个受难者倒在地上，前面的过路人袖手旁观，后面的过路者也可能会如此；一旦有人相帮，其他跟上去帮助的人则会增多。冷漠行为也是模仿和暗示的结果。

（二）冷漠行为的危害

社会中人与人之间的冷漠普遍存在，这种冷漠行为的根源是自私心理。可见，具有冷漠行为的人，会表现出以自我为中心，只顾自己的利益，而不顾他人和集体的利益。冷漠行为的产生，轻则导致人际关系的恶化，重则损害全局利益。

人与人交往，都希望有一种安全感，希望通过思想、情感的沟通，能获得相互理解和帮助。我们应铲除造成冷漠行为的根源，从而杜绝它所造成的危害，以确保人际交往的正常进行。

关于人际关系的行为方式及行为模式的理论，人际关系学领域做了大量的研究，其中有代表性的是美国社会心理学家霍尼的论述，他依据个体对他人的态度将人际关系的行为模式分为三类：

第一类：谦让型。其特征是"朝向他人"，无论遇到何人，总是想到："他喜欢我吗？"

第二类：进取型。其特征是"对抗他人"，无论遇到何人，总是想知道此人力量的大小，或此人对自己有无用处。

第三类：分离型。其特征是"疏离他人"，无论遇到何人，总是想保持一定的距离，以避免他人对自己造成干扰或影响。

从霍尼的研究来认识，个体的人格特征对人际关系的行为方式及行为模式，有着一定的重要影响，如主动与他人交往、主动表示友爱、谦让、进取等特点，总是有利于建立良好的人际关系的。当然，合理的人际关系行为方式及行为模式的建立，还有待于相关学科去作纵深的探讨。[①]

---

① 时蓉华. 现代社会心理学 ［M］. 上海：华东师范大学出版社，2002：339.

【短文五则】

"互补"总是有吸引力的

在现实生活中，独立性较强的人往往喜欢和依赖性较强的人在一起；性格倔强的人只有和性格随和的人在一起才有快乐；而脾气急躁的人往往喜欢和脾气温和的人相处。例如：日本民族对男女性格的要求——菊花和剑，则体现了温柔和刚硬的互补性。

一般而言，朋友之间相互吸引的互补，主要包含以下内容：

性格互补。冷静型与热情型，乐天型与不安型，孤独型与社交型，思考型与行动型，自卑型与自信型，独立型与依附型。

气质互补。胆汁质与黏液质、抑郁质，多血质与黏液质、抑郁质。

兴趣互补。一个会乐器，一个善美术；一个善文学，一个好哲学；一个好品尝，一个擅烹饪。

智能互补。操作思维型与抽象思维型，经验思维型与理论思维型，直觉思维型与分析思维型，发散思维型与收敛思维型，常规思维型与创造思维型。

知识互补。学理科的与学文科的，学哲学的与学心理学的，学天文的与学地理的。

能力互补。善主内与善主外的，举轻若重与举重若轻的，善组织与善社交的，善想象与善操作的。①

人际关系网络的合理设置

如果在你的人际关系网络中，有许多朋友在你遇到困难或挫折时能够倾心相助，这样一个人际关系网络，恐怕会比一个仅仅是由某种所谓"利益"结成的人际关系网络，对你更有益处、更有帮助。

因此，处在复杂社会关系中的个体，应能合理地设置自己的人际关系网络。应了解，朋友有很多类型，不同的人会成为你的不同类型的朋友。在现实生活中，学会选择合适的人作为你的社交对象，合理地把不同类型的朋友设置在你的朋友圈中的不同层次上，正确地开展交往，建立一个令你满意并受益终生的人际关系

---

① 李蔚，黄鹏．社交谋略与技巧 [M]．成都：四川大学出版社，1997：68．

网络。①

人脉的逻辑

在某种意义上，尽管绝大多数人不愿意承认，他们的所谓"友谊"甚至"爱情"实际上只不过是"交换关系"。可是，如果自己拥有的资源不够多、不够好，那么就更可能变成"索取方"，做不到"公平交换"，最终成为对方的负担。

这时候，所谓的"友谊"或"爱情"就会慢慢无疾而终。也有持续下去的时候，但更可能是另外一方在耐心等待下一次交换，以便实现"公平"。

一个人的出身和运气是无法选择的，但才华和学识可通过后天的努力获得。如果你通过努力成为优秀的人，那么就会有另外优秀的人、有价值的人愿意为你提供帮助。这种像市场交换的"等价原则"，听起来残酷，却是人脉的本质所在。

交往的质量，在一定意义上成就生命的力量

"竹林七贤"之一的山涛，投靠司马氏之后，平步青云。有一次，他想推荐同为"竹林七贤"的嵇康做官。嵇康觉得自己高洁的情操与志向受到污辱，于是，愤怒地给山涛写了一封信，这就是历史上有名的《与山巨源绝交书》。就这样，嵇康与好友山涛渐行渐远。嵇康也因此成就了其在魏晋名士中独一无二的声名。

再看历史上，俞伯牙与钟子期，高山流水，永为知音。可当钟子期死后，俞伯牙黯然地把琴摔了。也许，在他看来也许，世界再美的乐声，如果无知音来欣赏，不如任天籁之音归去，让它成为绝响。

真正的交往，至简至真

最好的交往，不是双方有意识地吸附与黏合，而是彼此间无意识地渗透与融入。吸附与黏合，常常怀有目的性和功利欲；而渗透与融入，无欲无求，则是心灵最真挚的握手，是情感最纯净的需求。

你会发现，你与一个一辈子都要好的朋友之间，是有距离的。这个距离，不远，也不近；不疏，也不密，是一颗心对另一颗心的不绝欣赏，是一段情对另一段情的永恒仰望。

---

① 李蔚，黄鹂. 社交谋略与技巧［M］. 成都：四川大学出版社，1997：3-4.

真正的交往，至简至真。

☞ **思考题**

1. 构成人际交往的动机有哪些因素？

2. 为什么说竞争与协作是人际关系中相辅相成的关系？

3. 利他行为的产生与哪些因素有关？

4. 如何正确认识现实生活中普遍存在的冷漠行为？

第五章
人际交往中的心理障碍及其克服方法

本章要领

本章主要阐述人际交往中心理障碍的主要表现形式，以及产生和形成障碍的原因；指出建立良好的人际关系必须掌握调适技法，促使交往顺利、正常地进行，构建和谐的人际关系。

在现实社会中，交往的成功与失败，通常与交往主体的心理障碍程度有着密切联系。值得人们重视的是，与文化障碍、社会障碍等相比，心理障碍是人际交往中直接的、普遍的、主要的障碍，如自大心理、猜疑心理、自卑心理、羞怯心理、嫉妒心理等在很大程度上影响了人际交往，限制了交际范围，损害了人际关系。因此，正确认识人际交往中的主要心理障碍，并掌握有效的克服方法，对于成功地建立、保持和发展人际关系，具有十分重要的意义。

第一节　人际交往中的心理障碍及其成因

在社会人际交往中，个体心理障碍对人际关系的建立和发展有着直接和重要的影响。本节列出几种主要的心理障碍，并对其形成原因及构成的危害加以分析。

一、自傲、自大心理

自傲、自大心理是指在与人交往中表现出的自高自大、目中无人、轻视对方及不尊重他人的心理。

（一）自傲、自大心理的主要表现

有自傲、自大心理障碍的人，往往在社交场合显得高傲，对其交往对象不屑一顾。通常向他人展示出一副自命不凡、自视清高、自以为是的态势；他们会把人际交往中的挫败归结为他人的不好，自己总是充满优越感。如："我好……你不好""不是因为我……而是因为他人……"这类看似充满自信，实则内心惶恐，表现出比较突出的心理防御倾向的心理，即是自傲、自大。

（二）自傲、自大心理的产生原因

产生自傲、自大心理的原因，主要来自个体对自我认知的偏颇，如受一种恃才自傲心理的驱使，认为自己才智超群，在所有方面都压倒别人，在交往对方面前显示出高人一等、自以为是的态势，以至于不把对方放在眼里，也听不进对方的意见。应该意识到，这种心理障碍在人际交往中会伤害对方的自尊，从而导致人际关系的疏远。

一般而言，自大心理与自卑心理存在于一种不对称、不平等的"权势关系"中，这种关系容易使一方傲慢自大，处于主动地位；而使另一方产生自卑心理，处于被动地位。如现实生活中的上下级关系，社会地位高的人与社会地位一般的人交往，容易产生这样的心理干扰。再如不同文化背景的人进行交往，尤其是在发达国家的人与发展中国家的人交往中，发达国家的人也容易表现出高高在上、不可一世的姿态。当然，导致这种现象的产生，从根本上说是由于双方经济、社会地位的不平等造成的，很难在一段时间内消除。

二、自卑、羞怯心理

自卑、羞怯心理，也是最为常见的影响人际交往的心理障碍。

（一）自卑心理

自卑心理是指交往者对自身能力、品质等评价过低的一种反常自我意识，它是交往者以自身与交往对象作比较，认为自己在某些方面不如对方而产生的一种情感体验。应该指出，自卑心理是一种自我认知偏差的心理障碍。

1. 自卑心理的主要表现

具有自卑心理障碍的人主要表现为，在与人交往中，总感到自己一切不如人，缺乏应有的自信感。在遇到困难和问题时，会首先对自己的能力表示怀疑，易丧失对自我的信心；一旦受到交往对象的讥讽、嘲弄、轻视和侮辱时，便会对自信心和荣誉感产生更大的压抑，而表现出对交往对象的嫉妒、猜疑、暴怒等畸形心理。自卑心理还有一些其他的表现形式，如为了掩饰自己的自卑而表现为自我孤独和脱离群体；或表现出傲视一切和唯我独尊；或多愁善感、自惭形秽、性格抑郁、消极悲观。

2. 产生自卑心理的原因

产生自卑心理的原因是多方面的，虽在现实交往中因人而异，但主要原因来自主观和客观两个方面。

首先从主观因素来分析，个体的生理、心理及性格的影响不容忽视。如生理方面，其容貌、身材、体质有明显缺陷，会引起自我评价较低而产生自卑心理；在性格方面，那些内向孤僻、抑郁、优柔寡断、谨小慎微的人，易导致自卑心理；在智能方面，如感知、记忆、思维、想象、语言表达、操作等智能水平偏低者，也易产生不如人的自卑心理。

【案例】

自卑者注定与成功无缘①

成功永远属于自信者，自卑者注定与成功无缘。自卑者常发现自身缺少某种能力，却认为他人都拥有这种能力，因此开始评判自己，与自己过不去、轻视自己，这也是许多悲剧的根源所在。

日本某大公司招聘职员，有一位应聘者面试后等待录用通知时一直惴惴不安。等了好久，该公司的信函终于寄到了他的手里，然而打开后却是未被录用的通知。这个信息简直让他无法承受，他对自己的能力失去了信心，无心再试其他公司，于是服药自尽。

幸运的是，他并没有死，刚刚抢救过来，又收到了该公司的一封致歉信和录用通知，原来电脑出了点故障，他是榜上有名的。这让他十分惊喜，急忙赶到公司报到。

公司主管见到他的第一句话是：

"你被辞退了。"

"为什么，我明明拿着录用通知。"

---

① 陈南. 感谢折磨你的人全集 [M]. 北京：中国妇女出版社，2007：40.

"是的。可是我们刚刚得知你自杀的事，我们公司不需要因小事而轻生的人。"

这位应聘者彻底失去了这份工作，原因何在呢？

很显然，是因为他对自己的能力没有正确评价，偶尔受了点打击便轻视自己，对未来不抱有希望，这是心理极度脆弱和自卑的表现。他没有想到自己失去工作，不是失在严格而苛刻的公司经理的考题上，也不是败给实力不俗的竞争对手，恰恰是自卑成为自己的克星，挡住了自己梦寐以求的发展道路。

其次从客观因素来分析，家庭环境和家庭教育的不同会引起自卑心理，如家境贫寒、经济拮据或残缺畸形的家庭，其成员易产生自卑心理。通常认为，父母是孩子的第一任教师，因而父母对孩子的教育方式和态度，对孩子自我意识的形成有直接影响。可以见到，溺爱型家庭教育出的孩子撒娇、任性、自傲；民主型家庭教育出的孩子性情活泼、开朗、独立、明事理；而在严厉型的家庭教育中，由于父母过于苛刻，孩子受到某种程度的压抑，而容易产生自卑心理。另外，学校中老师对学生的教育不当，存有偏见或鄙视、斥责，也会令学生产生自卑心理。再从社会来看，若出现不公正、不公平的现象，如受到一定程度歧视的农民工、弱势群体等，这些人在遭遇社会歧视的情况下也很容易产生自卑心理。

（二）羞怯心理

羞怯心理是个体在人际交往中感觉难为情、害怕与人交往的一种心理障碍。

1. 羞怯心理的主要表现

具有羞怯心理障碍的人，在社交场合易出现的情感反应一般为：害羞、脸红、手心冒汗、心跳加快、浑身发抖、说话紧张、手足无措、目光怯于正视交往对象等。有羞怯心理的人在公众场所通常喜欢躲在角落，害怕引人注目，其说话习惯小声。一般来说，有羞怯心理的人喜欢独居且很少涉入社会活动。

2. 羞怯心理产生的原因

据美国心理学家的研究表明，在害羞的人群中属性格内向者居多。他们将产生羞怯心理的原因归纳为四个方面：第一，天性所致。大概有10%的幼儿"生来害羞"，从一出生，这些幼儿就显得拘谨，他们在后来的成长中，当与外人接触时便显得羞怯和沉默寡言。第二，有受挫折的经历。由于在儿童期，有被嘲笑或者由于一时失误而被大家取笑的经历，从而导致羞怯心理的产生。第三，文化因素。他们通过对9个国家和地区的研究发现，害羞在亚洲国家和地区中比例最高。最显著的是日本、中国台湾地区，最低的是以色列。由于文化所强调的内容不同，在亚洲国家和地区，通常认为在社会活动中因失败而屈从于权威是一种耻辱；而在以色列，由于冒险而被表面上责备一番却被认为是一种激励。第四，社会因素。科技的发展丰富了人们的社会活动，但也带来了一些负面影响。电子产品包围了年轻人，他们长时间独自一人看电视、玩电子游戏、网上冲浪和发电子邮件、网上聊天等，由此产生了与社会的隔离，减少了与他人面对面交往的机会。过度使用网络会造成人们的孤独感、隔离感，会加重羞怯心理。

羞怯心理有四种情况：自卑性羞怯、敏感性羞怯、挫折性羞怯、习惯性羞怯。我国心理学家在分析羞怯心理产生的原因时认为，首先是气质方面的原因，如抑郁型的人在社交中易产生羞怯心理；其次是受挫经历的原因，一般曾经历过的挫折、刺激、打击和失败极易使经历者形成条件反射，一遇交往就产生羞怯心理；再次是自我保护的原因和社会实践少的原因，有的人由于参加社会交往、社会实践活动少而缺乏社交经验，其心理平衡与调节能力便得不到应有的训练机会，也会导致羞怯心理的产生。

3. 羞怯心理对人际关系的消极影响

羞怯是一种正常的心理现象，其先天素质起了很大的作用。但应指出，羞怯虽然是正常的心理现象，如果一个人在任何场合与人交往都害羞，甚至不敢或不愿与人交往，就会影响正常的人际关系。当然，有严重害羞心理的人甚至怯于交往，对交往采取回避态度，即会对人际关系构成伤害。总之，害羞这一交往心理障碍使交往者无法表达自己的感情，常常造成交往双方的不理解或误解，使交往以失败而告终；其间接危害是会导致交往者情绪与性格的不良变化，使人交往后产生沮丧、焦虑与孤独感，进而导致性格变得软弱、退缩和冷漠。

4. 怎样克服羞怯心理

首先，要从思想上抛弃顾虑，要认定错了可以纠正；只要吸取教训，能起到"前车之鉴"的作用；失败并不等于无能。这样，在行动之前就不会只想到失败，而走出自我否定和自我暗示的阴影。其次，要树立自信心，接纳肯定自己，善于发觉自己的优势。应尝试努力发挥自己的特长，以求获取成功，并在体验成功过程中，重新评价自己，以此增强自信。若不断获得新的成功，羞怯者会对自我形成一个比较稳定的自我肯定意识，羞怯心理就会渐渐地减弱。

🖋【短文一则】

羞怯的益处

对很多人来说，羞怯是一种具有吸引力的品质。要想接近一个羞怯的人是非常困难的，但这样的困难并不会使人们退缩；相反，会激起他们进一步了解的兴趣，好像这是一个等待解决的神秘问题，而解决这个问题会得到意想不到的奖赏。打开羞怯者寂寥的内心，渐渐获得他们的信任，会使那些给予他们帮助的朋友有一种良好的自我感觉。羞怯与被英国人欣赏的个性——保守紧密相连，羞怯也被认为是谨慎、谦逊的表现，比起那些不为人叫好的品质，诸如高傲自大、哗众取宠、自我中心、野心勃勃、欺瞒成性等要好得多。

所以另一种看法认为，羞怯本身并无本质的危害。事实上，许多人有意识地利用自己的羞怯（真实的或造作的）来唤起别人对他们的好奇心，增添自己的魅力。羞怯是一种邀请，引人入内；羞怯是一种暗示，其后隐藏着秘密待我们去解开。人们可以多途径地利用羞怯，但如果羞怯者过多地眨眼睛，也可能被指责为老于世故、想操纵别人，尽管他们的本意并非要引起别人的反应，而是要在陌生情景中获取社会线索来帮助自己立足。保持羞怯，直到有足够的信心再加入社交，确实要比胆大妄为安全得多。尤其是你担心做错时，羞怯使你有足够的时间来通晓社交必备，比如了解他人是怎样的人，确定自己应该如何应对，避免失礼坐到别人的位子，吃掉盘子中最后一颗草莓。①

三、偏见、成见心理

在人际交往中，个体还要受到来自偏见、成见等心理干扰，我们需要对此有正确的认识。

（一）偏见心理

心理学认为，个人在人际交往过程中，对社会刺激形成了不正确的、固定化了的认识，这种认识就是个人偏见。晕轮效应是一种影响个人偏见的心理因素，它反映出

---

① ［英］Cillian Butler. 克服羞怯［M］. 周晓林，等，译. 北京：中国轻工业出版社，2001：23.

个体对他人的认知判断主要是根据个人的好恶得失，然后再从这个判断推论出认知对象其他的品质。如果认知对象被个体标明是"好"的，就会被一种"好"的光环笼罩着，并被赋予一切"好"的品质；反之，则会赋予一切"坏"的品质。

✍【案例】

　　美国一位心理学家做了一项实验：他给被试者看一些人的照片，这些人看上去分别是有魅力的、无魅力的和中等的。然后，要求被试者来评定这些人的一些特点。这些特点跟魅力是无关的。结果发现，有魅力的人得到的评价最高，无魅力的人的道德评价最低。这一研究表明，一个人漂亮、有魅力是一种好的品质，于是他的其他特点也被认知具有积极意义了，这显然是偏见引起的。

（二）成见心理

所谓成见，指的是一些不太正确的认知，比如说"上海人精明圆滑""广东人狡诈""武汉人粗俗"等。成见中可能有合理的成分存在，但大部分是弱化了的或过分夸大的。

成见与偏见都是一种心态、一种情绪，它们都严重地干扰着人际交往的正常进行。可以说，否定性的成见和偏见使交际双方互不信任、互相防范，交往上只限于浅层次的应付，缺乏质量，更缺少心灵的沟通、思想的交流。强烈的成见和偏见还能导致冲突的产生，致使人际关系恶化。我们需要自觉地、有意识地去克服成见与偏见心理。在来自心理干扰的因素中，最严重的也是最难以克服的是人们头脑中的成见与偏见，它们根深蒂固，左右着人们的行动，自然也影响到交际。

四、猜疑、嫉妒心理

猜疑、嫉妒心理，也是妨碍个体进行正常人际交往的心理障碍。

（一）猜疑心理

猜疑心理是一种主观臆断、过分敏感的，以假设为出发点的封闭性思想来看待对方言行的心理障碍。

1. 猜疑心理的主要表现

猜疑心理通常表现出对交往对象不信任、不友好、不真诚；相信自己的推理和想象，喜欢捕风捉影，自圆其说；在与人的交往中，时常担心他人会暗算自己，处处为己设防，并对别人的证实产生逆反心理等。这里举一例，就是大家所熟知的"亡斧疑邻"故事。《列子·说符》中说：一个人的斧子丢了，他总怀疑是邻居的儿子偷去了。当他看见邻居的儿子时，发现他说话、走路、表情都像偷了斧子的样子。后来，斧子找到了，原来是自己不小心丢在山谷里了。这时，他再去瞧邻居的儿子，发现他走路、说话、表情一点也不像偷了斧子的样子。后来将这种带着主观印象去观察、了解、分析事物，从而产生认识偏差的现象，称为"亡斧疑邻"效应。

2. 猜疑心理产生的主要原因

猜疑者往往不善于冷静思考，不深入调查研究，主观臆断；依据毫无根据的事实作为假设前提，然后为这个前提寻找大量的所谓事实证明自己的假设，因而失去了对事实的判断标准，形成真假不分、是非不分、黑白不分的局面。同时，猜疑者缺乏与人的交流沟通，容易轻信谣言，并且过于自信，心胸狭窄等。可见，猜疑是人为制造的心理障碍，是交际中的一大顽症。

（二）嫉妒心理

嫉妒心理是个体的欲望得不到满足或是在竞争中失败了，从而产生的一种由羞愧、愤怒、怨恨、不服气、不愉快等组成的复杂情感体验。它也是一种普遍的社会心理现象。

1. 嫉妒心理的主要表现

在现实生活中，人都不可避免地存在不同程度的嫉妒心理，但大部分人的嫉妒心理常常是较隐蔽的，是受到社会抑制的。当嫉妒心理通过嫉妒行为表现出来时，其形式也会因人而异，如较轻程度的表现是发泄一种不满、不服气、痴恨、恼怒的情绪；而较重程度则会产生一种对他人的攻击、诋毁、欺辱行为，更甚者会丧失理智，对他人和社会造成恶劣影响。

2. 嫉妒心理产生的主要原因

心理学研究认为，人的一切心理活动和言行举止都是以一定的心理基础为条件产生的。嫉妒产生的心理基础有：

（1）条件和自己相当或不如自己的人处于优于自己的位置。

（2）被自己厌恶和鄙视的人处于优于自己的位置。

（3）同性别的人处于优于自己的位置。

（4）比自己更高明的人处于优于自己的位置。

因此，嫉妒心理具有普遍性、指向性、对等性、潜隐性、变异性、社会危害性等特点。

【案例】

　　网络上有这样一段自述："我二十几岁刚开始工作时，各方面都很稚嫩，很羡慕一位大我几岁的同事，他的工作能力和品格都很成熟，确实令我敬佩，我自己都不知道潜意识中暗地里嫉妒他。有一天我们一大群人在玩一种球类游戏，要么你被打中，要么你就接牢对方击来的球。当时我已出局，在界外接球。球在我队友手上时，他急忙往我这里跑，此时队友就把球传给我；他一见球在我手上，转身就跑，没有站稳，摔坐在地上。这时我只要把球轻轻一送，他就会出局；可在当时，我却不知道哪里来的意识状态，竟然用尽全身吃奶的力气，把球朝他脸上砸过去。时隔二十年，直到有一天我在祷告中突然醒悟，才知道原来潜意识里的羡慕与嫉妒，只有一线之隔。当我们心中嫉妒一个人的时候，常常会不自觉地反映在行为中，伤害了别人仍不自知。"

个体应如何预防这种心理障碍？英国哲学家培根认为：言行不佳者容易嫉妒有道德的人；有某种难以克服的缺陷者容易嫉妒别人；经历过巨大灾难者容易嫉妒别人；虚荣心强者常常嫉妒强过他的人；同事被升迁容易引起嫉妒；一个后起之秀特别容易引起嫉妒；多事好问者善于嫉妒。相信我们从这段阐述中能够获得警示。

五、自私、报复心理

在人际交往中，应重视个体因自私、报复心理，对人际交往构成的损伤和危害，并应在此方面建立正确的认识。

（一）自私心理

自私心理是一种只顾自己的利益，不顾他人和集体的利益，凡事以自我为重、为中心的心理障碍。

1. 自私心理的主要表现

通常，有较严重自私心理的个体，在人际交往中表现出很强的功利性，往往以对己是否有利作为价值评判，有利就交往，无利就拒绝。由于自私者将自身利益置于首位，因而心里只装着自己，遇事只为自己考虑，致使在现实中常常做出损人利己、假公济私的行为。

2. 自私心理产生的原因

从自私心理产生的原因来分析，可以说，自私心理是利己主义的表现，利己主义是自私心理发展的结果。大多数具有自私心理的人，在与他人相处中，强调的不是互利互惠，而是仅对自"我"有利。可见，交往个体存在自私心理，轻则会干扰和影响人与人之间的正常交往；重则不仅会对人际关系起到破坏作用，还会对他人、集体甚至国家产生一定的危害性。我们应该看到，在生活中有些人毫不自私，真诚地关心他人，为能帮助朋友而倾其所能，甚至不惜牺牲自己的利益去成就他人。这一类人，不论走到哪里，都能打动周围的人，具有极强的影响力，并深受与之接触的所有人的信任和喜爱。

▲【短文二则】

要求别人之前，请先要求自己

西方不少哲人十分欣赏孔子的一句名言："己所不欲，勿施于人。"他们认为这是一种充满了与人为善、善解人意的博爱与民主精神。这句话的意思是：凡是自己不愿意做、不愿意忍受的事，就不要强加到别人身上，因为别人和你一样，对强加给他的东西，同样是不愿意做也不愿意忍受的。站在别人的角度思考就是要推己及人，设他人之身、处他人之地。如果能多从别人的角度想想，就不难找到妥善处理问题的方法。以己度人、推己及人，就能获得别人的尊重，和别人和睦相处，甚至能够化敌为友。

世间万物都是相通的。我们在与人交往中，特别喜欢结交那些了解自己、顺着自己喜好的人。同样，我们也应该站在对方的立场上，考虑他们喜欢什么，不喜欢什么。

美国的欧文梅说："一个人能从别人的观点来看事情，能了解别人的心理活动，就永远也不必为自己的前途担心。"

生活中，我们要学会体谅别人，以别人的观点来看事情。这样一来，人与人之间的摩擦和冲突就会减少很多，人与人之间的关系也会变得更加和谐与融洽。①

谈"自私"

英国首相格莱斯顿说："自私是人类最大的劫难。"自私使人遭受痛苦，阻止一个人迈向成熟。一个自私的人，没有崇高的理想，同时也会阻止别人往崇高的理想迈进。自私终将导致寡欢和孤立。自私是一种毒瘤，使你失去情绪上和精神上的平衡，使你变成一个空虚的人。如果你只为自身着想，你将使自己陷于不能自助、也得不到人助的境地。

"人很自然会在生命中追求一个崇高的世界，以寻求安全感。"在这世界中，你不能利用他人作垫脚石，也不能自怨自艾。如果你曾接受过他人的帮助，试着在他人需要同情和鼓励的时候，施以援手。要治愈自私，就要为他人、为自己、为人类、为理想设定目标和创造目标。一个自私的人将会劫数难逃，因为自私会使他降低能力，并且在心智、精神和肉体上陷入枯竭。如果你只为自己着想，你将陷于孤立。如果你也为他人着想，你将获得友谊。你愿意选择哪一条路，自私或自助？记住奥斯勒博士的话："我们活着不要只求一己之乐，而要试着创造他人之乐。"②

（二）报复心理

报复心理是指在人际交往中，以攻击的方式发泄对他人的不满和怨恨的一种情感体验。具有报复心理的人，通常会将自己遭遇的挫折、失败归因到身边的某一具体的交往对象身上，从而导致报复行为的产生。

1. 报复心理的主要表现

有报复心理的人，不一定都实施报复行为，但一旦化为报复行为，便极富情绪性和攻击性。如震惊中外的在云南大学发生的马加爵事件，便是一个十分典型的案例。曾为大学生的马加爵因其报复心理的存在，致使他在感觉自己遭歧视和嘲笑后，做出了疯狂的报复行为，连续残忍地杀害了四位同学，当然最后难逃法律的惩罚。有报复心理者一般采取多种作案的方式，如强奸、抢劫、杀人等，对社会成员的人身安全和

---

① 陈南. 感谢折磨你的人全集 [M]. 北京：中国妇女出版社，2007：259.
② [美] 马尔登. 我注定成功 [M]. 徐干，译. 北京：九州出版社，2001：292.

社会稳定构成极大的危害和隐患。

2. 报复心理产生的原因

报复心理和报复行为的产生，既有主观因素，又有客观因素。从主观因素来分析，报复心理、报复行为的产生与个性特征有关。报复心理是自卑心理、嫉妒心理、猜疑心理的极端表现。过度自卑，嫉妒心、猜疑心重的人，大多对他人、对社会抱有敌视态度。在他们的内心深处隐藏着一种命运对他们无情、社会对他们不公的怨恨。他们对地位比他们高，条件、环境比他们好，发展比他们顺利，生活比他们优越的人有一种嫉恨和愤愤不平的情绪。当这种不良情绪达到不可遏止的状态时，就会实施报复行为或侵犯行为。

从客观因素来分析，报复心理、报复行为的产生与遭受挫折和失败有关。著名社会心理学家多拉德提出挫折—侵犯理论，他认为侵犯是挫折的一种后果，侵犯行为的发生总是以挫折的存在为先决条件。另一位社会心理学家贝克威兹则认为，人在遭受挫折以后，会引起一种唤起状态及侵犯行为的准备状态。如果在个体所处的环境之内不存在给人以引导的认识线索，挫折不一定会导向侵犯行为。个体在遭受挫折之后会做出什么反应？表现出怎样的行为？这些是由环境内在的线索或环境提供的刺激来引导的。贝克威兹强调，外在环境的侵犯引导是激发侵犯冲动、产生侵犯行为的先决条件。因此，具有报复心理的人往往与他人、社会格格不入，人际关系自然趋向恶化。

六、孤僻心理

有着孤僻心理的人，往往表现出性格怪僻、不合群，常常喜欢独处。

1. 孤僻心理的主要表现

有孤僻心理的人主要表现为：少言寡语，离群索居，不愿与他人接触，待人冷漠，不愿参与群体活动，做事喜欢独来独往，封闭自我，不愿与他人进行交流沟通。所以其他人很难了解他的内心世界，他也不能很好地理解别人。

2. 孤僻心理产生的原因

孤僻心理的产生也可从主观和客观两方面寻找原因。从主观方面来看，属抑郁型气质的人，喜欢独往独来，封闭自我；性格内向的人也通常表现出不愿与他人接触，沉默寡言。还有一类人属于不善与人交往，久而久之也会形成孤僻心理等。再从客观方面来看，孤僻心理的形成与家庭环境、个人成长经历及所处的群体环境都有着密切的联系。

以下参考我国心理学家所做的研究，总结出 10 种不利于人际交往的个体心理消极因素：

（1）为人虚伪。人们在与虚伪之人交往时，常常担心上当受骗，失去安全感，因此，虚伪的人很难吸引他人。

（2）自私自利。这种人只关心自己，不顾及他人，甚至损人利己，谁愿与之往来呢？

（3）不尊重别人。这类人常挫伤别人的自尊心，破坏别人心理需要的满足，人们都讨厌他们。

（4）报复心强。与报复心强的人交往，使人时常担心，稍有不慎，就可能遭报复。既然如此，不如与之疏远。

（5）妒忌心强。妒忌别人，实质上是企图剥夺别人已经得到的物质精神的需要。这种心理一旦表现出来，就会令人反感。

（6）苛求于人。吹毛求疵，使人不快，令人自尊心受损，解除这种不快的办法就是敬而远之。

（7）猜疑心重。与这类人交往，难以真诚相待，他们常令人感到委屈冤枉，难以亲近。

（8）过分自卑。自卑是无能甚至是卑贱的影子。与自卑之人交往，不能将双方放在同一水平上，让人感到一种不平等的隔阂。

（9）骄傲自满。这类人恃才傲物，使别人感到威胁的存在；或是喜欢自我吹嘘，使人产生不信任感。

（10）孤独固执。孤独固执，难与人共事。同他们在一起如置身冰谷，感到压抑，谁愿同他们在一起自寻烦恼？

【短文一则】

谈"孤独"

孤独的人时常制造恶性循环。因为他感到自己的孤立，所以人际的接触并不能使他满意，甚至使他成为社会的隐士。这样一来，他切断了自我发现的途径，使自己孤立于与人相处的社交活动中。

从某种意义上来说，孤独是一种保护自己的方法，它是保护理想的自己以避免暴露、受害、受辱的一种方法。孤独的人害怕别人，但又时常抱怨没有朋友，抱怨没人跟他为伍。在大多数情况下，这种悲观的态度使他不经意地用孤独的方式来处理事情。他要别人来找他、要别人采取第一步的行动、要别人知道他有抱负，却不认为自己应该主动对社会有所贡献。

不要顾虑自己的情绪，而要强迫自己加入人群；刚刚加入别人，也许会觉得"冷"，但是你持续下去就会发现自己热烈起来而且显得愉快。培养社交的技巧，可以增添他人的快乐，如跳舞、桥牌、弹钢琴、打网球、聊天等。一个古老的心理学公理告诉我们：经常暴露在惧怕的事物下，可以免于惧怕。孤独的人要是常常强迫自己与别人建立社交关系——主动地，不是被动——他会渐渐觉得大部分的人是友善的，而且发现自己也受人欢迎；他的害羞、胆怯会慢慢消失得无影无踪，在别人面前也会感到更加泰然自若。①

第二节 人际交往中心理障碍的调适及克服方法

如何消除人际交往中的心理障碍，俗话说："解铃还须系铃人。"交往者需首先建立正确的个体评价体系，并且针对具体的心理障碍掌握其有效的调适及克服方法。

一、建立正确的自我形象认知及评价体系

在人际交往中，作为关系主体，需对自我形象有清楚、正确的认识，并做出全面客观的评价，才能努力实现自我完善，建立有稳固基础的自我形象。

（一）实事求是地"肯定自我"

个体应该实事求是地肯定自己的价值，即实事求是地"肯定自我"。所谓实事求是，即既不抹煞、掩盖自己的优点和成绩，也不夸张、扩大、炫耀自己的长处和进步。显然，抹煞、掩盖自己的优点和成绩，具有自我否定的性质，容易损伤自信心和自尊心，压抑自己的潜能和积极性；而夸张、扩大、炫耀自己的长处和进步，则容易造成

---

① ［美］马尔登. 我注定成功［M］. 徐干，译. 北京：九州出版社，2001：134.

过分的自信和自尊，从而导致自负、自傲心理的产生。应该意识到，在人际交往中，过分的自尊也会导致虚伪、做作、装腔作势，以致降低自我的人际适应性，造成其心理冲突和压力，而且会掩盖自己的缺点和问题，使其消极因素难以化解，并难以扬长避短而压抑了自己的潜能，久而久之，会形成"自欺欺人"的、消极的适应方式，因而实事求是地"肯定自我"，能切实维护自己的尊严，调动自己的积极因素，从而更好地发挥自己的潜能。

（二）实事求是地"否定自我"

"金无足赤，人无完人。"这个世界上，根本不存在十全十美的人。因此，人类一直将自我完善视为人生最宝贵的追求。应该承认，实事求是地"否定自己"，不仅不会降低自己的自信心、伤害自己的自尊心，反而会使自己的自信心和自尊心建立在坚实的基础之上。可见，它会有利于克服自身的消极因素，减少对潜能的自我消耗；有利于充分展示自己的实力，进一步增强自信心，提升自我的价值和地位。如何实事求是地"否定自我"？即对自身存在的缺点和错误，既不夸张也不缩小，正确地估计其性质及其对自我价值的影响程度。这里应指出，"否定"包含着两层意思：一是正视、承认缺点和错误，不文过饰非，不推诿于他人和客观；二是区别不同情况去克服缺点和错误。

个体在进行"自我否定"时，应尽量避免自我挫伤。自我挫伤是指由个人的主观心理活动所造成的对于自信心和自尊心的损害。在通常情况下，自我挫伤是由个人的抱负水平太高而引起的。所谓抱负水平，是指个人对自身成就目标的预期水平。一般认为，对每个社会个体来说，都不可避免地存在着来自客观因素的挫伤，但应尽量减少或避免来自主观因素的挫伤，尤其是能够避免自我挫伤。个体应正确对待自身的不足，相信自身所存在的一些缺点和错误，经过自我调节可以克服和制止；而有些错误虽不可避免，但能够通过自我调节而达到尽量降低其消极影响的程度。①

（三）正确认识和评价自我的意义

作为社会个体，能正确认识和评价自己，对于提高自我认知能力、增强自控意识、全面提升自我有着十分重要的意义；同时，这也是赢得良好、和谐的人际关系的关键。因此，个体应建立科学的自我评价体系，并采用一些有效可行的自我评价方法。例如，可尝试着做些小卡片，将这些小卡片分成两种颜色：一种颜色代表优点；另一种颜色

---

① 冯兰. 人际关系学 [M]. 沈阳：辽宁大学出版社，2005：253.

代表缺点，可在每张卡片上写一个优点或缺点，然后检验一下哪个优点还没发挥，这个优点又怎么去尽最大限度地发挥出来；哪个缺点是你可以不在乎且可以忽略的，把这些可以忽略的、不在乎的缺点丢掉。这样做你就不会过分保护自己，并会发现自己的优点比缺点多，其结果是能使你集中精力将自己的优点发挥出来，从而克服自己的缺点，增强自己的信心，克服不必要的自卑心理；进而增强自省意识，克服盲目自大的狂妄心理。

应该指出，个体对自我的评价，不是在封闭的自我意识中自然而然形成的，而是在与周围各种各样的人们的接触中，注意他们对自己的态度，想象他们对自己的评价，以此为客观标准内化到自己的心理结构之中。但实际上，从他人眼里恰好反映了当时社会规定的角色要求和群体的价值体系与价值观，例如，某人怀有一种合理的自尊心，因为他体会到周围的人都认可他助人为乐、见义勇为等品德，而这些品德与行为方式是得到社会肯定的，符合社会的价值体系与价值观，因而也被人们内化为他们主观评价的依据。

当然，还可通过人与人的实际比较，发现他人的长处和自己的短处，做到"择其善者而从之，其不善者而改之"，更明确地找出自己的差距，取人之长，补己之短。他人对自己的态度，是自我评价的"一面镜子"，为自我评价奠定基础。一个人处在一定的社会关系中，是通过与他人相处，从他们对自己的评价中看到自己形象的。他人评价这面镜子，并不是指某一个人的某一次评价，而主要是指对自己有影响的、关系较为密切的人，从一系列的评价中概括出来的某些经常的、稳固的评价，这才是自我评价的基础。① 其实，在人际交往中也可获取知识和经验，并从社会生活实践和体验中认识自我。总之，通过正确地认识和评价自我，能帮助我们全面地了解自己，正确地认识自我、调整自我，促使自我完善，以实现建立良好人际关系的目的。

我们可参照表 5-1，了解个体不同形象的表现特征。

表 5-1　　　　　　　　　　　　**不同自我形象的表现特征**

良好自我形象的表现	不良自我形象的表现
接纳、尊重、肯定自我	怀疑和否定自我
具有从容、开放、乐观的心态	不尊重和讨厌自己

---

① 时蓉华. 社会心理学 [M]. 上海：华东师范大学出版社，2002：104.

续表

良好自我形象的表现	不良自我形象的表现
能全面地认识和正确评价自我	没有安全感
清楚个人的能力	不清楚个人的能力
具有独立性、自主性、自律性	依赖他人和外界环境
有着对自我、对他人、对社会的责任感	情绪消极、逃避责任
对自己有恰当的期望	没有恰当的期望
善于表达自己、勇于表现自我	不敢表达自己
拥有成就感和自豪感	害怕成功

二、克服几种主要心理障碍的方法

（一）克服猜疑心理障碍的方法

在交往过程中，想要克服猜疑心理应学会控制自己的情绪，对所有相关信息应做冷静客观的判断和分析，从而避免毫无根据地猜疑对方。在现实生活中遇到问题时，首先，要做认真思考，不凭主观臆断妄下结论。其次，要端正姿态，充分信任被猜疑者，不采取对立、敌视的态度，不使自己的思想长期处于防范戒备的状态。再次，应主动与被猜疑者进行沟通交流，及时消除误会，以坦诚的态度和平等交流的方式，与交往对方建立和发展正常的关系。

（二）克服自卑心理障碍的方法

针对自卑心理产生的具体原因采取相应的克服方法：

1. 因生理原因造成的自卑心理

若因自身先天的容貌、身材、智力等缺憾造成的自卑心理障碍，其克服的办法是：正确地对待，并设法自我补偿。如世界著名音乐家贝多芬，在他双耳失聪的状态下，仍以自己超人的毅力和奋发精神，完成了九个乐章的交响乐创作，受到世人的仰慕和敬爱。无数事实证明，来自生理方面的缺憾，或许会影响个体成功愿望的实现，但也能成为获取成功的动力。

2. 因生存环境造成的自卑心理

生存环境指由个体的社会职业、社会地位、经济条件、文化水平等方面构成的现实状态。在现实社会中，一些生活在较底层的人，由于受生存环境的影响，总觉得自己低人一等，被一种自卑心理所干扰。克服的办法是：树立平等的思想，塑造自己的性格，调适心理平衡，正确地认识人生的价值，树立以工作和劳动为荣的思想，从而增强自信。

3. 因生活经历造成的自卑心理

在现实生活中，有一类人由于他们的生活屡受挫折，因而产生气馁、妥协的情绪，久而久之，产生自卑心理。其克服的办法是：应善于从失败中吸取教训，树立自信心，意识到遭受挫折并不可怕，可怕的是缺乏战胜挫折的信心和勇气。众所周知，美国总统林肯在年轻时参加演说，曾被轰下台，可他没有因此而自卑退却，经过不懈的努力，终于成了举世闻名的演说家。这样的事例不胜枚举。

【案例】

从挫折中吸取教训

哈佛大学一位教授讲过这样一个故事。

几年前，他给毕业班的一个学生的成绩打了个不及格。这件事对那个学生的打击很大，因为他早已经做好了毕业后的各项计划，现在不得不取消，真的很难堪。他现在只有两条路走：第一是重修，下年度毕业时才能拿到学位。第二是不要学位，一走了之。在知道不能更改后，他大发脾气，向教授发泄了一通。这位教授等他平静下来之后，对他说："你说的大部分都是对的，确实有许多知名人物几乎不知道这一科的内容，你将来很可能不用这门知识就获得成功，你也可能一辈子都用不到这门课程的知识，但是你对这门课的态度却对你大有影响。"

"你是什么意思？"这个学生问道。

教授回答说："我能不能给你一个建议呢？我知道你相当失望，我了解你的感觉，我也不会怪你。但是请你用积极的态度来面对这件事吧。这一课非常非常重要，如果不由衷地培养积极的心态，你根本做不成任何事情。请你记住这个教训，五年后你就会知道，它是你收获最大的一个教训。"

后来这个学生又重修了这门功课，而且成绩非常优异。不久，他特地向这位教授致谢，并非常感谢那场争论。

"这次不及格真的使我受益无穷，"他说，"看起来可能有点奇怪，我甚至有点庆幸那次我没有通过，因为我经历了挫折，并尝到了成功的滋味"。

我们都可以化失败为胜利，好好利用，就可以对失败泰然处之。①

4. 因性格气质造成的自卑心理

有的人性格内向、性情孤僻，不乐意参加交际活动，也不愿与他人交流自己的思想感情，在生活中一切都独自去忍受或享受，不能正确评价和控制自己的言行。克服的办法有：一是积极、努力地去适应外部环境，使自身性格逐渐从内向型转化为外向型；二是学会自我调适心理冲突，不把忧郁和苦恼憋在心中；三是多方面地培养自己的兴趣和爱好，广交朋友，使自己从忧虑和烦恼中解脱出来；四是坚信性格是可以改变的，应坚定信心，克服不良环境的影响，调整不良的生活习惯及心态，使性格在主客观的相互作用中转化，而逐渐向好的方向发展。

5. 因自我认知造成的自卑心理

有的人因为不能正确认识和评价自己，通常将自己放在社会中做一些不正确的比较，因而产生自卑心理。克服的办法是：要认识自己的优点和长处，相信自己的能力，拿出竞争的勇气，从自己的每一次成功看到自身的价值；另外，应善于捕捉他人对自己好的评价，特别要注意从赏识、了解、理解自己的人中去捕捉对自己好的评价，以增强自我认识过程中的自信心理。切不可没有理由地把自己说得一团糟。或许你有做错事的时候，但这并不表示你是笨拙的；或许你的长相不是很漂亮，但也没必要因此而丧气。相信每个人都拥有一座"金矿"，只是等待自己去开掘。

【案例】

　　一位大学生这样描述她入大学后的困惑："我是被鲜花掌声和荣誉簇拥着长大的女孩。我的学习成绩优异，多次在比赛中获奖，在工作中我连任9年班长，做过学生会的文艺部长、团委会的宣传委员，在无数的光环照耀下，我就像一个骄傲的公主。这使我形成了自傲的性格，或者说我从来没有时间思考自己的期望值是否太高，但这里人才济济，我只是这个环境里的小角色，我努力过，但并没有获得更大的收获。我感到内心的失落和压抑，这种苦闷比其他人更强烈。我对自己失望了，开始自我放纵，成了享乐主义者，但这却与我的性格发生着强烈的冲突。我选择逃避，隐藏了自己的才华，成了一个封闭的人，我再也找不到曾经的光彩，在一个狭隘、孤独的空间，我不断发现自身的缺点，与这个环境格格不入，

---

① 罗鲜瑛．影响你一生的选择与放弃［M］．北京：群言出版社，2004：246.

最终产生了恶性循环，使我产生了自卑心理。这种自卑像一块阴云一直笼罩着我，更加影响了我的生活……"①

（三）克服羞怯心理障碍的方法

羞怯心理是指交往主体在交际进程中因害羞与胆怯而表现出的防御性情绪障碍。应该指出，害羞是交际过程中的表现，而胆怯是交际准备阶段的一种心理状态。

一般而言，交际者具有羞怯心理是正常的，如年轻女子在异性面前的害羞，有的人第一次在大型场合露面时感到神情慌乱、脸红心跳等。但应看到，过分的羞怯会约束自己在交际中的言行，遏制交际意图的充分表达，影响思想的交流与沟通，阻碍交际的正常进行。根据羞怯心理产生的具体原因，可尝试如下克服方法：

1. 因性格气质产生的羞怯心理

针对性格气质而导致的羞怯心理，其克服的方法是：培养自己大胆、开朗的性格，敢于肯定自我、胸怀坦荡、情绪乐观，能勇敢地迈出超越自我的第一步，树立自信心，坚信自己必有与众不同之处。心理学家曾经分析一些人在社交场合的录像带，发现那些自认为举止可笑而害羞的人，他们的言行并不像他们认为的那样差。因此，应鼓励自己勇敢地尝试，如在公众面前大胆地和别人打招呼，并发表自己的观点，有意识地改变自己，重新开始认识自我并相信自己的能力。

2. 因习惯性产生的羞怯心理

如果一个人从孩童时期就长期居住在封闭式的生活环境里，因社会环境对人际交往的限制，使其习惯于个体的内心体验，而不习惯进行广泛的交流。这一类人克服羞怯心理的方法是：要努力地参与社会交际，以此来克服不愿交际的习惯。日本在培养企业管理人员时，为培养他们的社交能力，帮助其克服羞怯心理，让学员在闹市人多的地方，大声唱歌和朗读报纸，以吸引行人的围观，而不顾旁观者的指指点点，令学员从不习惯到习惯。有羞怯心理的人，还可向交际成功者学习，尤其要善于向曾经有过羞怯心理的人学习，大胆地迈出自己的第一步，并坚持下去，从而克服习惯性羞怯心理带来的交际障碍。

3. 因挫折产生的羞怯心理

人们在日常生活中大多有过失败和挫折的经历，而失败并不意味着一个人无能。有这样一则案例：一个小孩每当考试失败了回到家，他妈妈为了鼓励他，总会迎上前

---

① 樊富珉，王建中. 当代大学生心理健康教程 [M]. 武汉：武汉大学出版社，2006：141.

去笑着说:"成功他妈回来了!"妈妈的鼓励使这个孩子能正确地面对生活中的失败和挫折,在后来的人生中获得了成功。一个人只有在经常的失败中不断总结经验,鼓足勇气去战胜挫折,才有可能成熟起来。笔者在多年从事教学的过程中,让学生采用暗示法也收到明显效果。如一个学生第一次上台演讲失败了,参加第二次演讲时可用自我暗示的意念,即内心默诵着"我一定能成功",用这种控制方法来突破内心的阻力,能有效地消除羞涩和胆怯的心理,使自己获得成功。当然还有许多克服羞怯心理的方法,如试着坐在人群的中心位置。通常喜欢躲在角落的人往往是那些害羞的人,他们这样做也便认为没有人会注意到自己,而以此证实"没人关心自己"的想法。应把这个习惯消除掉,给自己机会也给别人机会,让别人注意你、关心你。有羞怯心理的人,还可在说话时不妨把音调提高,有意大声说话,与对方交谈时,眼睛要注视着对方,不要替自己找理由说是别人对你不感兴趣。还有一个细节需注意,如果人打断你说话时,你要坚持把话说完。我们正常的讲话时常会被打断,这时害羞的人会感觉难堪,其实别人插话也表示对你说的话很感兴趣,因此,当有人打断你说话时,千万不要以此为借口而逃出人群。的确,这样做开始时总觉得较难为情,会认为还是以前的生活模式舒服些,但慢慢地就会为自己发生的变化而感慨。一般人会认为是有了勇气才去行动,而事实上恰恰相反,对害羞的人来说是有了行动才会有勇气。

(四) 克服嫉妒心理障碍的方法

嫉妒虽是一种较为普遍的人类心理状态,但从产生嫉妒的生物基础——欲望来看,它是人类社会进步的动力之一。因为这种欲望若被高尚的情操所控制,它会产生积极的社会作用。如在竞争中失败,则不甘落后,奋起直追。当然,在人的欲望没有实现而被低级情绪所控制时,则会表现出不服气、挖苦、造谣、中伤和诋毁等嫉妒心理,这便会产生消极的社会作用。

克服嫉妒心理障碍的具体方法如下:

(1) 有着嫉妒心理障碍的人,应纠正其个体认知上的偏差,努力做到主动地、客观地、全面地估计自己,消除唯我独尊的心理。

(2) 要克服这种心理障碍,需善于进行自我转换。嫉妒者应把对强者的不服气心理转换到奋发图强、努力争取上来。即使暂时不能超越强者,也不可嫉贤妒能,应以扬己之长,维持自我心理的平衡,使情绪处于稳定状态。

(3) 持有嫉妒心理的人,还可尝试角色心理置换,即采取换位思考的方式,设身处地替对方着想：遭人嫉妒会是什么心理感受？古训："己所不欲，勿施于人。"经常作角色心理置换，便能抑制自我的负面心理，从而克服这方面的心理障碍。

（4）还可积极地转移自我的注意力，使自己生活充实，无暇去胡思乱想，不给嫉妒心理以生存的空间。如养成冷静思考的习惯，分析令自己嫉妒的所谓"强者"和自己相比，各有哪些优势和弱势，从而全面地、客观地认识双方，取长补短，使失衡心理获得一种新的平衡。

【案例】

自信，能够折射出一种人格魅力

人际交往需要有充足的自信心，这样在你与他人交往过程中，才能坦然从容，正确应对，表现出一种人格魅力，能够产生交往吸引力，使对方对你产生敬仰之情，愿意与你交往。新中国外交史上曾经有过这样一件趣事：

1979 年 1 月 28 日，邓小平访问美国。此期间，他在白宫和卡特总统签署了多个双边协定。签字仪式结束后，邓小平说："我们刚才办了件大事，这不是结束，而仅仅是开始。""我们曾经预期在中美关系正常化后，两国的友好合作将在广泛的领域里迅速地展开，今天所签订的协定就是我们的第一批成果。"

有存心不良的记者，用挑衅的口吻问邓小平：

"你们当初决定实现关系正常化时，你在国内有没有遇到政治上的反对势力？"

卡特听出来了记者是在故意刁难客人，便有些着急，瞪着大眼睛看着邓小平的反应。只见邓小平笑容可掬，不紧不慢地说：

"有！"

在场的人听到邓小平的回答，个个瞠目结舌，竖耳侧听他怎么回答。

邓小平不慌不忙地说："在中国的一个省——台湾——遇到了激烈的反对。"

邓小平语惊四座，全场顿时爆发出暴风雨般的掌声。

邓小平之所以能够作出精妙的回答，一个重要的原因就是他有着极强的自信心，我们所说的自信，就是指要有充分相信自己并能够根据预定的目的来支配和调节自己的言行、坚定信念、克服困难、满怀信心地走向成功的心理素质。[①]

---

① 罗鲜瑛. 影响你一生的选择与放弃 [M]. 北京：群言出版社，2004：78.

【短文四则】

人的"应对机制"所受到的直接影响

著名的"格兰特研究（The Grant Study）"研究的是"什么样的人，最可能成为人生赢家"。这项研究已经持续了 76 年。主持这项研究整整 32 年的心理学者乔治·瓦利恩特（George Vaillant）说，温暖亲密的关系是美好生活的最重要开场。

瓦利恩特指出，爱、温暖和亲密关系，会直接影响一个人的"应对机制"。他认为，每个人都会不断遇到意外和挫折，不同的是每个人采取的应对手段，"近乎疯狂类"的猜疑恐惧是最差的；稍好一点的是"不够成熟类"，如消极、易怒；然后是"神经质类"，如压抑、情感抽离；最后是"成熟健康类"，如无私、幽默和升华。

一个难与他人建立爱、温暖和亲密关系、"缺爱"的人，在遇到挫折时往往得不到援手，需要独自疗伤，付出沉重的代价。反之，一个活在爱里的人，在面对挫折时，会接受家人和朋友的抚慰和鼓励……这些"应对方式"，能帮一个人迅速进入健康振奋的良性循环。

如何让别人喜欢

希望受别人喜欢和尊敬是人类由来已久的欲望，这也就是畅销作家卡耐基所写的《如何赢得朋友和影响他人》一书能大获市利的原因。在许多民意测试中显示，人类存在最强的一种欲望就是赢得大家的喜爱。

受人欢迎的秘诀为何，并且如何做到呢？

第一，最要紧的方法是，从现在开始去喜欢别人。这一点该怎么做呢？最有效的方法之一是运用积极思想。具有积极思想的人通常具有外放的人格特质，他们不会将注意力放在自己身上而是将焦点放在他人身上。

第二，将最吸引人的一面表现出来，无论你到何处，你都将会大受欢迎。同时，学着倾听他人的言语，当你学会如何倾听时，便能将他们潜在的最好的一面给吸引出来。

第三，要冷静、沉稳，保持愉悦的心情。学会超脱怒气，控制自己的情绪。

培养一种能力，使你能超越世俗，从而到达一种精神境界。

第四，保持一种积极振奋的性格，使别人能从你这里得到支持的力量，你将会在他们的生命中占有重要地位。

在每天的生活中，积极实践这些原则。渐渐地，你将成为别人所喜欢且尊重的人。①

拥有开放的心

如果你的心过于封闭，不能接纳别人的新观念，就等于锁上一扇门，禁锢了你的心灵。

褊狭像一把利刃，能切断许多机会和沟通的管道；它也能打开你的心，让想象自由翱翔，培养丰富的创造力。

一百多年前，莱特兄弟尝试飞行时，遭到旁人的嘲笑；不久之后，林白成功地飞越大西洋。到现在，如果有人预言人类将移民到月球上，很少人会怀疑它的可行性。固步自封的人反而会受人轻视。

封闭的心像一池死水，永远没有机会进步。拥有开放的心，你才能充分地运用成功的第一原则：一个人只要对自己的信念坚定不移，就没有做不到的事情。思想开明的人在各行各业都有杰出的表现。而固步自封的愚者仍然高声喊着："不可能！"你应该善用自己的能力。你是否常说"我会"及"我能做到"，或者只会说"没办法"，而在此时别人已经做到了。

你必须对你自己、你的伙伴以及造物者，对整个宇宙都有信心，你才能拥有开放的心。

迷信的时代已经过去了，但偏见的阴影依然笼罩着。好好检讨你的个性，就能拨云见日。你的决定是否合乎理性并合乎逻辑，而不会受到情绪及偏见的影响？对别人的言论，你是否专注地倾听及思考？你是否求证事实，而不相信道听途说及谣言？

人的心灵必须不断地接受新的思想的洗礼和冲击，否则就会枯萎。

---

① ［西］巴尔塔沙·葛拉西安，等．成功书［M］．陈书凯，编译．北京：当代中国出版社，2002，内容有改动。

自信是成功的关键

并不是每个人都能乐观地看待生活，只有自信的人才会始终保持乐观的精神，不论发生什么事，他们都能泰然处之，而且能从不幸中看到光明、超越出来。而那些自卑的人却只能在失败前止步，只能在不幸中沉沦。谁都知道"毛遂自荐"这个成语，但你知道毛遂自荐的故事吗？毛遂是战国时代赵国平原君的门客。当秦兵攻打赵国时，平原君奉命到楚国求救。毛遂主动向平原君请求跟着去。平原君问他："先生到我这儿多久了？"毛遂回答："三年了。"平原君笑道："一个有才能的人处在世上，好比锥子放在布袋里，锋刃马上会显露出来，可是三年来我从来没有听见别人称赞过你的才能。"毛遂说："那是因为没有人把我放进口袋里，不然的话，岂止是锋刃，连整个锥子都会显露出来了。"于是，平原君带上了毛遂一起去楚国。平原君跟楚王谈了一个上午都没有结果，毛遂挺身而出，陈述利害，楚王才答应派春申君带兵去救赵国。正因为毛遂在关键时刻勇敢地站出来，充分地表现出了自己的自信，才被平原君所接受，在争取救兵时发挥出重大作用。可见，如果毛遂是一个不自信的人，那么他根本就不会站出来，其个人才智便会被埋没。通常充满自信的人，爱自己也爱他人，相信自己与相信他人同一，这是一种健康的心态，即使不可能十全十美，但能客观地悦纳自己和他人，善于发现自己、他人及世界的光明面，在交往中广受欢迎。

☞ **思考题**

1. 结合自身实际，谈谈自卑与自大心理障碍产生的主要原因是什么？
2. 交际的成功与失败，与交际主体的心理障碍是否有着密切联系？
3. 如何克服自身在人际交往中的心理障碍？

第六章
人际关系与沟通

本章要领

本章主要阐述人际沟通在现实交往中对人际关系产生的重要影响；说明人际关系和沟通的密切联系；指出在人际交往中如何运用沟通的手段、方式以及沟通策略。

沟通是人际交往主体的思想、观念或情感，通过信息传递，以增进彼此了解，谋求关系协调，促进共同目标达成的交往历程。随着社会的发展，人们需要沟通的对象日益繁多，面临的沟通环境更加复杂，需要我们对此作深入探讨和研究。当今时代，做人需要沟通，做事需要沟通，沟通可谓人生成功的金钥匙。美国普林斯顿大学对一万份人事档案进行了分析，结果发现："智慧""专业技术"和"经验"只占成功因素的25%，其余的75%取决于良好的人际沟通。另据哈佛大学就业指导小组的一项调查结果显示：在500名被解职的男女员工中，因沟通不良而导致工作不称职者占82%。可见，人际沟通的重要性，正如卡耐基所说：与人相处的学问，在人所有的学问中，应该是排在最前面的。沟通能够带来其他知识所不能带来的力量，它是成就一个人的"顺风船"。

第一节 沟通对人际关系的影响

在现实的人际交往中，沟通所产生的重要影响是不容忽视的，可以说，没有人际沟通，人际关系的产生和增进是不可能的。换言之，沟通是人际关系得以产生和增强的基本工具。我们可从以下对沟通的定义、实质、目的及相关原理的探讨中加以理解。

一、"沟通"的含义、实质及目的

"沟通"在现代社会里是一个普遍使用的词语。但对于沟通的内在含义是什么？沟通的实质及目的是什么？我们需要做认真的研究和深入的探讨。

（一）"沟通"的含义

沟通是指人们在社会交往中运用语言及非语言系统，相互传递信息和交流情感的行为和过程。从"沟通"的英文单词"Communication"来看，它既可翻译为"沟通"，也可译为"交流""交际""交往""通信""传达""传播"等。虽然这些词语的含义在中文里有所差别，但其基本语意都涉及"信息交流或交换"及"与他人分享共同信息"。因而从沟通的内涵来分析，其核心应是信息的传递，但信息的外延包含的意义广泛，其主要的要素是：事实、意愿、观点、情感及价值观。因此，人际沟通不是简单的传递信息，它是沟通双方的一种积极参与的行为，其沟通的结果是使双方之间原来的关系发生变化。比如，与对方经历一次真正的沟通之后，会感觉自己的行为和心理状态有所变化，这便是所谓"纯粹"的信息交流过程所没有的。有的学者便将沟通比喻为人与人之间交往的一座"桥梁"，它是一个人获得他人的思想、感情、见解、价值观的一种途径。曾仕强教授在他主编的《人际关系与沟通》一书中说，"沟通"不是片面的平面交流，而是双向或多向沟通，必须经由"说明"，透过"情感"，建立"关系"来进行"企图"这四种进程，最终达到相融、和谐，收到最佳的效果。他对整个沟通过程作了直观的描述，如图6-1所示①：

人际沟通应具备一些必要的条件，如信息的发送者、用以传递的信息、具体的信息渠道、信息的接收者。可以说，沟通实质是一个双向互动的过程，不仅是发送者将信息传递给接收者，同时也是接收者将所理解的信息反馈给发送者，是一个反复循环的过程。

目前，人际关系学领域对人际沟通主要划分为以下几种类型：语言沟通和非语言沟通，单向沟通和双向沟通，正式沟通和非正式沟通，浅层沟通和深层沟通，上行沟通、下行沟通和平行沟通等。从人际沟通来看，它应是当今社会组织沟通乃至管理沟

---

① 曾仕强，刘君政．人际关系与沟通［M］．北京：清华大学出版社，2016：183.

通的基础。

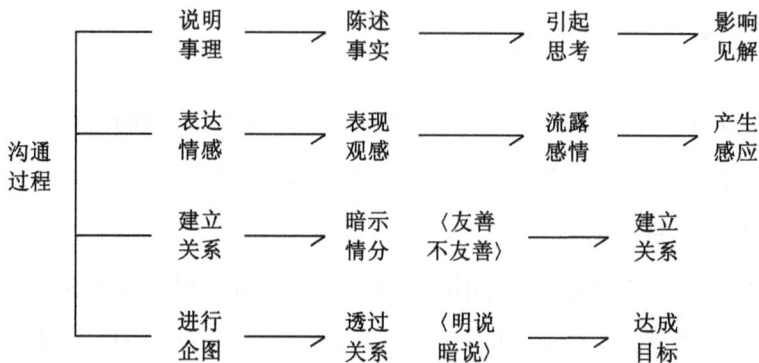

图 6-1

(二) 沟通的实质及目的

虽然学术界对"沟通"的含义，一直是众说纷纭，无一定论，但在对于沟通目的和实质的诠释上无大的分歧。大家认为人际沟通在本质上是人与人的心理沟通，其最主要的目的是维系和发展人际关系，因而沟通不只是普通意义的交谈及"纯粹"的信息传递，而是人与人之间的情感、态度、兴趣、心理及人格特征的相互交流、相互感应的过程，它能让彼此分歧而又互相依赖的人们能够达成理解和协议。因此，沟通是双方或多方都参与的有效交流过程，它是以达到与其他人建立良好的人际关系，以及借助外界的力量和信息解决问题为目的的。

这里再引用《人际关系与沟通》一书中的图示（见图 6-2），说明人际沟通的实质及目的①：

从图 6-2 来看，我们可以区别严格意义的沟通和非严格意义的沟通，例如，对下列几种交流情形给出的判断：

（1）你说给我听，或者我说给你听。

判断：这种交流情形，是双方的单向传达行为，既无相互间的交流，也未有明确的交谈目的，因而不能称为真正意义上的沟通。

（2）双方的交流，仅局限在彼此意见的交换。

判断：这可以说是初步的沟通，能否达到预期的效果，仍然需要展开进一步的沟通。

———————————

① 曾仕强，刘君政. 人际关系与沟通 [M]. 北京：清华大学出版社，2005：183.

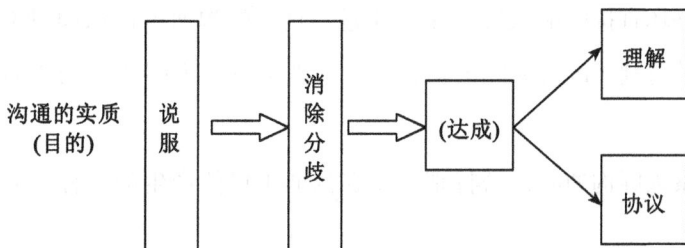

图 6-2

（3）交流有内容，而无结果。

判断：这种情形近乎于聊天。当然，我们可以通过聊天来进行沟通，但不宜将沟通当做聊天来看待或处理。

因此，从严格意义上来说，人际沟通是一种特殊的信息沟通，是彼此之间情感情绪、态度兴趣、思想人格、价值观念的相互交流和感应过程，最终实现发展、控制、制衡和维持沟通双方正常关系的目的。

二、沟通与人际关系的相互性

我们清楚，人际关系是在交往中建立的，而交往是人的一种有目的行为，要实现其目的，仅仅停留在交往的层面显然是不够的，这便需要交往双方的沟通才能实现。可见，在沟通的基础上，交往的双方才能明白对方的意图，进而对是否继续交往、建立彼此的关系做出自己的判断和决定。例如，谈判是一种典型的交往方式，如果在谈判中，双方都采取强硬立场，互不妥协，那么谈判就会因无法沟通而破裂。因此，从某种意义上说，沟通是人际交往的一个间接目的，又是建立正常人际关系的必要前提。

在现实生活中，我们所见到的却是，人人都必须交往，但并不是人人都懂得沟通，这便是值得人们重视的问题。

（一）沟通是建立人际关系的基础

在社会生活中，信息的交流与沟通是人们相互联系的重要形式，因而沟通是人际交往的起点，也是建立人际关系的基础。据一项调查结果表明：作为普通人，除 8 小时睡眠外，其余约 70% 的时间用在直接或间接的人际沟通上。科学家普顿斯说：科学家 80% 的科技信息、情报来自非正式渠道，如讨论、聊天等。随着社会的发展，人与人之间的沟通具有越来越重要的功效。沟通不仅是建立人际关系的基础，从某种程度上说，沟通的好坏直接影响人际关系的质量。良好的沟通可以像润滑剂一样，促使人际关系和谐，并有利于改善人际关系；反之，则会成为人际关系的障碍，导致人际关系受到侵害。

我们在观察人际沟通时，需特别注意在沟通中可能产生的两种不同的人际关系状态。

（二）沟通中可能产生的两种不同的人际关系状态

一般在社会组织中进行的人际沟通，时常会出现两种不同的人际关系状态，如图 6-3 所示：

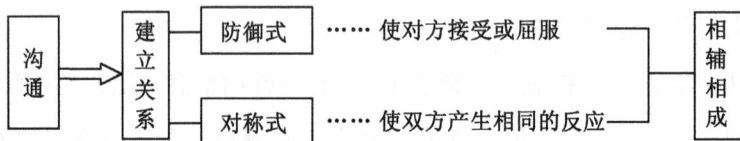

图 6-3

在通常情况下，交往主体系组织中的领导者，与其下属进行沟通时，领导者大多倾向于建立防御式的关系，而下属成员则希望建立对称式的关系。这种情形下如何把握其关系？我们建议为促使沟通的顺畅进行，双方都应依沟通所要达成的目的，做出适当的调整。比如，如果此时采用防御式沟通，有利于沟通顺畅，那么下属最好能主动配合上级领导的发号施令，使对方感受到自身具有领导的威力。如果此时运用对称式沟通比较有利时，那么作为上级领导则可以降低姿态，缩小双方之间的距离，以便激发下属的潜力。应该看到，两种不同的人际关系其实是相辅相成的，应根据实际需要去选择。

（三）沟通的程度决定了人际关系的发展状态

人际沟通一般分为三个层次，即沟通的信息层次、沟通的情感层次、沟通的行为层次。人际沟通的不同层次，从某种意义上也反映了沟通的程度，而沟通的程度决定了人际关系发展的状态。

1. 沟通的信息层次

这是人际关系沟通的最基本层次。沟通双方在信息交流的基础上产生了一定的认识，并建立了关系的基础。如果在这个层次上，信息交流不能实现，那么人与人之间不会有相互了解，便不会有情感交换和行为互动，人际关系就不会建立。若是在信息交流中出现障碍，也会影响人际关系的进一步发展。

2. 沟通的情感层次

这是人际沟通的第二个层次，是比信息沟通更高的一个层次。在这个层次上，如果沟通双方能接受彼此的个性特征，便能产生情感上的共鸣，以利于双方相互吸引，建立起良好的人际关系；如果沟通双方不接受对方的个性特征，那么就会产生情感排斥，拉大彼此间的距离，形成疏远和紧张的人际关系。

3. 沟通的行为层次

这是人际沟通的最高层次，即行为互动层次。人际关系的最终目的是引起对方的行为。当然，需要根据沟通对象对自己的评价期望调整自己的行为。若在这个层次上，双方能不断调整自己的行为，就能建立起心理相容的关系；反之，则会出现人际冲突而导致关系破裂。①

随着沟通层次的深入，人际关系也在逐渐加深。而人际沟通的结果可能有两种：一是双方增进了了解，发展了人际关系；二是造成了误会、引起了冲突或导致人际关系破裂，可见，沟通的程度决定人际关系的发展状态。因此，沟通不仅是建立人际关系的基础，更是维系和促进人际关系得以良好发展的重要途径。如何提高自身的沟通能力，应是每个现代人都必须关注的问题。

【短文一则】

有效沟通与现代管理艺术

现代管理是一门艺术。现代管理者应意识到：过去的"单向"式及以自我为中心的沟通方式已不灵了。其实，早期的霍桑实验，就已注意到"亲善"的"双向"沟通方式，以此方式，不仅可以了解员工的需求，更可以改善管理者与被管理者之间的关系，从而使员工更加自愿地努力工作。在如何做到有效沟通方面，具有成熟智慧的管理者，会认为倾听别人的意见比自我表达更重要，要善于帮助和启发他人表达出自己的思想；尤其善于聆听别人的意见，激发他们的创造性思

---

① 宋莉萍.礼仪与沟通教程［M］.上海：上海财经大学出版社，2010：319.

维，这样不仅可以使员工增强对管理者的信任感，还可使管理者从中获取有价信息，提高效率。

现代企业采用"亲善"的管理方式，不仅有助于营造和谐的人际关系气氛，还可以提高员工的满意度，使其更忠实于企业，坚持不懈地为实现企业目标而发力。作为企业管理层，应清楚，员工不是作为一个孤立的个体而存在，而是生活在集体中的一员，他们的行为很大程度上会受到集体中其他个体的影响。因而，若将管理的对象看作是有思想、有情感的人，施以"亲切、关注、善待"的管理操作模式，会最大限度地开发人力资源。

第二节　沟通手段及方式

人际沟通是一个信息传递和交流过程，主要通过人际交往中的语言沟通（包括书面语、口头语）、非语言沟通（体态语）等手段，达到交往主体预期的目的。可见，较好地掌握和恰当地运用沟通手段及方式，是确保人际沟通畅通、增强人际交流及建立和改善人际关系的有效途径。

一、人际交往中的言语沟通

人类社会主要是运用语言符号系统，即利用口头语和书面语进行交流和沟通。言语作为人类口头形式的语言活动，被视为人际沟通中最普遍、最常用，也即最主要的交际手段。在此对语言与言语的关系稍作一点分析。语言学家认为"语言"和"言语"是两个各有特定含义的概念。语言是以语音为物质外壳，以词汇为建筑材料，以语法为结构规律构成的体系。而言语则是为达到某种目的，在一定的语境中对语言的使用。因而，我们从交际的角度看，语言只是一般的交际模式，言语则是对这种模式的具体运用。有一个比喻较为形象，"言语是露出水面的一小部分冰峰，语言则是支撑它的冰山"。可见，在日常生活中，人们主要是运用言语进行交谈、表达思想、传递信息、沟通感情，从而达到建立、调整和发展人际关系的目的。

言谈通常分为两种类型：第一种是正式言谈，即双方事先商定交谈的主题、目的，如会谈、谈判等；第二种是非正式言谈，即双方没有任何准备的、比较自由和随意的及随机性的交谈。无论哪种言谈类型，为使言谈能有效达到沟通目的，都应遵守一定的规则和要求。

（一）选择合适的话题开始

美国语言交际专家艾尔金博士认为，有三个方面对于成功的交谈非常重要，第一便是应注意选择合适的话题。双方在交流和沟通中，应选择共同感兴趣的话题。而不合适的话题通常有三种：一是交谈者自己感兴趣的话题；二是让对方无法继续的封闭式话题；三是有关个人隐私的话题。

在此建议，在与他人进行沟通式的交谈时，开始不妨采用对对方表示关心的提问，而在谈话即将结束时，可适当运用"感谢"的话语。如交流开始时可采用以下话语："您最近在忙些什么？""您的事情进展如何？""我能为您做些什么？"再如结束时可说："谢谢您的帮助和建议，我将重新整理一下我的思路。""这次交谈，真令我感到受益匪浅。"

（二）言语的可接受性

为了实现有效的沟通和交流，参与交谈的双方还应把握言语交谈第二层次的要求，即言语的可接受性。这主要包括：

1. 慎选用语

一般来说，在沟通过程中，如果信息的接收者不能理解发出者所传递的信息，那么沟通是无效的，因此，选择传递信息的用语极为重要。在交谈中，应尽可能选择通俗的用语，应根据交谈对象的实际情况，选择合适的、对方容易理解的话语，尤其要选择容易接受、亲善性的语言，而要避免使用有伤害性的语言，如生活中有些人开口就说："不是这样！""你说的根本不是事实！"或者："你在胡说八道，谁会相信这种鬼话！"试想，这样的语言谁能接受呢？因此，采用类似这样的语言是无法进行沟通的。反之，若我们在与人沟通中，时常将"您说的也很有道理"作为导语，其效果则会大不相同，它会让对方意识到去改变自己，这恐怕比我们去改变对方要有效得多。这里还要补充强调，日常生活用语须谨慎，语意表达应清晰、完整。有一则流传已久的经典笑话便说明了语言表达对于沟通的重要性：有位主人一次邀请了八位客人吃饭，约定的时间已过，只来了六位客人，等了许久，那两位客人还是没来。这时，主人不耐烦地说："该来的为什么还不来？"听到这句话，已到的六位客人中有两位听着不对劲，相互耳语："如此说法，就是不该来的都来了，那我们走吧。"他们两个人便起身走了。这时，主人见走了两位，便急得对另外四位客人说："你们看，不该走的都走了。"剩下的四位客人中，有两位听了顿觉不舒服，彼此商量着："照他这样说，就是该走的不走，我俩也走吧。"主人一看只剩下最后两位客人时，急得大声叫道："我又不是说你们俩！"此时，最后两位客人一听，很不高兴地说："你既然不是说他俩，那就是说我俩。"于是，这最后两位客人也气愤地走了。这则笑话生动地反映了语言表达的不慎或含糊，都会给对方的理解和接受带来影响。

2. 语速适度

在运用言语与人进行交流的过程中，语速要适宜，既不可过快，也不要过慢，注意避免出现不合适的停顿。一般来说，电视台及电台中新闻播音员的速度较为适宜。其语速基本上是每分钟 60 个字，让人听起来感觉舒服并易接受。应警觉，在交谈中快速的话语、尴尬的停顿或过于审慎的谈话，都可能传递一些非故意的信息，让对方感到你可能隐瞒了某种事实，以至于对你说的话产生质疑，而妨碍沟通的有效进行，因此，对于交流和沟通中语速的把握不可忽视。

3. 语调和声调的掌控

还应注意到，在正式的交谈中，有时谈话者的语调可以神奇地影响到信息的含义，进而影响沟通的效果。我们看到，即使是一个简单问题的陈述，凭借语调便可以表达热情、关心和愤怒等情感。情绪因素可直接影响说话的语调，所以交谈者应时刻注意调整自己的情绪状态，努力克制自己，避免因自己不好的情绪状态影响说话的语调，从而传递一些非故意的信息，阻碍双方的有效沟通。

（三）言语的适切性

这是在人际交流中，对言语表达最高层次的要求。如何才能达到这一要求？首先，言谈应切旨，即言谈要与交流及沟通目的相吻合；其次，言谈须切景，即言谈内容要与交谈时的场景相应合；再次，交谈应切合自身与对方的年龄、性格、处境及社会身份等。从某种意义上说，言语的适切性是决定交谈效果的重要因素。

（四）言谈的风范

作为正式的沟通和交流，需在一种良好的氛围中进行，作为交谈者便应具有良好的风范，如态度诚恳、礼貌相待、谈吐幽默等。

1. 诚恳的态度

诚恳并恭敬地对待交谈对象，应是一切交谈进行的前提。显然，交谈者表现出的诚恳、谦和态度，能为沟通、交谈营造一种亲切的气氛，并增强彼此的理解和信任。不可忽略，作为个体的人，其情绪具有两重性，即积极情绪和消极情绪。往往在交谈中，交谈者良好的态度能从正面影响对方，调动其积极的情绪，消除彼此的陌生感，缩短双方的距离。其实，通常在交谈中，一方的思想、观点、愿望及要求，能否为对方所接受，往往与其诚恳的态度成正比。因此，交谈者的态度是否诚恳，应是双方沟通能否成功的关键。

2. 礼貌的风范

礼貌可谓是言语交谈的基础，也是实现与各类人有效沟通的基本法则。有一句外国名言是这样说的：礼貌在生活和交谈中，比最高的智慧和一切学识都重要。从我们中华文化的传统来看，礼貌言谈主要体现在文雅、得体、谦逊三个方面。作为言谈者应遵循交谈中的礼貌规则，应懂得礼貌风范是言语交际风度的重要体现。

3. 幽默的语感

通常可以见到，在人们的交谈中，言谈者所具有的幽默感，不仅能令自身谈吐生辉，还能为交谈增添一种轻松、愉快、和谐的气氛，并可消除疑虑和隔阂，因而，恰当地使用幽默的语言不失为一种促进人际沟通的有效方式。不可否认，有时在交谈中，言谈者会处于十分尴尬的境地，这时便需要以幽默的话语作为润滑剂。例如，周总理在与一位美国记者交谈中，对方问道：为什么我们美国人走路是抬起头，而中国人走路是低着头？为避免出现尴尬局面，周总理十分幽默地回答：因为中国人走的是上坡路，而美国人正在走下坡路。可见，幽默的话语不仅能化解尴尬的局面，而且以愉悦的方式表达了对对方的真诚、大度和友善。因此，幽默如同一座桥梁，沟通了人际关系；它也是一种有价值的思维品质，表现了交谈者机智地处理复杂问题的应变能力。

但应注意，实际交谈中的语言有多种幽默风格，如高雅的、通俗的、含蓄的、滑稽的，等等，应根据不同的场合、时机，选择恰当的幽默方式才能收到良好的效果。例如，第二次世界大战期间，英国首相丘吉尔来到华盛顿，被安排住在白宫里，一天他正躺在浴盆里，突然美国总统闯了进来，他便幽默地说，"总统先生，我这个英国首相在你面前可真是一点也没有隐瞒"。此言一出，立刻化解了当时的尴尬场面。

社会生活及人际关系的复杂，要求我们在交际中要表现出应有的机智和灵活性，而幽默的确"是一种最有趣、最有感染力、最具有普遍意义的传递艺术"。美国著名心理学家特鲁·赫伯说过，幽默是现代人必备的文明品质，幽默是一种才华，是一种力量，是人类面对共同的生活困境而制造出来的一种超脱方式。

4. 聆听的艺术

人们在运用言语交谈的过程中，容易步入一个误区，以为在与对方的交谈中，唯有多说多问方能促进沟通。其实不然，交谈是"说"与"听"两种行为方式的结合，并且倾听在交谈中占有更重要的位置。美国前总统尼克松曾赞赏周恩来在谈判中倾听的专注神态，形容他是"重冰下的一座火山"。日本企业家松下幸之助曾用一句话概括他的经营诀窍："首先要倾听他人的意见。"确实，在与人交流时，可以做的最好的事情就是通过真正的倾听来改善交流技巧。应做到，在对方说话时认真听并不打断对方的话语。显然，好的交流是词汇和倾听的结合。我们在以言语与对方沟通时，往往是对方掌握着"听"和"说"的主动权，所以说，顺着对方的言语进行交谈最为有效。

听话者大体可分为以下四种类型。我们在说话之前，不但要了解听话者的需要，还要了解听话者的类型，根据不同听话者的特点，因势利导，达到顺利沟通的目的。其具体方法如表 6-1 所示①：

表 6-1   根据听话者的类型采用适合的说话方法

漫听型听话者	不时地与这种听话者保持目光接触，使其专注于你的说话，并不断地提一些问题，讲些他感兴趣的话题
浅听型听话者	简明扼要地表述，并清楚地阐述你的观点和想法，不要长篇累牍，让听话者心烦，也不要含义深奥、晦涩，可以经常这样说："我的意思是……"
技术型听话者	尽量多提供事实和统计数据，把自己的感受直接描述给这类听话者，多做一些明显的暗示和提示，让听话者积极进行反馈，比如说："你认为我所说的……"
积极型听话者	选择这类听话者感兴趣的话题，运用说话表达技巧，与听话者多进行互动反馈。例如："我是这样想的，你认为如何？""你觉得什么时候……"

我国社会学家金兰指出，在人们日常的语言交往活动中，听的时间占 54%，说的时间占 30%，读的时间占 16%，写的时间占 19%。可见，在与人交谈中，应用大部分

---

① 宋莉萍. 礼仪与沟通教程［M］. 上海：上海财经大学出版社，2010：360-363.

的时间去倾听，这样才能展开真正意义的交谈。关于聆听的意义，国外有句谚语说："用十秒钟的时间讲，用十分钟的时间听。"这说明了聆听的重要性。在此举一实例：有一位即将毕业的学生面临在两家公司中到底选择哪一家的问题，当时他十分为难。他找到一位老师，希望老师提供一些参考建议。在他与老师长达半个小时的交谈中，绝大部分时间是他在滔滔不绝地向老师分析这两份工作的利弊，他时而激昂，时而平静，而这位老师只是静静地听着，偶尔提问启发他更深入地思考，最后他如释重负地站起来，愉快地说："我知道该怎么办了，您给了我这么宝贵的意见，我真不知道怎么感谢您才好。"事实上，这位老师什么建议也没给他。很多人在生活中会遇到根本不需要回答的问题，这时，我们唯一需要做的，就是倾听。

在人们运用言语进行交谈中，通常有三种聆听的方式，即漫不经心式聆听、审视式聆听、移情式聆听。显然，交谈中应采取移情式的倾听方式，即将自我的情感转移到对方的情感立场去聆听，达到彼此心灵相通、情感相融的境地。如何正确地聆听，其要求如下：

第一，倾听时排除外界干扰，消除心理障碍。

第二，注意倾听内容，不过多揣摩谈话技巧。

第三，保持冷静，不受个人情绪和现场气氛的影响。

第四，恰当地提问，以示认真倾听并力求理解对方谈话的含义。

第五，不过早作出判断，不随意插话。

第六，注意谈话者的神态表情及非语言信息的传递。

二、人际交往中的非语言沟通

人际交流和沟通，是通过语言和非语言的共同作用而获得完整信息的。值得注意的是，在人际交往过程中，非语言的运用往往大大超过语言的运用。据研究，人际交流，尤其是在面对面的交流过程中，有很多时候是用非语言手段来交流的。非语言交流手段，也即体势语言，它包括人的表情、手势、情绪、气质和性格以及交谈者双方的相互状态等。人体如同一个信息发射站，交际者的面容、表情、姿态、服饰等因素，都是其表露信息的载体，是交际者自身可利用的资本。这里主要介绍几种常用的非语言，如目光语、表情语、手势语等。

（一）目光语

目光语是指通过目光接触表达个体的各种情感、态度、观念等信息。的确，人的目光可以传达内心的奥秘和细腻的情感，如古人云："万物风中起，千情眼里生。"这是说人的目光是传递信息最有效的器官。因此，在人类的非语言中，目光语无疑是一种最复杂、最微妙、最富表现力的语言。

人们通常在交谈中，运用的目光语不同，传递的信息则不同，所产生的效果也不一样。以下是几种有代表性的目光语：

1. 炯炯有神，坦荡执著

此种目光能表现出交往者正直敏锐、心胸开阔、为人正直和积极向上的精神状态。运用这种目光与人交谈，易获得对方的赏识和信任。

2. 神态呆滞，目光无神

此种目光表现出交往者懈怠消极，缺乏自信。运用这种目光和眼神与人交谈，易给对方以轻视、藐视的感觉。

3. 目光游移，眼神奸狡

此种目光表现出交往者为人轻浮和不诚实。持有这种目光与人交谈，会使人心存芥蒂，令双方的心理距离拉大，导致交际失败。

总之，在与人交往中，应善于通过各种目光与对方交流来调整交谈的气氛。通常，交谈中始终保持与对方目光的接触，能表现出对谈话的兴趣。当然，交谈中的目光和表情应和谐统一，若要表现对对方的兴趣和好感，可以睁大充满活力的眼睛，以瞳孔放亮来表示；而要表达否定的意愿，则应用审视的目光注视对方。作为交际者，应学习和了解相关的知识，努力做到准确、恰当地使用目光语。

（二）表情语

在实际生活中，人的表情对建立人与人之间的联系有很大的影响。通常在不同的文化背景下，同样的面部表情可能具有相反或不同的意义。人的面部表情主要依靠五官来表达，其微笑则更能突出地体现表情的变化，实现传递信息的功能。培根说："含蓄的微笑往往比口若悬河更重要。"

在当今时代，微笑语堪称一种世界语，微笑也被世界各民族公认为一种"社交场所的常规表情"，因而，微笑语可谓是非语言交流手段中最重要的一种。不可否认，在现实的交往中，作为内心自然情感的流露，真诚微笑不仅表示友好、愉悦、欢迎、欣赏、领略之意，也能给交谈带来轻松、愉快及融洽的气氛。

【案例】

微笑犹如春风化雨

一位司机每天接送一个街区的人们去上班，他看到车上的乘客人人都表情严肃，很少说话，于是他建议每位乘客上车后对自己身边的人友好地微笑一下，并请他们以后每次乘车都如此。没过多久，奇妙的事发生了，车内的气氛不再沉闷，而是充满了欢声笑语，有的乘客甚至成了好朋友。

研究表明，在个人职业生涯中，那些微笑的人往往被认为是热情、富有同情心和善解人意的，当然这种微笑必须是真诚的。在生活中，那些虚假的微笑总是与矫揉造作和缺乏自信相关联。一些研究还表明，最动人的微笑来自微笑者发自内心的愉悦。在许多人看来，脸上的微笑比个体的人格更具魅力。如果我们在现实社会中去体验并长期坚持下去，或许会有许多新发现。

如何从人的笑容去辨别其内心世界，我们需要了解不同的笑容所传递出的不同信息。美国心理学家戈恩宁对此做了一个统计，他认为人的笑容大约有以下七种：

（1）开怀大笑——坦率，热情，遇事决断迅速，但情感脆弱。

（2）笑声干涩——冷漠，现实，能洞察别人的肺腑。

（3）笑中带泪——富有同情心，热爱生活，积极进取。

（4）笑声尖锐——冒险精神，精力充沛，感情丰富，乐观而忠诚。

（5）笑声低沉——多愁善感，易受别人的左右和影响，易与人相处。

（6）笑声柔和平淡——性格厚重，深明事理，事事为人着想，善于处理人事纠纷。

（7）吃吃的笑——严于律己，富有创造性，想象力丰富，富有幽默感。

可以断言，表情语在人类交往活动中有着独特的作用。达尔文在《人类与动物的表情》一书中指出：现代人类的表情动作是人类祖先遗传下来的，因而人的面部表情具有全人类性。因此，从影响人际交往中信息传递的多种因素来看，表情语也不容忽视，并且在当今及未来的社会中，表情语都将是跨文化、跨地域的交际手段之一。美国心理学家 Albert Mebrabian 推断出的一个公式：信息的传递＝55%（表情）＋38%（声音）+7%（言辞）。社交学将其称为"55387 定律"，这条定律向我们揭示了作为人类非语言——表情的特殊意义。

（三）手势语

手势语是指表达者运用自身手指、手掌及手臂的动作变化来传递信息。在交谈中，交谈者运用其双手可以非常鲜明地表达自己的意向。可以说，在非语言中，手势语的运用最灵活、方便，而且变化形态最多，表达内容最丰富，使用频率最高。所以，恰当地运用手势语，可强化有声语言的表达效果，产生极强的表现力和吸引力。

手势活动的范围一般分为三个区域，不同的区域有不同的寓意。

1. 上区手势

上区手势是指手势在人体肩部以上区域活动。这种手势一般表达激昂、喜悦、祝贺等情感；手势向内、向上，掌心也向上，表示积极肯定的意思；手握拳放在肩部以上，则表达誓愿。

2. 中区手势

中区手势是指手势在人体肩部至腰部中间的区域活动。这种手势多用于平时的交往中，如叙述和说明事物、发表自己的观点等，它能表现交谈者较平稳的情绪。一般来说，中区手势的变化较灵活。

3. 下区手势

下区手势是指手势在人体腰部以下区域活动。这种手势多用以传达反对、批判及失望等情绪。若手势向外、向下，掌心也向下，则传递出消极否定的信息。一般来说，在日常交流中较少使用这种手势，它多用于公开场合中发表演讲和演说。

在与他人交谈中，还可借助其他手势传递不同的信息，如来回搓手，表示不安、拘束或窘困；摊开双手则表示无可奈何，或真诚与公开；将手握成拳，是表达愤怒的情绪；使用摆手的手势，则表示拒绝。当然，人们的某些姿态在特定场合中也能传达某种特定的内心感受，可以说运用非语言手段传递信息具有更加真实、生动和可感性效果，比如恰当地借助肢体语言巧妙地拒绝对方，可能会帮助交际者更平静地传达出拒绝对方的信息，从而避免给对方带来不快的感觉。在人际沟通中，运用非语言手段比起运用语言更能让交往对方感到真实、生动和易接受。

（四）体势语

体势语又称动态体语，即通过无声的动姿来沟通思想和感情。在与他人交谈的过程中，一般可通过对方的体态姿势推断其寓意，并判断对方的个性气质。例如，从对方的颈部来判断，脖子伸得长的人，可能有傲气；而将脖子缩着的人，可能有点呆滞。从对方的头部去判断，正着头听人讲话，表现出庄重、正式；而偏着头听人讲话，往往表明乐意关心他人，而且表现出对谈话的兴趣。当然，人的某些姿态在特定场合中也能传达某种特定的内心感受，发挥传递信息的作用。

概括起来，非语言的运用，其功能可以体现在以下四个方面：表达感情、调节相互关系、验证语言信息、维护自我形象。

在有些商务礼仪的论著中，根据非语言的特性及组成要素，将非语言的运用原则表述为"SOFTEN"：

S——微笑（Smile）；

O——准备注意聆听的姿态（Open Posture）；

F——身体前倾（Foreword Lean）；

T——音调（Tone）；

E——目光交流（Eye Communication）；

N——点头（Nod）。

第三节　增进人际关系的沟通

人们在沟通和交流的过程中，往往会受到来自诸多方面因素的影响，比如来自沟通的主客体和外部环境等因素的影响。为使沟通活动的正常、有效展开，消除各种干扰和不利影响，以实现增进人际关系的目的，我们需要遵循其沟通原则，了解沟通中应注意的问题，并掌握必要的沟通策略及技巧。

一、人际沟通的基本原则

大量的实践证明，实现人与人之间的有效沟通，需要交往双方在沟通的过程中遵循其基本原则。

（一）同理心原则

许多心理学家在论述人际交往的基本规律时，认为同理心是交往双方须遵守的核心准则。所谓"同理心"，它既是一个心理学概念，又是一个道德准则，最早由人本主义大师卡尔·罗杰斯提出。其含义与我们通常所说的"将心比心""设身处地"是一致的，都是强调应善于替他人着想，尽力去了解并重视他人的想法，这样才可能接受他人的感受和情感。可以断定，在沟通中用同理心去接纳对方，可以提高说服对方和化解冲突的能力，以便了解对方的立场和初衷，建立彼此的信任，进而求同存异、消除误解，促进沟通的有效进行。

（二）正确定位原则

沟通中的定位，主要包括沟通中的角色定位、沟通中核心问题的导向定位、事实导向定位。这里要重点说明的是沟通中的角色定位。沟通中双方应处于平等地位，而避免以一方的职务、地位、身份为基础去沟通，应当清楚，缺乏共识的沟通是徒劳无益的。

（三）信息组织原则

所谓信息组织原则，是指沟通双方应在准备阶段掌握相关的真实、准确、具体的信息，使双方在信息交换的基础上，能了解彼此的真正需要和意图，从而找到最佳的平衡点，促使沟通的顺利进行。许多关于沟通的理论，都对这条原则的重要意义展开了论述。美国《纽约时报》专栏作家威廉·萨菲尔说：与人沟通时，必须先理清自己的思路，说话要言之有物，以此说服、引导、感染和引诱对方。

（四）交流互动原则

所谓交流互动原则，是指在运用言语进行交流的过程中，应注重沟通主体及交往双方的反应。可以说，互动性是沟通的一条重要原则，它体现了沟通最显著的特点。在沟通过程中如何展开互动？具体要求是：参与沟通者应能及时做出承接、应对和反馈。如在言语交流中，接应对方的话语；在聆听时，作出适当的交流表情，使交流在互相衔接、彼此影响、相互感染中深入下去，从而实现交谈主体的沟通目的。

显然，交流互动过程中的彼此回应和反馈十分重要。这里对交流中常用的七种回应方式作一说明。

1. 评价式

评价式即参与交谈者通过判断表示同意、不同意，或提出忠告。一般使用的情形是，当一个主题已讨论得很深入时，回应者可以表述自己的意见。例如，在进行贸易谈判中，可采用的回应话语是："我们并不想占你的便宜。"

2. 碰撞式

碰撞式是指在双方进行沟通式的交谈中，以挑战的口吻来澄清信息并找对方的矛盾点和不连贯点。这一回应方式在商务谈判中经常用到，如帮助对方澄清自己的想法和感情，或帮助对方把问题想得开些。例如，商务谈判中常用的回应话语是："我们没能准时交货并不意味着我们想占你的便宜，从来没有人是这样认为的。"

3. 转移式

转移式是指将沟通对方的问题焦点转移到自己选择的问题上来。一般使用的情形是，当需要展开比较时可以转移主题，让对方知道其他人也有相似的经历。例如："你说的使我想起去年夏天出现过的问题，我记得当时……"

4. 探测式

探测式是指在沟通式的交流中，当需要详细的信息来帮助理解对方所说的内容时，可要求对方澄清所说的内容或提供进一步的信息或例子，或是当对方要进入新的谈话主题时，以"探测式"的方式来帮助自己问清情况。例如，可采用的回应话语是："是的，我们的交货是晚了，但是你能不能仔细地告诉我为什么你认为我们在想占你的便宜？"

5. 重述式

重述式指交谈者尝试重述对方所说的内容，以便测试对方话语中的含义、缘由，以便帮助澄清双方的意思，并鼓励对方进入该主题的更深领域。例如，可尝试的回应语言是："很明显，你在生气，因为你认为我们向你保证了一个不准确的日期。"

6. 平静式

平静式指交谈者在与对方的沟通中，有意识地降低与言语有关的感情强度，并帮助对方安静下来。一般用于当对方怀疑沟通能否进行下去或感情产生波动时。例如，可采用的回应话语是："其实不要认为我们要占你的便宜，这次延迟不是我们能控制的。"

7. 反射式

反射式指在交谈中运用适当机会，用不同的字眼将听到的内容反射回对方。反射式回应可提示对方听到了和理解了。但应注意，反射式回应不是简单的模仿或重述。

（五）换位思考原则

任何沟通都是有目的的，沟通双方都期望通过沟通实现自己的某种目标，因而，沟通双方若能清楚地了解对方的目标，在沟通中能转换角度替对方考虑，而在不损害自身利益的前提下，实现其所期望得到的，那么就能使沟通双方实现双赢。我们通常看到，在沟通中力求说服他人，的确可以给自己带来满足感，但是说服并非沟通的全面。必须承认由于沟通双方存在着差异性，在沟通过程中，便需要我们站在对方的立场看问题，想象对方的思路，并体验对方的感觉。

（六）双向沟通原则

所谓双向沟通，是指在交往中，双方应当积极展开彼此之间的沟通，对对方有一定的、必要的了解。显然，双向沟通原则是以相互理解作为交往的基本前提的，离开了相互理解，交往将困难重重。一直以来，双向沟通原则都被认为是交往艺术中最基本的原则之一。

把握这一原则，关键是对双向沟通理论的核心即"人是需要理解的"认识。所谓理解，一般是指对交往对象的理解，既包括对交往对象身份、职业、性格的理解，也包括对交往对象兴趣、需求的理解。

若将双向沟通与单向沟通相比较，显然在效率方面有明显的不同。根据莱维特的研究，其不同在于：其一，双向沟通比单向沟通准确；其二，双向沟通可以增强接收者的自信心；其三，双向沟通中，由于接收者可以向信息源提出不同意见而使信息源常感到有心理压力；其四，双向沟通容易受干扰，并缺少条理性。

二、人际沟通的有效策略

为促使人与人之间的交流能够卓有成效的展开，我们不仅需要学习和了解沟通的相关知识，遵循沟通的一般原则，还需要掌握具体的、有效的沟通策略。

（一）把握沟通中的关键点

1. 明确沟通目标

沟通的目标是沟通的灵魂，也是整个沟通计划及实施围绕的主题。可以断定，一旦沟通的目标不明确，整个沟通过程就无法顺利开展。沟通目标应根据双方的沟通理解能力、态度转变、互动状况、意愿空间来确定。应当注意，在沟通过程中不可被其他事物所吸引，或分散注意力而游离于目标之外。例如，双方在洽谈中，为活跃气氛可以"夸奖"对方，但如果对对方横加指责，则会严重影响双方关系，以致影响沟通目标的实现。

2. 了解沟通对象

在沟通过程中，人们往往容易将注意力集中在对沟通目标和沟通内容的把握上，而忽略了沟通另一方所作出的各种反应，这样的沟通必然是失败的。实际上，评价沟通效果的最终目标是接收信息一方的理解和接受程度，而不是信息传递一方表达的清晰程度。有时一个十分准确的表达方式，所带来的结果却是令对方感到茫然甚至误解。所以，在对方处于不能正确接收和理解信息的状况下，可考虑另觅时机。切记，不可迫不及待地表明自己的观点。所以，沟通者需要在沟通前对沟通对象有一个较全面的了解，并在沟通的过程中，密切注视和观察对方的需要、动机、兴趣以及情绪，应根据沟通对象的心理状态及现场反应，采用恰当的沟通策略。

3. 选择沟通手段

在沟通过程中，沟通手段涉及多个方面，相对来说，沟通手段是沟通中最复杂、最困难的要素。沟通手段是否得当，关系到沟通能否有效地组织和实施，并取得成效。如何选择沟通手段，可考虑以下几个方面的因素。

（1）采用的沟通媒介。沟通媒介主要分为口头和书面两大形式。口头形式包括面对面交谈、播放录音、视频等；书面形式则可采用准备好的资料、备忘录及电子课件等。对于沟通媒介的选择，应根据实际情况而定。

（2）信息的组织形式。在沟通中使用的话语表达方式。从表述的逻辑性而言，可采用演绎法或归纳法。演绎法是从一般的结论或主要观点出发，对具体的事例进行解释和说明；归纳法则是从具体的事例出发，经过分析、解释，得出主要观点或一般性结论。

（3）个体风格的呈现。个体风格主要从仪表（仪容、仪态、衣着）、言谈举止、风度等方面体现出来。不可否认，一个人能否与周围的人进行有效沟通，与个人风格的呈现有很大关系。良好的风格能展现个人的魅力，自然会为沟通的成功起到正面影响和推动作用。

（4）场合、时间的考虑。沟通场合是指沟通活动开展的空间范围及布局。沟通场合往往对人起着心理暗示的作用，从某种意义上说，它决定着人们对信息的解读方式，因而必须对沟通场合予以慎重考虑，许多擅长沟通的人，往往选择某些特定场合作为交谈地点，以显示自己的特殊背景和身份。在沟通地点的选择上要注意两点：一是能使沟通双方感到轻松自如；二是应尽量减少环境的干扰。

还应重视，时间也是决定沟通效果的重要因素。应考虑到不同的时间段以及对时间的分配，会给对方传导出不同的信息，因而时间的选择和安排应妥当、合理。

（二）掌握沟通中的有效策略

沟通策略，也即沟通手段及艺术，对沟通具有十分重要的作用，我们需要了解和掌握相关知识和技能。

1. 遵从对方的"言默之道"

在现实中，往往顺着交往对方的"言默之道"来沟通，能收到良好的效果。所谓"言默之道"，其"言"是指对方运用言语表达；"默"则是指对方保持沉默状态。通常人们有一个错觉，在与他人交谈时，必须多说、多问才能达到有效沟通，并自以为了解对方，或者以为对方不说话便是默认。需要指出的是，在沟通过程中，往往是沟通客体掌握着"要不要听"和"要不要说"的主动权。因而，顺从沟通客体所关心的事情、所感兴趣的问题去沟通，会很容易找到共同话语，并达到沟通的目的。因此，作为参与沟通的主体，应多给对方开口说话的机会，并鼓励对方发表自己的观点。其实，"默"也是一种沟通，用得恰当，会收到"此时无声胜有声"的效果。总之，在沟通中应时刻让对方感到放松、自如，丝毫没有压力，这样不仅能获得对方的尊重和信任，同时也令交流能有效地展开。

2. 沟通中的"自我暴露"

在人际关系中，每一个人（自我）都存在四种不同的区域，即开放区域、盲目区域、秘密区域和未知区域，如图6-4所示。这就是由美国学者约瑟夫·勒夫特和哈里·莫厄姆提出的著名的"约哈里窗户"。它对我们研究人际沟通具有重要价值。

开放 区域	盲目 区域
秘密 区域	未知 区域

图6-4　人际关系中的四种不同区域

（1）开放区域。开放区域是指"人知、我亦知"的区域。这个区域里，涉及"我"的行为、兴趣、嗜好、思想、观念、情趣、婚姻及家庭出身、籍贯、职业、年龄、脾气、秉性、外貌状况等各种各样的背景材料。

（2）盲目区域。盲目区域是指"人知、自不知"的区域。人们常常看不到自己的缺点和优点、常常做自己意识不到的事。有句俗话"旁观者清，当局者迷"，说的就是"人知、自不知"的道理。一般说，盲目区域越大，人们的信息交流活动越容易处于盲目的状态。

（3）秘密区域。秘密区域是指"自知、人不知"的区域。有些人做了好事不留名；有些人做了恶事，只愿天知地知和我知；更有许多人，出于自卫的本能，把自己想的、做的都埋在心底。这都是人的秘密区域所涉及的问题。

（4）未知区域。未知区域是指"自不知、人亦不知"的区域。这个区域的大小很难确定，但它的存在却是无疑的。人的潜意识，在很大程度上就是一个"自不知、人不知"的未知区域。但是，正如潜意识可以转化为意识一样，未知区域经过一定时间后，可能变成秘密区域、盲目区域或开放区域，那时，未知就成已知了。

依据"约哈里窗户"的原理，要实现与他人的有效沟通，须进行积极的"自我暴露"，扩大开放区域，缩小秘密区域。应意识到，人际沟通的深度，在很大程度上取决于沟通双方的"自我暴露"，当然在这个过程中应遵循"自我暴露"的基本要求。①

3. 心理或情感的有效诱导

人际沟通最基本的要诀之一，是巧妙地诱导对方的心理或情感。譬如运用言语沟通时，必须充分考虑到对方此时此刻的心理状况，这种考虑可以从两方面入手：首先，掌握良好的心理时机。一个人在心情愉快时，什么话都能听进去，若想恳求领导或批评教育别人时，应注重选择时机。其次，在进行沟通交流的过程中，应根据对方的心理特征谨慎地选择和组织话语形式。例如，一次，孔子面对他的两个学生提出同样的问题，他给出了两个不同的回答，学生公西华很不明白，就问孔子，孔子解释道："冉有性格懦弱，遇事退缩不前，所以我要鼓励他；而子路生性好勇，争强好胜，所以我要给他泼点冷水。"我们可从这个例子中得到启示。

在人际交往中，打动对方的感情往往比启发对方的思想更富有成效。有时，在交流中同样一句话，由对方动情而主动地说出来，效果就大不相同，对方对自己所作的承诺，一定会全力以赴，就算遇到困难，也会全力去克服，这岂不令沟通的效果更好吗？可见，真正的沟通是建立在交往双方两情相悦的基础上。俗话说：通情达理。显然，只有在"通情"的基础上，才能实现"达理"。

---

① 杨秋平. 成功社交培训教程［M］. 北京：机械工业出版社，2007：1-10.

（三）善用沟通中的迂回战术

一般而言，实现沟通的有两种途径：一种是直接沟通；另一种是迂回沟通。所谓迂回沟通，是指避免正面出击，采取迂回曲折的方式达到沟通的效果。

在有些具体的沟通中，往往会遇到一些棘手的难题，令交流者不宜做出直接表达。面对此种情况不妨采用迂回战术，也不失为达到沟通目的的有效手段。心理学研究表明，人人都有排他心理，特别是交往一方以强硬的姿态命令对方遵从其旨意时，说服对方应使用商量的语气、委婉的言辞，当对方心情放松时，再提出解决方案，这时容易达到沟通目的。

在迂回沟通中，也可采用第三者传递信息的方式，通过传递信息者和接收信息者的关系，以及他们的表达技巧，促使信息有效地传递，以达到预期的沟通效果。总之，我们应善于运用迂回沟通方式，正如英国军事理论家利德尔·哈特在他的《间接路线战略》一书中写道："从战略上说，最漫长的迂回道路，常常又是达到目的的最短途径。"

三、重视非语言手段的沟通

关于沟通中非语言方式，如姿态及其所代表的意义，在《怎样洞察别人》① 一书中有详细阐述，下面对其作一简单介绍。

1. 开放性的姿态

（1）摊开双手。这是大部分人表示真诚与公开的一个姿态。意大利人毫不拘束地使用这种姿态，当他们受挫时，便将摊开的手放在胸前，做出"你要我怎么办呢"的姿态，而耸肩的姿态也随着张手和手掌朝上而来。大家可能已经留意到，当小孩子对自己所完成的事感到骄傲时，便会坦率地将手显露出来，但是，当他们有罪恶感，或对一个情况产生怀疑时，便会将手藏在口袋中或背后。

（2）解开外衣纽扣。别人若对你坦诚友善时，会在你面前解开外衣的纽扣，甚至脱掉外衣。在一个商业会议上，当人们开始脱掉外衣时，便可以知道，他们正在谈论的某种协定，会有达成的可能；不管气温多么高，当一个商人觉得问题尚未解决，或尚未达成协议时，他是不会脱掉外套的。

---

① ［美］尼伦伯格．怎样洞察别人［M］．蔡庆兰，译．北京：世界图书出版公司，1989：32-58.

2. 防卫性的姿态

它是与表示开放接纳的姿态相对的，是一种保护自己身体、隐藏个人情绪以对抗他人侵侮的姿态。如果对于对方表示的开放姿态未能善加掌握，他可能很快就会转变为防卫的姿态。

（1）双手交叉在胸前。在人际交往中，如果你的交往对象叉起手臂时，便表示他已经转为防卫状态了。如果你未能及时发现对方所表现出的反对、抗议、不满等信号，而自顾自地高谈阔论，再三地刺激对方，结果往往使本愿意亲近自己的人更加疏远。

（2）坐在椅上，跷起一条腿搭在椅背上。这种姿态看似轻松（嘴角往往都带着一抹微笑），但实际上却表达了极不合作的意愿。这种人经常对别人的感觉或需要漠不关心，甚至有点敌意。空中服务员也认为飞机上采取此种坐姿的男性旅客经常是最难服侍的人。在买主与推销员间，买主也经常在自己的办公室中摆出这种坐姿以表现他优越的主宰地位，上司在下属的办公室中亦常以此种姿势以表现其权威。

（3）标准的腿交叉姿势，即一条腿搭在另一条大腿上，小腿下垂。这是人们普遍采用的一种姿势。这种姿势表达了一个人的防卫甚至是带有敌对的心理。讲课的教师有时会发现，坐在下面听课的学生，如果双臂交叉，同时也双腿交叉，那么一定是对老师的观点发生质疑。恋爱中的男女，如果女方将臂、腿紧紧交叉起来，那么这不是一个积极的信号。这时，另一方应设法转移对方的情绪，使她改变原来的姿势。有许多习惯是不知不觉养成的，有人一落座，就可能双腿交叉，并没有什么特殊的含义，所以在观察时要注意语言与个别姿态在表达上的一致性以及个别姿态与一连串姿态的不矛盾性，以免发生误解。

3. 评估性姿态

有一些最易让人误解的姿态，就是我们所说的评估性姿态，通常表现为处理一些苦思焦虑问题时的姿态。

（1）手撑着脸颊的姿态。这是一种表现出沉思、兴趣和注意力的姿态。大家都熟悉伟大的雕塑家罗丹的雕塑作品"沉思者"，而且不会怀疑那些摆出类似"沉思者"姿态的人，用手支在脸颊上，一定是沉溺于某种沉思当中，有时还稍微地眨眨眼睛。如果某人在和你的交谈中表现出一只或两只手撑在头部，并且身体向前倾靠，那说明他对你的谈话内容很感兴趣。有时候一个人会持"批判性的评估姿态"，即把一只手放到脸上，手掌把住下颚，然后食指伸到面颊上，其他手指都放在嘴边。这种姿态再加上把身体向你背后游离，则其思想形态就是批判的、严谨的，或者是某些想法跟你相反。

（2）头部倾斜。达尔文在他早期的研究中注意到，动物和人在听到某些有兴趣的事物时会稍微把头抬高。从很早时候起，妇女就本能地了解到这种姿态的含义，它会给人一种洗耳恭听的印象。当她们与一位男人交谈并想给人留个好印象时，不自觉地就会使用这种姿态，而这确实会达到较好的效果。

（3）抓抚下巴。这种"很好，让我考虑考虑"的姿态，似乎遍行于全世界，也是人们在进行决策过程中常作的姿态。

（4）踱步。当人们要解决困难问题或做困难的决定时，往往采用这种姿态。这是一种非常积极的姿态，当别人在踱步思考时，最好不要去打扰他，除非他想要问问题。

4. 怀疑性姿态

所有表达出怀疑、不确定性、拒绝以及疑问的姿态基本上都有共同的信息，即否定性。

（1）最明显的拒绝态度是手臂交叠，身体移开，交叉双腿，头向前倾，有些人还从眼镜上方窥视，好像要把所说的话"看"得更清楚些。有些更高级的姿态，我们不易觉察，好比身体稍微移开，以侧身对着你，并且摸摸鼻子，或捏捏鼻子等。这些可能是最具否定意味的姿态。

（2）斜眼瞥视。当别人斜眼瞥你时，一般表示怀疑、疑问和不信任的态度。

（3）触摸或轻轻地擦鼻子，通常是用食指。这个姿态很平常。一般的演说者在他们对研究主题的方式或听众的反应没有把握时，往往会摸鼻子。值得注意的是，任何姿态都不是绝对的，有时候人们摸鼻子是因为发痒。但是，在因发痒而摸鼻子与用这种姿势表示否定或反对意思之间，仍然有明显的差异。人们在挠痒或擦揉鼻子时通常会很用力，然而在装腔作势时却是轻轻的。

5. 备战性姿态

（1）双手叉腰。这是一个可以轻易辨别出来的明显姿态。在各种运动比赛中，就常可以看到准备上场的运动员做出这种姿势。当年少的儿子或女儿向父母的权威发出挑战时，也往往会摆出这种姿态。另一个与此稍微不同的备战姿态是坐着的，一只手撑在大腿中央，上身微微前倾。

（2）坐在椅子边上。当人们准备好要让步、要合作、要购买、要接受或要征服别人时，就会移坐到椅子前端，这表示某种行动即将发生了。

（3）双臂分开，双手抓住桌边。这是一个意味着强烈的情绪即将爆发的姿势。在人际交往中，当他作出这种姿态时，你最好及早认清，赶快调停，以免出现大伤感情的尴尬场面。

（4）向前移进，同时推心置腹地说话。这是一种比较微妙的姿态，隐约地表露出侵略性的备战心理。这个姿态通常是向前倾身，移到比较近的亲密距离。在身体上表露此种亲密意识的同时，这人往往还会降低声音，给你一种印象，觉得他所要说的是极端秘密，只能说给你一个人听。其实恰好相反，这种姿态显示他惯于要别人服从他的指示，而且还会以此种态度，身体力行地去管制别人。

6. 合作性姿势

（1）坐在椅子边上。若这个动作和其他一些表示感兴趣的姿势一起出现的话，则无疑是一种愿意合作的信号。比如，当推销员把东西卖掉时，他与对方签约的姿势往往是大半个身子不在椅子上，全身重量都移到椅子前端，显出极为热切的样子。

（2）外套不扣扣子。这样的姿势不仅表示对方已敞开胸怀愿意接纳你和你的观点，而且他正注意倾听你的陈述。

（3）以官衔称呼。这表示对方对你所说的话很感兴趣，有合作的可能，他并没有拒绝你。

7. 挫折性姿态

当人遇到挫折时，经常会表现出相应的姿态。

（1）十指交叉紧握。一个人十指交叉时，不论手是放在桌上还是腿上，他常会将两个大拇指互相摩擦或互绕小圈子。这种姿势是一种遇到挫折、寻求帮助的表示。有时，交叉的十指还表现出遗憾、沮丧的情绪。痛失良机、痛失爱侣的心情，有时也会通过这种手势表示出来。双掌交握是一种和十指交叉相对的姿势。讨论会中众人注目的焦点人物常采取这种姿势，当有人要求他回答一系列棘手的问题时，他尤其会采取这种姿势。双手紧握在一起的人常是精神紧张而难以接近的，遇到这种人应当设法使他放松。使他放松有一个颇有效的小技巧，即在谈话时略微倾身向着他以示信任和鼓励。

（2）握拳的姿势。这基本上是一种暴力的姿态，代表一种决心、愤怒，也可能是一种含有敌意的姿势。有时人们也许并不在乎别人看见自己双手握拳，但通常他们都会下意识地把握拳的双手插在口袋中，或交叉藏在腋下或放在背后。

（3）伸出食指。大多数时候，我们都不喜欢别人拿指头直指着我们。在激烈的争辩中，人们用手直指对方的情形是屡见不鲜的，有些人更习惯于使用眼镜来加强他那伸出的手指手势，以表示申斥、警告或加强语气。由于处于困窘之境的人通常都比较难以和他人合作，因此，除非对方已明显表示出敌意或拒绝，否则最好不要以手指指人以免陷对方于困窘之境。

（4）手放在颈背上。这种姿势被称为"防卫式的攻击姿势"。在需要防卫的情况下，人们的手常不自觉地放到脑后去。但在防卫性的攻击姿势中，他们伪装是在防卫，但手却是放在颈后而非脑后。女人尤其善于这种伪装，她们伸手向后，撩起头发，故意装作一种习以为常的动作。

（5）踢地或踢任何幻想的对象。当人们觉得生气、受挫或困扰的时候，都有种想去踢门的冲动，或者用轻踢地面来表达不满或厌恶。有些人在考虑一件事情时，也常会轻踢地面，似乎想把事情像踢皮球似的踢掉。

（6）鼻孔朝天。这是一个几乎在世界各地都用来形容一种不高兴或拒绝的姿态。即使连幼儿也知道要转过脸去以表示拒绝他不喜欢的食物，而且他们会尽量把头向后仰，以致鼻孔朝天似乎在躲避那种他所讨厌的味道。

（7）呼吸急促。在悲伤的场合中，感情激动的人常会深吸一口气，再慢慢地吐出去，发出一声长长的叹息。在人际交往中，当对方呼吸变急促时，你应提高警惕、紧急刹车，以避免出现困窘的场面。

8. 传达信心的姿态

（1）尖塔的姿势。这是把两手指尖合起来，形成一种"教堂尖塔"的手势。这是一种有信心的动作，有时也是一种装模作样、自大或骄傲的动作。这一动作传达出说话者对自己所说的一切十分肯定的意思。

（2）两手在背后相握，下巴抬起。这是一种权威的姿态。在日常生活里，我们会看到某些在街上巡逻的警察，背手挺胸，翘起下巴，走来走去。一些地位较高者也常常采用这种姿势。背手，还给人一种镇定自若的感觉。如果你将进入考场，那么，不妨背着手走进去，你会发觉你的情绪确实稳定了些。

（3）身子向后倾，两手支着后脑勺。这是一种轻松的姿态，表示说话者对自己所说的话很有把握。这一姿势还可表明领域权、支配或统摄权。拉出抽屉把脚搁在上面，或是把一只脚或两只脚放在桌上或椅子上之类的行为，皆为表示领域权的一种姿势。

9. 表示紧张的姿势

人体的动作是大脑活动的外露显示，人在紧张不安时也会显露出一些有关的姿势。

（1）清喉咙。任何曾对大众或少数人演讲的人，都会记得喉头突然一紧发不出声音的情景。由于不安或焦虑，喉头中形成黏液，因此必须先清清喉咙，使声音恢复正常。有些人因为不时地清喉咙而被视为一种怪癖，但许多人却是由于紧张的缘故。一般说来，说话不断清喉咙、变声调的人，表示他们有所不安和焦虑。

（2）吁声。人们常在不自觉中发出这种吐气声，多半以此来表示某种悬而未决的情况已解决了或是已稳定下来。人在紧张时是不可能控制呼吸的，吁声是一种松口气的声音。

（3）口哨声。吹口哨显示出一个人心情的多变。最有趣的哨声是人在害怕或不安时发出的，借以建立自己的勇气和信心。每当他置身于紧张的场合中，就以吹口哨来安慰自己。

（4）坐立不安。在感觉压力的情况下，人们在椅子上会坐立不安一直到觉得舒服了为止。问题不在于椅子，而在于所处的情况。

（5）说话时以手掩嘴。以手掩嘴是一种表示吃惊的姿势。有时一个人对他所说出的话感到抱歉或吃惊时也会这么做。

（6）扯耳朵。有些人在紧张或不安时有扯耳朵的习惯。有时扯耳朵还表示一种听者想打岔的信号。举手是让人知道我们有话要说的信号，但是大部分人却不愿使用它，通常才举到一半时就收回了，而改以一种扯耳朵的微妙动作，然后再恢复原位。另外一种动作是用食指压住嘴，好像要把嘴封住让话出不来。了解打岔的姿态对你的交谈是很有益的。当你对听者打岔的姿势有所反应时，对方会认为你是个十分健谈宽容的人，因为你允许他积极地参与谈话。

10. 表示自制的姿态

一般而言，人们在生气、受挫败或者焦虑不安时往往借各种姿势来克制自己的情感，保持冷静。

（1）脚踝交叠，双手抓紧。人们在压抑强烈的感觉或情感时会不自觉地采取脚踝紧紧交叠、双手抓紧的姿势。许多人在面试时，会由于紧张而自然地把脚踝紧紧交叠。

（2）抓住手臂或紧握手腕。在表达内心的冲突时，人们很容易表现出固定的行为模式。一个生气的人，无法直接表达他的感觉，而只能在挫折中抓头搔颈，之后他或许会握紧拳头、握住手腕或手臂，最后，会把感情发泄在一种代替物上，比如用拳擂门或以脚踢门。

11. 表示厌烦的姿态

一个懂得吸引他人的人，在他说话时一定会观察他人的表情和姿势，以便于在适当的时候停止说话，或者改变方式，想办法让他人对自己的见解感兴趣。以下姿态可以视为他人表示厌烦的姿态：

（1）敲桌子，跺脚。当人感到不耐烦时，会用手或笔在桌上敲着单调的节奏，有时还配合着脚跟在地板上打拍子，脚抖动或脚尖轻拍。

（2）以手支着头。这个姿势就是手支着头，视线朝下，下巴下垂。

（3）胡乱涂鸦。任何一种避免直视对方的动作，都会干扰公开的交谈。当一个人在听你讲话时用笔在纸上胡乱涂鸦，那就表明他对你的话题缺乏兴趣。

（4）目光空洞。这种姿态就是"对你视而不见"。最能判定他不感兴趣的信号，就是他的眼皮几乎眨都不眨一下。没有眨眼，就说明这个人恍恍惚惚，心不在焉，对于周围的事物毫不关心或极端厌恶。我们常原谅使我们厌烦的人，但绝不原谅那些厌烦我们的人。因此，在听他人讲话时我们不要轻易表现出厌烦的姿态。

12. 表示期待的姿态

当我们盼望得到某种东西时，往往会在不知不觉中用姿态传达出这种期待的感觉。

（1）擦掌。当小孩子看见母亲从市场上回来、把装满货物的自行车停住时，会高兴得摩拳擦掌，表现出一副期待的姿态。通常人们在参加某种活动之前，会揉搓双手，像洗手的动作。除非是双手冰冷，否则就是无声地传达出他对这项活动十分感兴趣。

（2）手指交叉。在许多紧张的场合中，我们常可看到这种动作，特别是当一个人有某种要求时，常不动声色地把手指交叉起来，以表示希望能实现其愿望。

四、沟通中应注意的问题

人际沟通是一个极其复杂的过程，并且受到多方面因素的影响，因此，对于沟通中易出现的一些较关键的问题，沟通双方应予以重视。

（一）保持沟通双方人格的完整性

发展心理学的一些专家认为，在态度和行为中有一种稳固的、一生都不会改变的本质，也正是这个本质标记了我们的身份，这个本质就是人格。值得注意的是，建立和增强人际关系的唯一途径，是保持交往双方自身人格的完整性。在现实生活中，每个交往主体都有其独特的人格、特有的思维方式和行为准则。因此，在与他人进行沟通中，既要尊重对方的人格，也要保持自我人格的完整。若沟通中的一方做出不当的"迁就"或"妥协"，便会遭到对方的轻视，并失去双方之间的信任和尊重，直接影响到平等人际关系的建立，妨碍沟通的正常进行。

（二）根据不同对象进行有针对性的沟通

在现实生活中，应根据不同对象进行沟通和交流。例如，如果沟通对象是中年人，那么在交往中应表现得成熟、理性，交谈的话题可多围绕对方的事业展开。因为中年人经验丰富，在交谈中注意表现出向对方请教的愿望。基于中年人大多已形成了个人特有的风格，因而应把握对方的特点，与对方展开轻松的交流。

再比如，如果沟通对象是女性，那么交流者应该对女性的心理有一定了解。一般而言，大多数女性对较为抽象并过于理性化的事物缺乏兴趣，因而要想缩短双方的距离，应与对方在心理上取得一致，产生共鸣。作为女性，大多存在不同程度的虚荣心，所以和女性沟通时，适当地恭维对方，满足对方心理的需求，会令沟通的局面顺畅打开。在与女性进行沟通交流时，作为男性应表现出沉着、稳重、直率、爽快，方能赢得对方好感，并注意交谈内容不涉及对方年龄等敏感问题，在交谈中应力求富有人情味，以促使沟通顺利展开。

（三）努力减少沟通中的障碍

在人际沟通中，会遇到来自各方面的障碍。减少这些障碍的有效办法是：首先，在沟通过程中，应注意不断检查所传递出的信息的真实性、有效性。其次，要清楚地了解沟通对象；同时牢记沟通的动机是什么，使自己不偏离轨道。再次，应把握好意见沟通的四个环节，即从意见不通到意见互通，从意见互通到意见分歧，从意见分歧到意见冲突，最后从意见冲突到意见调和。应该明确的是，参与沟通者在整个沟通过程中拥有饱满的热情、坦诚的态度、良好的姿态，能为有效排除障碍、促使沟通的成功起到推波助澜的作用。

人际关系与沟通，两者彼此影响，如果人际关系良好，沟通便会比较顺畅；如果沟通良好，那么也能够促进人际关系的和谐。反之，人际关系不良，会增添沟通的困难和障碍；沟通不良，也会促使人际关系恶化。从某种角度来说，沟通的好坏决定了人际关系的亲疏。

在当今，沟通不仅被人际关系学高度重视，也成为现代管理学研究的热门话题。近年来有许多专家学者对此发表了自己独到的见解，如华中科技大学著名教授陈海春认为，"沟通是人生的智慧"，"是意义的传递和意义的理解"；沟通的精髓是"谋人要达到不战而屈人之兵，谋事要达到顺势而为"。因而，我们需要借助于新知识的学习，帮助自己提高沟通技能。应该相信，每个人通过自身的努力，都能够达到与人沟通的最高境界。闻名全球的美国著名的成功大师卡耐基，早年非常羞涩，后来却成为能与世界对话的人，这便是有力的实证。无疑，在实际交往中富有成效的沟通，能够促使人际关系获得正常、良性的发展。

【短文四则】

倾心传授

了解他人的故事对我们来说非常重要。下面是我经常使用的一些小技巧：

询问一个人的故事时，说："你应该不一般。"

记住一个人的故事时，说："你真是不一般。"

回忆一个人的故事时，说："你在我眼里不一般。"

向别人重述一个人的故事时，说："你在他们眼里应该不一般。"

结果呢？在这个与你分享故事的人眼里你就变得不一般了。

真的，在与人共赢的过程中，要做到这一点，当然，最关键的是要把它们变成一种习惯，并时时对身边的人进行演练。

询问对方

当初识某人时，在开头的介绍和寒暄后，不要犹豫，要先挑起话题，让他给你讲讲他的故事。你可以采取多种方式：直率地问对方有何经历，让他讲讲自己，问他来自哪里，是如何进入现在的领域的……总之，用你认为最简便而又随意的方式。

如果你以前从未做过，担心这样会陷入尴尬，那么你可以先和那些将来不大可能再见的人，如出租车司机、飞机上的乘客、餐厅里的侍者……先操练操练。如果你面对完全陌生的人都能坦然询问，面对熟人时就简单多了。

聆听对方说话

数年前，我得到一份关于有效聆听的建议（我想是从《生活点滴》里摘录下来的），下面，就是其中的一些内容：

看着说话者的眼睛。

全心投入——不要东张西望，不要在听到自己不认可的话时扮鬼脸。

不要打断他人——要说"请继续讲"或"我明白了"之类的话，而不是"现在，这让我想起……"

告诉说话者你的理解，可以用这样的句子："让我看看我是否明白……"

谈话的焦点要真正集中于对方身上。许多人存在的问题是：当对方说话时，他们想得更多的是轮到自己时该如何张口，而不是专注地去聆听。当你把全部精力集中在对方身上时，你就会在下一步表现得更好。①

面试求职中的正确应答

1. 面试人员提出："请介绍一下你自己？"

应聘者如何回答而使自己留下好印象。首先，需用两分钟时间介绍自己的教育和工作经历，并说明自己应聘这份工作的理由。接着，应能说出一句让对方记住你的话。比如，有位应聘者这么说："我毕业于一所没有名气的大学，但请看看我过去十年的工作成就吧！"显然，这句话突出了他的精明和能干，使他在应聘面试中能战胜势均力敌的竞争者。

2. 面试人员提问："你能为我们做些什么？"

其实，提此问题是要看你是否对招聘单位做过调查研究。那些对公司和企业不甚了解的应聘者，一般都被面试人员视为"傲慢自大"或"口头表达能力差"而淘汰。而一位大学生是这样回答的："我不敢说能做出什么惊天伟业，但是我想在贵公司极有发展潜力的前景和公司上层的领导下，充分发挥我的专业特长和能力，为公司的进一步发展尽我最大的努力。如果可能的话，这不仅是一种荣幸，更是一种义务。"

---

① 以上三则短文选自［美］约翰·麦克斯韦尔、雷·帕罗特著，任月园等译《与人共赢的25个关键》，中国社会科学出版社 2007 年版。

3. 面试人员提问："你的实力如何？"

此问是在试探应聘者是否体力充沛？全神贯注？充满自信？办事果断？成熟老到？反应灵敏？卓有成效？意志坚强？新英格兰金融集团的前副总经理帕克·库勒这样说："其实，这一切我们都想了解。"但他建议应聘者要用工作中或在校时的具体实例来证明自己的才能，因而，可以这样回答："我在某企业担任促销工作，能始终保持较好的业绩。"这便是你能力的一个有力证明。

若给对方的回答："我的性格是刚毅、果断、执著，做事讲求效率；我的工作态度是踏实肯干、认真负责、爱岗敬业；我的奋斗目标是在机遇和能力的双重催化下实现自我价值，追求人生的成功！"试想，这样的语言是否会令对方感到华而不实。

4. 面试人员提问："你有什么弱点？"

应清楚，这是了解应聘者是否坦率、诚实和具有良好的心理素质。国外招聘官常这样问："能谈谈你某次失败的经历吗？"错误的回答是："我想我没有这种经历。"要知道，从不失败的人是没有的。一位应聘成功者的回答是："人的一生谁也免不了会有缺点和弱点，人的发展就是在缺点与弱点的不断更改中完成的。"

5. 面试人员提问："你喜欢怎样的老板？"

回答此问，不要自以为幽默地说："我喜欢我以前的老板。"也不可指责以前的老板。提出这一问题的目的是想知道你是否会和老板闹别扭。有位成功的应聘者是这样回答的："我喜欢那种能力高超、意志坚强、能跟他学到东西、能给我机会给我指导、必要时又能给我批评的领导。"①

☞ **思考题**

1. 人际关系和沟通有何密切关系？

2. 沟通的最佳法则是什么？

3. 试举例说明沟通不良对人际关系的消极影响。

4. 应掌握哪些重要的人际沟通策略？

---

① 高阳 . 48 种社交场合绝妙辞令 ［M］. 南京：江苏人民出版社，2005：200-202.

第七章
交往与人际关系

| 本章要领 |

　　本章主要探讨人际交往与人际关系的内在联系，揭示人际关系发展的自身规律；明晰人际交往中关系角色的定位及转换，以及几类特殊人际关系的调适；了解如何在交往实践中运用人际交往艺术。

　　人际交往和人际关系是相互联系的统一体。心理学研究表明，在正常情况下，一个人除了几个小时的睡眠外，其余时间的 70% 以上用在直接或间接的人际交往上。显然，现实生活中的每一个人，都必须与他人进行各种形式的交往，而人际交往状态会对人际关系的形成产生重要影响。

第一节　交往与人际关系的联系

　　自从有了人和人类社会，就有了人的社会交往行为。交往维持着人们的生存，形成了人与人的交往关系，并推动着人类社会的发展。

一、交往是人际关系形成的基础

　　人们是在彼此接触中产生相互作用，从而实现共同活动成员之间的协调一致，乃至实现其生存的目标。因此，没有交往就没有人际接触，也就没有人际关系，人际关系则只能在交往中形成。有学者认为，人际交往是人与人之间心理与行为的互动，它是人际关系的具体化和实质化，是人际关系得以建立和维持的直接前提。交往的状态与人际关系的密切程度成正比，是人际交往活动的起点与手段。人际关系则是在人际交往后情感上积淀而成的相对稳定的情感纽带。

（一）交往是人的社会存在的基本方式

历史上，不同的学科从不同的角度对交往作出过不同的解释和说明。马克思最早提出"交往"一词，是在《1844 年经济学哲学手稿》中谈到"人与自然的交往"，并把它视为人生存的基本条件，但更多的是他反复提到"同别人的实际交往"。马克思、恩格斯在论述唯物史观基本原则时，也先后使用过"个人之间的交往""和他人交往""互相交往的人们""世界交往"等范畴。马克思、恩格斯虽没有给"交往"这个概念下一个确定的、严谨的定义，但通过其有关论述，我们约略可以领会出它所表达的内涵和意蕴，即：交往是人们的存在方式或生活方式，交往关系是人们之间的社会关系。

可以看到，人类赖以生存的生产活动中就包含有交往；交往是相对于生产的交往，因而这种关系体系构成了人们普遍存在的方式及其发展的方式，所以，马克思指出："个人是社会存在物。因此，他的生命表现，即使不采取共同的、同其他人一起完成的生命表现这种直接形式，也是社会生活的表现和确证。"① 这进一步说明了交往就是人们的社会生活方式，各种各样的交往关系构成了人们之间丰富多样的社会关系。

（二）交往使人的本质得以实现

我们从历史唯物主义对"交往"概念所作的科学说明来看，交往是人类个体能够作为人而存在下去的最基本条件，也是人区别于动物的根本的存在方式，同时也是确证和实现自己的真正本质——他的社会的本质的方式。因此，马克思说："人的本质不是单个人所固有的抽象物，在其现实性上，它是一切社会关系的总和。"②

人类的发展证明，通过人与人之间的交往，一个人的生活和认识可以丰富其他人的生活和认识，反过来也一样，由此实现人们之间的相互关系，进而扩展为社会联系。可见，个体在交往中，不仅能加强对人生、社会的认识，还可以洞悉自己的内心世界，认识自我，调节自身，使个体得到不断完善，从而成为完全意义的社会人。再从人类的整个发展进程来看，正如历史唯物主义所强调的那样，"人类社会是一个不断更新和发展的过程"，而我们看到，这一过程无疑是通过人的社会交往活动而实现的。这也就

① 马克思恩格斯全集（第 42 卷）[M]. 北京：人民出版社，1979：123.
② 马克思恩格斯选集（第 1 卷）[M]. 北京：人民出版社，1995：56.

是说，通过交往，人的能动性、创造性才能形成和发展，而人类的创造成果才能得以继承。这一切充分说明，任何人只有通过与他人的交往，只有生活在社会中，才能成为真正意义上的人，体现人的本质存在。①

二、人际关系是人际交往状况的反映

从人类的社会活动来看，人们交往的最终目的是建立一定的关系。显然，人际关系是人际交往状况的折射和反映。

（一）人际关系是人际交往的表现

人际关系实质上是人们在物质生活和精神生活中，通过相互交往，形成、发展并建立起来的人与人之间相对稳定的关系。可见，通过人际交往而结成一定的人际关系，而人际关系便是人际交往的直接表现。我们往往可以看到，大凡良好的人际关系，在实际交往活动中彼此在思想、情感、认知上容易达成共识，表现出情感相投、志趣相似、观点相近。反之，不融洽的人际关系会在交往中表现为双方的隔阂较深，彼此难以相容。实际上，人际关系状况最终折射出人际交往的成败。

因此，人与人之间的相互关系，无论是形成还是发展，都只能通过人与人之间的相互交往来表现。没有交往就没有人的接触，也就没有人际关系。人际关系只能在交往中形成，而人际交往的表现形式和必然结果便是人际关系。

（二）人际关系影响人际交往的结果

在现实生活中，如果交往双方处在相互关心爱护、关系密切融洽的人际关系中，那么一定会使交往主体心境轻松平稳、态度乐观，从而有利于交往的顺畅进行；反之，不良的人际关系将会干扰人的情绪，使人产生焦虑、怨恨和不安，这必将影响人际交往的正常进行。

显然，良好的人际关系能促进人与人之间的共同协作，并激励人们为完成特定的任务而共同奋斗。当今时代，许多社会工作已不能单靠个人的力量去完成，而是需要众人的共同协作，因而良好的人际关系，能促进人与人之间的信息交流和信息共享，并且人们可以从友好和谐的人际关系中，汲取力量，增强信心，这更能促使交往向好的方面发展。毋庸置疑，良好的人际关系会使人与人之间物质渠道畅通，促使人与人之间互通有无、互利互惠，并使人与人之间在精神上得到相互慰藉、互勉支持。

---

① 李素霞. 交往手段革命与交往方式变迁 [M]. 北京：人民出版社，2005：36-37.

第二节 交往对于个体发展的意义

人际交往，对于社会个体的发展至关重要，它可促使其个体适应社会生活环境，担当一定的社会角色，并形成丰满健全的人格。

通常，一个人百般探索、长期冥思苦想而不得其解的问题，往往在与他人交往中，却能得到启示并产生灵感。正如萧伯纳所说："如果你有一种思想，我有一种思想，彼此交换我们每个人就有了两种思想，甚至多于两种思想。"因而通过人际交往获得的信息比书本上学到的信息内容更广泛、渠道更直接、速度更迅速。同时，交往对个体心理及个性发展具有重要影响，人的成长、发展，以及获得幸福感，都与人际关系密切相关；对任何人而言，正常的人际交往和良好的人际关系都是其心理正常发展、个性保持健康和生活具有幸福感的必要前提。

一、人际交往及其心理因素

人际交往，实际表现为人与人之间的心理距离，反映着人们寻求满足及需要的心理状态。从动态而言，人际交往是指人与人之间一切直接或间接的相互作用；从静态来说，是指人与人之间通过动态的相互作用形成的情感联系。人际交往的心理因素，主要包括以下方面：

（一）认知

认知反映为个体对人际关系的知觉状态，即人际关系的前提。人与人的交往首先是从感知、识别、理解开始的，彼此之间不相识、不相知，就不可能建立人际关系。认知包括个体对自我与他人、他人与自我关系的了解与把握，它使个体能够在交往中更好地、有针对性地调节与他人的关系。

（二）动机

动机是人际关系的诱因。在人际关系中有着引发、指向和强化的功能。在现实社会里，人与人的交往总是缘于某种需要、愿望，而这些恰构成与他人发生交往的动机。

（三）情感

情感是人际关系的重要调节因素，人们在交往过程中，总是伴随着一定的情感体验，如满意与不满意、喜爱与厌恶等，人们正是根据自身情感体验不断调整人际关系。

同时，情感直接关系着交往双方在情感需要方面的满意度。可以说情感是人际关系中最重要的因素，被当做判断人际关系状态的决定性指标。

（四）态度

态度是人际交往的重要变量因素。交往个体每时每刻都在表现某种态度，其态度直接影响着人际关系的建立、形成与发展。例如：态度与偏见、歧视的相关直接联系，便对人际交往发生影响。

二、人际交往与个性发展

大量心理学研究结果表明：健康的个性总是与健康的人际交往相伴随的。可以见到，人在童年期与其看护者之间通过积极交往形成的稳定亲密关系，是其身心正常发展不可或缺的条件；与此同时，如果儿童缺乏与成人的正常交往及由此建立起来的亲密关系，会造成性格发展的障碍。因而，交往是个性发展与人格健全的必经之路。个体只有通过与其他个体发生联系，才有可能吸收社会知识、技能与文化，才能获取社会生活的资格。否则，离开社会的交往环境，离开与他人的合作，个体是无法成为一个合格的社会人的。典型的例证便是，狼孩由于失去了与他人交往的最佳时期，失去了其作为"人"的成长的环境，即使后来被发现，也已经很难成为一个正常的"社会人"了。人有交往的需求，有合群的倾向；人生活在世间，就必须与他人、社会交流信息、沟通情感，促使其个性、人格健全发展。

心理学家奥尔波特发现，大凡个性成熟的人，都同别人有良好的交往与融洽的关系，他们可以很好地理解别人，可以容忍别人的不足和缺陷，能够对别人表示同情，具有给人以温暖、关怀、亲密和爱的能力。这类人可谓高水平的"自我实现者"，对别人有更强烈、更深刻的友谊与更崇高的爱。

三、人际交往与心理健康

作为社会个体的人，有着强烈的交往需求与合群愿望，希望通过交往途径排解其喜怒哀乐，以形成心理上的归属感和安全感。从心理保健角度看，当一个人处于危急、孤独、焦虑、压抑的境遇中时，尤其需要与人交往，也更重视交往的价值；当个体被剥夺正常的交往，必然会产生负面心理。

新精神分析学家霍妮认为，神经症是人际关系紊乱的表现。人类的心理病态，主要是由于人际关系失调而来的。也就是说,人际关系紧张的人,不但事业受阻,而且会影响心情,使人陷入极大的痛苦之中。

许多研究表明,社会个体的人,若长期缺乏与他人积极正面的交往,缺乏稳定良好的人际关系,往往有明显的性格缺陷。我国在高校开展的心理健康教育实践也证实,绝大多数大学生的心理危机与缺乏正常人际交往和良好人际关系相联系。如在同宿舍里,同伴之间的心理交往状况,往往决定某个大学生是否对大学生活感到满意;那些处在尚未形成友好、合作、融洽人际关系的宿舍中的大学生,常常显示压抑、敏感、自我防卫、难以合作的特点,情绪的满意程度低。与之形成鲜明对比的是,在融洽的宿舍里生活的大学生,则表现为乐观心态、注重学习与成就、乐于交往和帮助他人。可见,人的心态与性格状况,直接受到与人交往及关系状况的影响。

笔者通过多项研究还发现,那些高心理健康水平的优秀者,往往来自人际关系良好的家庭,由此可以看出,人际交往状况往往能够影响个体的心理健康。因此,心理健康水平越高,与别人的交往就越积极,随之越符合社会的期望,与他人的关系也越深刻。

四、交往促进个体发展

(一) 以人为镜,认识自我

人对自己的认知,往往是通过人际交往、通过与他人的相互作用而得以发展的。首先,个人以他人为镜,从与他人的比较中认识自己。费斯廷格(Festinger)的社会对比理论认为,当人们缺乏客观的社会标准时,他们将通过与他人的对比来评估自己。通过与他人的对比来获得有关自己的智力、性格、能力等方面的信息,以增强对自己的认识。离开了交往的对象或可供比较的对象,人就失去了衡量自己的尺度与照鉴自己的镜子。其次,人们还通过他人对自己的态度与评价,以及自己与他人的关系来认识自己的形象。人们可以从他人对自己的态度与评价中来了解自己在他人心目中的形象与社会地位,并参照他人的评价来客观地认识自己。

(二) 协调行为,提高效率

人际交往有协调人际间亲密关系及提高行为效率的作用。社会个体往往通过他人对自己形象的映射,了解自己行为表现的恰当性与能力的高低,从而不断调整自己的行为;通过人际交往,增进了解,沟通思想,求得谅解,还可让紧张的关系和矛盾冲突得到缓解，达到协调和平衡，进而使人们结合起来形成一个整合的主体，形成一股合力。可见，个体间相互协调、密切合作，其合力必大于各个局部之和，实现行为的统和高效。

（三）增进合作，铸就成功

21 世纪是人才竞争的时代，对于一个事业成功的佼佼者来说，靠的不仅仅是出众的才华，更在于有无良好的适应社会生活的能力、良好的人际协调的能力。纵观科学发展史，不难发现：科学家之间的彼此合作，很有可能出现科学的奇迹。如控制论之父维纳，在建立控制论早期，曾组织过一个科学方法讨论班，参加的人有数学家、物理学家、工程师、医生等。他们分别从不同角度对新理论进行发难、质疑、补充、完善，结果使原来许多问题得以澄清。显然，单个人的能力是有限的，而积极的人际沟通与交往，是个体获得发展及成就的有效途径。

第三节　人际交往中关系的调适

每个人都处在一定的社会关系中，从属于一定的社会形式。人际关系存在于社会生活的每一个角落，因而在现实社会中，把握交往双方关系的角色意义，对建立良好的人际关系十分重要。

一、把握交往中角色的意义

在现实的交往中，每个人都扮演着多种角色，但应有意识地突破不自觉的角色定位的制约，以促使人际关系的和谐及人际交往的顺畅。

（一）角色的定位

现实生活中的交往，需要对自我和周围的人有一个明确的角色定位。例如在中国的家庭关系中，首先要摆正父母的角色位置，重视父母的权威；而在兄弟姐妹之间则需要建立好互敬友爱的角色关系。作为亲戚，因与家人是血缘关系，应相处得亲近和谐。按照常理，亲戚充当的角色比一般的朋友、邻居要重要而可靠得多。再从现代城市生活来看，处理好社区内居民之间的关系，意义也十分重要。邻居之间要相处和谐，也需要清楚自己的角色位置，如大家需建立相互尊重、彼此扶助的信念。后搬进来的住户，要主动拜访左邻右舍，而老住户则应表示问候，以欢迎对方的入住。

与不同身份的人交往，还必须充分利用自己已知的生活常识和共同的背景知识，对表达者的交际意图作出正确的理解。假如一位作者给编辑寄稿件，附言"寄上拙作一篇，请斧正"，收稿人一看便明白，其意思不仅是想请自己修改，更体现的是以礼貌语表达、希望得以发表的真正意图。可见，明确二者的角色关系是成功理解对方话语用意的基础。这一例子若换成师生之间，那就真正是请对方修改而不存在什么言外之意了。我们再看社会组织中上下级之间的角色定位，比如为落实某单位一名干部人选，上级领导对基层领导说："你看某某怎么样？"这句问话不排除听取建议，但很多时候表达的却是一项决定，不容再讨论。听话人就只有从它的上下级角色位置去领会。而同样是这一问话，如果换作是基层领导对上级领导来说："您看某某怎么样？"这显然只能算是建议而已。

因此，在实际复杂的交往中，不仅要明确交往关系的角色位置，还要正确地领会对方的交际意图，才能很好地把握双方的交际关系。

（二）角色的互换

在社会生活中，每个人都扮演着多重社会角色。一个人相对于他的父亲来说是儿子，相对于儿子来说是父亲。国外有一则幽默故事，说一对父子争论谁聪明的问题。父亲说："是牛顿而不是牛顿的儿子发现了万有引力，所以父亲比儿子聪明。"儿子则反驳道："是牛顿而不是牛顿的父亲发现了万有引力，所以儿子比父亲聪明。"这则故事说明了人的社会角色的多重性。在特定的社会交际中，人们若从自己的角色出发来看待别人和自己的行为，这样就可能导致片面性。如当你作为一名营业员时，你可能觉得顾客总是在找麻烦；可是当你作为顾客去买东西的时候，你就会以一个顾客的眼光来指责营业员的不尽职责了。再如在师生之间，若彼此不能站在对方的立场去思考，恐怕老师便会认为学习差的学生是"不争气"，而学生总认为老师的课讲得"很差"，让我无法提起兴趣。可见，个体将自己的角色固定，社会生活中的许多矛盾冲突就会因此而产生。因此，在现实的人与人之间的交往中，每个人都应设身处地地换位思考，努力做到"角色互换"，实现不同角色的功能，才能互相取得谅解，双方才能真正地理解对方，消除误会和隔阂，成功地开展人际交往活动。

二、几类特殊人际关系的调适

随着社会的不断发展，人们交往的范围日益拓宽，交往的对象愈来愈复杂。我们不仅需要掌握人际交往的基本原则，还应掌握一些针对特殊交往对象的调适技能，以顺应时代的变化。

（一）代际关系

代际关系已成为目前社会普遍关注的问题。如何处理好代际关系，影响到作为社会细胞的家庭的和谐。我们不妨采用以下调适方法。

1. 遵循家庭伦理道德的基本准则

在中国式的家庭里，按照其伦理道德准则，孝敬父母是天经地义的，家人和睦相处、相亲相爱，关心家庭中的老一辈也是常见的现象。人们随着年龄的增长，其心理素质逐渐弱化，风险承受能力减弱，并且害怕孤独、情感脆弱、容易灰心。这些心理症状有时比疾病更加折磨人，如果得不到及时排除和抚慰，有可能导致各种老年性心理疾病，因此作为下一辈应设法让老年人在家里得到更多的关爱和温暖。如经常抽时间陪老人散步、聊天，让老人感到自己存在的价值，让他们在和谐欢乐的代际环境中享受天伦之乐，颐养天年。

2. 正确认识和处理尊老爱幼的关系

对家庭中的成年父母而言，应爱幼不能宠幼，更不可因过于疼爱下一代而冷落老一辈。应把尊老和爱幼结合起来，首先，要尊重老人在家中的地位，鼓励和支持老年人多参加社会交往活动，真正地理解老年人。与中青年时期相比，他们无论在生理上还是在心理上都发生了很大的变化，但这并不等于心理衰老、思想僵化、无所作为。其次，要关心下一代的成长，在家庭里协调好三代人之间的关系。

3. 符合老年人的愿望及身心发展规律

应正确地认识老年人的身心发展规律，虽然他们已年迈，但不可将他们简单地定位在衰老的、脆弱的、无用的、被照顾的角色位置上。应懂得老年人既有其迫切的心理和精神的需求，也有老年人的"第二青春"与"夕阳资源"。因此，作为家庭中的其他成员，应多与老人聊天谈心，为老人创造更多的精神生活机会和更好的条件，如帮助老人多与老亲戚、老邻居、老同事团聚，关心老人内心情感的需要，让老人能活得更健康潇洒。

（二）异性关系

在现代社会中，与异性交往是很正常的，况且，真挚的朋友是不分性别的。但与异性建立和发展正常的交往关系时，需要注意以下几个方面的问题：

1. 注意交往的场合

在与异性朋友的交往中，相互之间的邀约是一种正常的交往行为。但需要明白的是，与异性朋友的相会，应慎重考虑见面的地点及场合，比如作为刚开始接触的异性关系，不宜二人单独进入娱乐场所。

2. 保持一定的距离

保持距离是维系异性间正常关系的重要保证，如在公共场所，异性间的接触不能过分随便和亲近，谈话时不能靠得太近。在与异性的交往中，不可随意接受对方的请求，也不能无节制地频繁往来。

3. 把握情感的尺度

在现代文明社会，男女婚后仍可与异性交往，但已婚男女建立的真诚友谊，最好能让双方的伴侣知道，让家人也认可和接受自己的异性朋友，这样就不至于引起猜疑和误会。作为一般异性之间的交往，要掌握好分寸，不可越出友谊的界限，交往中举止要庄重，待人热情大方，不可随意开玩笑。只有相互尊重，才能保持双方关系健康、恒定、良好地发展。

【短文一则】

异性友谊的最高境界

很多人质疑异性友谊，因为它难以把握，难以捉摸，可遇不可求。诚然，异性友谊的最高境界：站在不远不近的地方去欣赏对方。

其实男女之间的普通友谊，是人类的一种高尚情感，这种友谊虽不是"爱人"或"情人"，但又超出一般"友情"；它会令你心动，却又不会动"恋"让你感到温暖，并且纯净中有甜美，平淡中有绵长，既有精神上的默契，也有心灵的统一。这种友谊可以说是：心有灵犀，心意相通，相知相惜，互相扶持，互相敬重。这种感情不是爱情，却又接近爱情，更可以超越爱情。当然，这种感情变数很大，最难把握，所依持的应是彼此间的矜持和尊重，守住"道德"的防线。需要明白：爱情是奢侈的，就像玻璃瓶一样美丽而易碎，要拥有这份感情，就必须远离"爱"和"性"；心照不宣，心知肚明。建立在异性之间的这种"友情"，如一层薄薄的纸，使这种关系具有魅力和生命力。但应把握距离感，因距离而产生美感，有距离才能永远。

要相信，这种至真至纯，难寻难觅的，需要刻意疏离又需精心呵护的男女"友情"，是存在世间的。这是一种奇妙的感情，自然坦诚而淡然，是人类交往最高最美的境界。

（三）竞争关系

竞争是现代人际关系的一种显著特征。应当说，它作为人与人之间交往的基本形式，广泛存在于社会生活的各个领域。我们需要正确地认识和处理这类特殊关系，以良性的竞争促使人类和谐的发展。

1. 树立正确的竞争观念

参与竞争者，首先要树立正确的竞争观。这便要求竞争者必须遵循竞争规则，在竞争过程中，主动争取机会，把自己的才干和本领展示出来。此外，参与竞争者在竞争中还要以自己的真才实学、工作业绩和奋斗精神，作为竞争中争强、争先、争胜的"资本"，并将积蓄实力、完善自我、奋力拼搏，作为竞争取胜最可靠的法宝。

2. 正确对待竞争对手

要正确认识和处理与竞争对手之间的关系。如果是正当的竞争关系，不应把竞争对手理解为"对头"。应该明白，作为现代组织成员之间的正常竞争，参与竞争者要凭借自己全新的知识结构、旺盛的创新精神和精湛的业务能力，与对方一比高下，而不可凭个人的手段和运气比胜负。要坚决杜绝竞争中为了战胜对手，而出现互相诋毁、互相拆台、尔虞我诈、钩心斗角等不良现象。

因此，应以积极的心态参与竞争，如果竞争对手确实比自己强，应虚心向他们学习。著名的数学家华罗庚说过："下棋找高手，弄斧找班门。这是我一生的主张。只有在能者面前，不怕袒露自己的缺点，才能不断进步。"当今时代，竞争双方应以共同提高、互勉共进为竞争目的；应重在参与，而不回避失败；应视失败为人生宝贵的"财富"，以正当的竞争使双方求得共同发展。

【案例】

马云谈"竞争对手的选择"

在阿里巴巴董事局主席马云看来，竞争最大的价值，不是战胜对手，而是发展自己。"竞争者是你的磨刀石，把你越磨越快，越磨越亮。"在竞争的过程中，选择好的竞争对手，然后最重要的是向竞争对手学习。

eBay 在全球 c2c 市场的实力以及对中国市场的窥视，使马云选择了 eBay 作为竞争对手。在淘宝总裁孙彤宇看来，eBay 是一个非常好的"陪跑员"。孙彤宇说："就像小时候我考体育，跑一百米有一个非常深刻的体会，一开始不懂，两个人两个人地考，我就找一个比我差的人，我觉得我比他跑得快，感觉很爽。后来我发现不对，我要找一个比我跑得快的人，这样两个人一块跑，我才会跑出比原来好的成绩，因为他跑在我前面，我想要超过他，这是'陪跑员'的责任。我觉得对于企业来说，这可能比较自私。但如果身边有一个跑得慢的人，你真的很爽，尤其是离得很远了，你不断地回头去看，甚至还停下来朝他望望，有可能还点根烟抽抽。所以，我们要的是比我们跑得快的人。"①

第四节　增进人际交往的艺术

在社会交往中，不仅要学习和掌握人际交往的基本知识，还要了解人际交往的一些基本方式，掌握人际交往的相应技能，如人际交往中的礼貌规则及礼貌表达方式、辞令的表达技巧等，并懂得如何在实际中去恰当运用。

一、人际交往中的礼貌规则

常言道：与人交往，礼貌在先。在当今社会里，礼貌待人已是交往者应具备的基本素质。其实，遵循礼貌原则也是人们实现其成功交往的必备条件。

（一）重视称呼的使用

在社会交往中，恰当地使用称呼，是交往者应表现出的一种基本礼貌。在与他人初次见面时，人们通常对交往对方使用的称呼是否恰当十分敏感，因而称呼往往影响到交际效果。在这里，对正式社会交往中称呼应遵循的原则和需要注意的方面做一简要说明。

1. 称呼的原则有如下三点：

① 《赢在中国》项目组编辑. 马云点评创业 [M]. 北京：中国民主法制出版社，2008：347.

第一，礼貌。礼貌就是在称呼中应表现出对他人的尊敬和自谦。具体体现在，人际交往中不轻易对对方指名道姓、直呼其名或使用不规范的称呼。礼貌尊称他人，应根据具体情况而使用适合的称呼，一般对长辈、上级、女士、客人，应用特定的尊称。

第二，亲切。亲切就是通过称呼表达对他人的热忱态度和亲切的情感，使对方感到温馨。如邻里左右可采用亲属称呼；如果双方关系亲近，可免姓直呼小名或乳名或爱称。

第三，得体。得体就是称呼的使用应符合双方角色的身份，并切合对方的心理期待，以及合乎场景。例如在正式场合里，应以对方的职业称谓、职务称谓、学衔称谓相称，而非用私下的"爷们""哥们"等称呼。在涉外交往中，应恰当使用外交中的称呼，不违反称呼的禁忌。

2. 使用称呼应注意的方面

我们应当明白，恰当的称呼既要符合常理，也要照顾被称呼人的心理需求。一般而言，对于有身份者，应尽可能地以对方的头衔作为称呼，如总裁、法官、律师、教授等，这样可增强对方的一种权威感，并表达自己的敬意；但对可直呼其名的对象，切记要大声清晰地说出对方的姓名。卡耐基说：名字对一个人来说，是世界语言中最甜美、最重要的声音。一个人的名字是他在这个世界的标志，是他独一无二的财富。所以，我们与初次见面的人交谈，可试着在说话中提到对方的名字三次，相信当对方听到自己的名字被反复呼出时，一定情绪和感受都会变得特别好。

（二）交往中的"3A"原则

布吉林是国际公关协会主席、美国总统顾问、美国乔治城大学外交学系系主任，是礼仪公关和外交方面公认的专家。他认为：要和他人搞好关系，最重要的是要善于向他人表示尊重和友善，并提出了他的"三大捷径"理论，即"布吉林的'3A'原则"。

1. 接受（Accept）对方

接受对方也就是待人如己。要学会接受对方，尊重别人就是要尊重对方的选择。此外，善于接受他人赞美也是一种做人的艺术。

2. 重视（Appreciate）对方

为什么接过名片一定要看？为什么一定要客人坐到上座去？为什么和客人说话一定要注视对方？……这些都是重视对方的表现。商务场合上一定要记住别人的姓名。

3. 赞美（Admire）对方

赞美非常重要,但赞美不可流于形式;否则,容易让人觉得你缺乏真诚。在日常生活中,只有真正关注他人,才能注意到他人身上与众不同的优点,从而给予适当的赞美。

(三)举止优雅

在社会交往中,不仅要注意个人的谈吐,同时也要注意个人的举止。英国哲学家培根认为:"在美的方面,相貌美高于色泽的美,而优雅合适的动作的美又高于相貌。"

一个人行为举止的综合表现就是个体风度的具体显现,也就是说,平日人们所崇拜的洒脱风度,其实指的就是训练有素的、优雅的、具有无比魅力的举止。优雅的举止,可以展现人类所独有的形体之美,常常被人们羡慕和称赞,最能给人们留下深刻的印象。评论某个人的行为是优雅还是粗俗,实际上就是评论其行为举止是否符合礼仪的要求。

从人际交往来看,举止的得体与否,直接反映出一个人的内在素养。"举止是心灵的外衣。"的确,举止是一个人思想、性格、品质、学识、情趣及综合素养的体现,它会直接影响他人对自己的印象和评价。因而,即使一个人有生理缺陷,但其举止端庄文雅、落落大方,也能给人以良好的印象,从而获得他人的好感。反之,一个人容貌俊秀、衣着华贵,但没有相应的姿态美,也只能给人一种虚浮粗浅之感。因此,人际交往中,切莫忽视举止行为的规范和优雅。

【案例】

保持良好的行为举止①

良好的行为举止足以弥补一切自然的缺陷。通常,一个人最吸引我们的,不是容貌的美丽,而是举止仪态的让人诚服。古时候,希腊人认为美貌是上帝的一种特殊宠爱,但同时,如果一个美貌的人表现出某种不好的内在品质,就不再值得我们膜拜。在古希腊人的理想中,外在的美貌其实是某种内在美好品质的反映,这些气质包括快乐、和善、自足、宽厚和友爱等。政治家米拉波是法国一个出名的丑男,据说他长了一个麻子脸,但却没有人不被他的风度折服。

---

① [西]巴尔塔沙·葛拉西安,等.成功书[M].陈书凯,编译.北京:当代中国出版社,2002:74.

一种性格的美就像艺术上的美一样，就在于它的流线没有棱角，线条始终保持连续、柔和的弧形。有很多人的心灵之所以不能更上一层楼，向世人展示更优美的品质，正是由于个性中存在的棱棱角角。无论有什么样出色的品质，一旦表现出粗暴、唐突、不合时宜，其价值自然而然就会受损。而实际上，只要我们多加修饰，注意举止文明，往往可以事半功倍。据说，古希腊著名画家阿佩利斯为了画好美神图，事先曾专程到各地游历，以便仔细观察各类貌美女子，将她们的长处都汇集到他画的美神身上。整个过程历时数年之久。同样的道理，一个举止文明的人，应当注意观察、研究他所接触的各种文化圈子的人，择其善者而从之，才能使自己拥有真正的教养。

（四）喜怒哀乐要深沉有度

现实中的每个人都有喜怒哀乐之情绪。应意识到，个体在社会交往中的喜怒哀乐不仅代表自己的情绪，而且还会影响交往对方的情绪，因此必须理智地加以控制。我们在善恶是非面前应当爱憎分明，与公众同呼吸共命运。但是应力求使自身的喜怒哀乐情绪，在公共场合表现得更深沉。

人们常说的"大将风度"，指的正是沉着稳健处变不惊的风度气质。孙子在论大将风度时亦总结了"幽正治静"四个字，精妙地定义了"大将风度"的内涵。不可否认，在人与人交往过程中，每个交往者都可能遇到各种各样的情况，如何稳定自我，令自我在困难和危机面前表现出洒脱的气质，这便需要拥有大将的气魄。

【案例】

克林顿之所以能当选总统，与他注意给竞争对手人格上的礼貌及优雅的举止风度有很大关系。从外部形象看，年仅 46 岁的高大、英俊的克林顿当然比年迈的布什占有更大的优势；但布什是一个很难对付的对手，他是一个老牌政客，在从政经验的丰富与外交成就的显赫这两个方面，克林顿无法同他相比，故而克林顿在三次电视辩论中决定采用以柔克刚的办法，不咄咄逼人，不进行人身攻击，而在广大听众面前展示出一个沉着稳重、从容大度的形象。在 1992 年 10 月 15 日第二次电视辩论中，辩论现场中设一个主持人，候选人前面都没有讲桌，只有张高椅子可坐，克林顿为了表示他对广大电视观众的尊敬，一直没有坐，并且在辩论中减少了对布什的攻击，把重点放在讲述自己任阿肯色州州长 12 年间所取得的政绩上。克林顿的这种以柔克刚、彬彬有礼的做法，赢得了广大观众的好感。①

二、人际交往中的辞令技巧

交往是人类社会不可缺少的活动，而社会交往最重要的工具就是语言。这里所说的语言，是指能充当信息载体的工具，是一种广义的语言，其中包括书面语和口头语两种。无疑，口头语在社会交际中运用最广泛，并是增进和改善人与人之间关系的重要的和唯一的途径。在此，我们重点了解人际交往中常用的辞令技巧。

（一）接近式

中国人在语言表达方面表现得较为含蓄，尤其是初次见面时，一般习惯以寒暄语作为开场白，即使是正式拜访，话语也不会直奔主题而去。通常使用的接近式寒暄语有下列几种：

1. 问候式寒暄

语言学家常说："寒暄是人际交往的起点。"为了能较快地接近对方，人们习惯使用寒暄语。在大多数场合中，彼此相互见面，第一句寒暄语便是"您好"，这是最简单、最实用的问候式寒暄，对快速接近对方较为有效。

2. 攀认式寒暄

在实际交谈中，用得较普遍的还有攀认式寒暄，如我们发现与对方之间存在某种亲缘、业缘、地缘关系，便可以此展开交谈，例如"您是武汉大学毕业生，我也是武汉大学毕业的，说起来我们是校友"；再如"您是湖南人，我是湖北人，地域相近，也算有缘"。

3. 敬慕式寒暄

敬慕式寒暄也是一种常用的接近式寒暄，一般用在初次见面时，既表示出敬重和仰慕，也体现出热情有礼，并能有效缩小与对方之间的距离。如"久闻您的大名，想不到今天在这里一睹您的风采"。实际交往中还可用到许多类似的敬慕式寒暄语。寒暄虽是初次见面的应酬话，但其作用不可忽略，它可为双方交谈先做一种感情铺垫，为迅速打开谈话局面创造一种轻松的气氛。需要注意的是，寒暄的内容较广，可以是新

---

① 宋莉萍. 礼仪与沟通教程 [M]. 上海：上海财经大学出版社，2006：331.

闻、趣闻、天气，也可以是感受及情绪的抒发，但要说好寒暄语，需遵守一定的规则，即寒暄的内容宜近不宜远、宜小不宜大、宜喜不宜忧。

（二）赞美式

美国著名心理学家威廉·詹姆斯说："人类本性上最深的企图之一是期望被赞美、钦佩和尊重。"莎士比亚将赞美比作为播洒在人们心灵上的阳光雨露。确实，赞美不仅能让人心情愉快、催人奋进，还可能改变被赞美人的命运。世界著名喜剧大师卓别林年轻时历经诸多磨难，但他对生命、事业执著追求的动力，就来自当时有眼光的评论家的赞美。

在实际交往中，运用赞美应掌握方法和技巧，根据不同对象的心理需求，给予得当的赞美。如对于青年男性，我们可赞美他事业有成、能力超凡、前途无量，这样会令对方如沐春风、信心倍增；而对于年轻女性，则应从容貌、服饰、爱情、家庭等方面给予夸赞，会使对方喜出望外。我们可仔细观察，我们身旁所有的人都有着自己的喜好和得意之事，只要我们称赞对方引以为荣的地方，一定会令对方喜不自胜。

赞美切记要符合实际，恰如其分。可以想象，如果我们把武大郎说成是英俊挺拔，那就不再是赞美，而是讥讽了。言过其实，就失去了赞美的意义。可以说，在现实的人际沟通中，赞美就像一张"通行证"，让我们能轻松地打开与对方交流的入口。恐怕世间没有人能抵制赞美的诱惑，也没有人能轻视赞美的力量。应该相信，当我们使用赞美给予他人快乐时，自己也能得到升华和幸福。

历史上，很多成功人士的斗志和激情，都是在他人的赞美和鼓励中催生的。

【案例】

英国著名的文学家狄更斯曾经险些被贫困和磨难打倒，在他的人生陷入困境的时候，是编辑的赞美给了他阳光，给了他继续奋斗的勇气和力量。

1812年2月7日，狄更斯出生于英国朴次茅斯市郊的波特西地区。他少年时家庭生活窘迫，只能断断续续入校求学。10岁时，狄更斯的父母因为还不起债而入狱。为了摆脱饥饿的困扰，狄更斯被迫到工厂当童工。他的工作是：每天在一间老鼠满地跑的仓库里粘贴墨水瓶上的签条。

狄更斯白天工作，晚上他便跟另外两个来自伦敦贫民窟的肮脏顽童住在楼顶的一间小暗房里。虽然条件非常艰苦，但是狄更斯依然拥有当作家的梦想。他不断地利用仅有的一点儿时间写稿、修改。狄更斯对写作没有自信，当他的第一篇稿子完成时，他担心被别人讥笑，只得在夜间悄悄把稿子投入邮箱中。

狄更斯连续地写稿、投稿，但他所寄出的那些稿子，却接二连三地给退了回来。在那段日子里，狄更斯感到非常痛苦。他的作家梦受到了沉重的打击，他对自己的前途失去了信心，不知所措了。

终于有一天，他的激情又燃起来了，因为有一个编辑回信赞许了他。这个编辑说："你在写作方面很有天赋，虽然现在你还写得不很成熟，但是我们愿意试用你的一篇稿子。"狄更斯高兴极了，他抚摸着那一篇被发表的稿子，泪流满面。

编辑的赞美和认可使狄更斯如沐春风，他重新树立起了写作的信心，他想，只要有一个编辑愿意用他的稿子，他就可以努力地写下去。

写作真正进入了狄更斯的生活。20岁后，狄更斯成为一名报馆采访员。他常常带着笔记本在伦敦偏僻的角落和乡村漫游，为创作搜集丰富的素材。他写的《匹克威克传》《大卫·科波菲尔》《双城记》等作品都成为一流的世界名著。①

（三）说服式

说服即劝说，是我们在与人沟通交往中不可或缺的一项辞令技巧，尤其在当今这个时代，它常常关系到我们的生存、竞争及事业的成败。成功、有效的说服由三个阶段组成：第一是信息传达阶段，要求传达的信息即说服的话语应表述明晰、正确；第二是情感运用阶段，说服对方应注重动之以情，我们看到那些有经验的销售人员在说服顾客购买某一产品时，总是先使顾客从情感上对自己产生好感，有愉快的心理体验，然后激起对方的购买欲望；第三是态度阶段，即"理性"的说服阶段，可以断定，说服他人动摇、改变或放弃自己的主张，接受、信服并采纳自己的意见，这其实是从精神上征服人心的过程。在现实生活中，阅历较丰富的人会感到，要改变一个成年人的意识观念、思维定式是何其不易，所以有些职业，如教师、医师、律师、推销员等，他们天天都在做说服工作，却一辈子都在探索说服的规律和艺术。有一个事例可以说明"说服"在与人交往中呈现的奇效。美国学者卡耐基专门研究演讲与社交口才，他经常租用纽约某大宾馆的礼堂办班授课。一天，他正筹备一个新的培训班，忽然接到宾馆的通知：租金涨到原来的三倍。上班的通知他早已发出，地址已不可能更改，怎么

---

① 金禹良.怎样赞美人［M］.北京：地震出版社，2006：4.

办呢？他约见宾馆经理，心平气和地说："要提高租金，这不怪您。因为您是经理，责任是多盈利。不过我们应该认真核算一下你这样做是有利还是不利：不错，您不租给我而租给舞台、晚会用，他们付出的租金比我高，当然经济上有利。但不利的是由于我付不出那么高的租金只能搬走，而我每办一次培训班就有成千上万个有文化的中上层管理人员到您的宾馆来听课，这难道不是一种广告吗？事实上您花几千元也许邀请不到这么多人来参观，而我却不花一分钱帮您请来了，难道您不合算、不值得吗？现在请您认真考虑一下再答复我。"结果经理让步了。

下面介绍几种较常用的说服方法：

1. 鼓动激励说服法

鼓动激励说服法是一种以尊重和信任的方式说服对方的技巧，多适用于上级对下级的说服。比如，上级要给下级布置任务，可采用这样的说服语言："某某，你脑子灵活，技术又好，考虑再三，觉得只有你做这件事最合适。"这种劝说一般情形下都能为对方所接受。

2. 侧击暗示说服法

所谓侧击暗示说服法，是指运用曲折委婉的方式，旁敲侧击地说服对方的方法。如一位私营企业的老总，当他得知自己身边的会计私自挪用公司资金时，便采用了此种说服法：他将会计叫到身边，拿出一沓钱递过去说："听说最近你家里遇到困难，这是我代表公司给你的慰问金，请你收下。"这番话顿时令这位会计感动不已，他不仅心悦诚服地被劝服，并且在后来的工作中对老总忠心耿耿，为企业作出了很大贡献。再例如，1939 年，美国著名经济学家萨克斯受爱因斯坦等科学家的委托，去说服罗斯福总统，希望他要重视核武器研究，争取赶在纳粹德国之前造出原子弹。可是罗斯福总统对此反应十分冷淡。萨克斯在与罗斯福共进早餐时，巧妙地说："我想谈点历史……英法战争时期，在欧洲大陆不可一世的拿破仑，却在海上屡战屡败。当时，一位年轻的美国发明家富尔顿来到了这位法国皇帝面前，建议把法国战船的桅杆砍掉，撤去风帆，换上蒸汽机，把木板换成钢板。拿破仑想，船没有风帆就不能行走，把木板换成钢板就要沉船，所以没有同意。历史学家评论这段历史时认为，如果拿破仑采纳了富尔顿的建议，19 世纪的历史就得重写。"说完，萨克斯注视着总统，罗斯福沉思了几分钟，取出一瓶拿破仑时代的法国白兰地，斟满一杯给萨克斯，说："你胜利了！"从此，美国便开始了研制原子弹的历史。可见，在恰当的机会，运用侧击暗示说服法，是能收到意想不到的效果的。

3. 肯定诱导说服法

肯定诱导说服法是一种顺水推舟的心理诱导法,在实际交往中运用此种方法能够收到较好的效果。比如,你身边有两个好朋友因一点小矛盾闹翻了,你可试着用这种说服方法,先找其中一位谈话,问他几个问题,如:"他这个人(指闹矛盾的对方)是不是为人很正直?""你们之间的关系是不是一直比较好?""他对你是不是有过帮助?"待对方一一回答"是"后,你便可顺水推舟地说:"既然如此,何必计较一些小事呢?还是和好吧!"一般来说,在这种劝说下,对方都会接受劝告。因为心理学家做过研究,当人们做肯定回答的时候,全身组织放松,心情处于平衡状态,易于接受不同意见。人的人格尊严有着一种惯性作用,一旦作出了否定回答,便会坚持到底,这是我们在说服对方时应该注意的。

(四) 致歉式

致歉作为一种社会文化现象,反映着特定的民族性格。有着几千年文明历史的中华民族,历来讲究谦虚有礼,恭敬待人。致歉分为衷心致歉和礼仪致歉。衷心致歉用于对他人的受损表示歉意,在于获得受损者的谅解。无疑,这种致歉是人际关系中化解矛盾的有效交际手段。当一个人伤害到他人时,必然引起对方心理上的不平衡,矛盾便会因之而产生,进而关系恶化。而这时若能及时诚恳地致歉,矛盾也就能及时化解了。礼仪致歉则是出于礼仪、礼貌而说出的表示歉意的话语。如主人设家宴待客,烧了满满一桌子菜,但主人举筷相邀时,却总是说:"没有什么菜,不好意思,请随意……"这类客气话往往使欧美人大惑不解,殊不知这种主人的自谦,纯粹出于礼仪。

在现实生活中,礼仪致歉犹如促进人际交往的"添加剂",而衷心致歉则像人际关系的"润滑剂"。衷心致歉用得更广泛,它又可分为直接致歉和间接致歉两种方式。

直接致歉方式,我们平常在生活中使用得很多。需要提醒的是,应直接致歉的时候,就要马上致歉,越耽搁就越难启齿,有时候甚至追悔莫及。直接道歉应注意几点:第一,道歉需要诚意,应态度诚恳、语气温和,并多用如"包涵""抱歉""对不起"等礼貌词语。第二,道歉的语言,以简洁为佳。若对方已通情达理地表示谅解了,就切忌语言啰嗦。第三,道歉时,不必做过多的辩解,即使确有非解释不可的客观原因,也必须在诚恳地道歉之后再略为说明。因为在道歉中为自己辩解,非但不利于弥合双方感情上的裂痕,反而会加深彼此间的隔阂。

间接道歉方式，就是通过第三者的媒介婉转地向对方道歉。采用这种方式，一般由于道歉者的自尊心极强、面子特别薄或对方与自己的关系比较敏感和特殊等，在这种情况下利用第三者巧妙地把自己的歉意传达给对方，对方自然也会心领神会，接受歉意。不论是同事同行之间、上下级之间、长幼之间，还是敌我之间，这种间接道歉都不失为一种委婉而有效的沟通方式，都会取得戏剧性的、较好的效果。

（五）批评式

批评辞令，是指人际交往中一方对另一方所犯错误、存在的不足或观点见解方面的不正确进行得体、恰当、有效的指责、指教性的语言。就本质而言，批评是令对方产生不快、感到心理压力的活动，因而没有人喜欢受到批评，涵养再高的人在内心里也是讨厌被批评的。正因如此，批评方式应恰当，否则易给双方的关系和工作带来消极的影响。要做到恰到好处地批评，就要求批评者遵循批评的一些基本原则：

1. 从批评自己开始

一般来说，在批评他人之前先谈一谈自己从前做过的类似错事，一方面可以为对方提供活生生的例证，让其从这些例证中认识到犯错误的严重后果；另一方面也可以带给对方一定程度的认同感，拉近彼此的心理距离，营造出心胸开阔、坦诚相见的良好的批评氛围，从而使对方更容易接受。例如，有经验的领导在批评下属办事不力的时候总会说："由于我考虑不周，致使事情成了这个样子，不过你的办事方法也有些欠妥，咱们再好好商量一下好吗？"这样的言词，即使个性再强的下属也会信服。其实，在交往中，对朋友或他人的批评也可以采取这种方式，这样做首先能消除对方心理上的障碍，令对方求得心理上的平衡，觉得自己不是在受指责，从而容易接受批评。

2. 先表扬而后批评

批评需要营造适宜的氛围，在冰冷冷的气氛里很难收到良好的批评效果。如果在批评之前，先对被批评者的长处做一番赞赏，肯定对方的优点，满足其某种心理需要，那么就能够营造出较好的气氛，一方面可以削弱批评本身让人难以接受的程度；另一方面也使被批评者不致产生逆反心理。

美国总统卡尔文·柯立芝任职期间，在一个周末，曾对他的一位女秘书说："你穿的这套衣服很漂亮，你是一个很有魅力的女子。"柯立芝生性沉默寡言，这大概是他有生以来对一位女秘书最热情的赞美了。对于那位秘书来说，这样的赞美，太不寻常了，使得她不知所措。正在这时，柯立芝接着说："好啦，别愣在那儿了，我这样说只是让你高兴。从现在起，我希望你对标点符号再注意点。"

3. 暗指式批评

任何人都有自尊心，直截了当的批评很容易伤害对方的自尊心，有时对方虽然明白了自己的行为是错误的，但感情上却一时难以接受，甚至感性冲破理性，与批评者顶撞起来。针对此种心理，我们可以使用暗指式批评方法，故意模糊犯错误的具体对象，转而通过评析某种错误行为或错误现象来使对方渐渐意识到自己的错误，这样对方就容易接受了。

4. 将批评寓于鼓励中

这种方式就是指出别人潜在的优势，表明他有能力做好事情或改正错误。

一个人犯了错误受到批评，对当事人而言既是一段痛苦的经历，又是一次自信心遭受打击的过程，这很容易使他对错误耿耿于怀，对自己的能力产生怀疑。因而，我们可尝试这种批评方式，举一个事例来说明：在一个书法培训班上，有一位学员的起点很低，特别在运笔方面总是犯低级错误。与别人相比，他感到很沮丧。培训班的老师知道了他的情况，并没有责怪他起点太低或练习不勤，而是对他说："你的书法天赋不错，对于书法的艺术感觉是可以的，虽然在运笔方面还有些欠缺，但这是初学者都会犯的毛病，多练习几遍，多注意一下就好了。"这位学员听了老师的话，认识到自己的错误其实并不是很难改正的，于是对练习书法又充满了信心，运笔的毛病也慢慢改好了。

在批评犯错者时，主要目的是指出错误并令其改正，因此在批评的同时应注意不要挫伤对方的自信心和积极性；相反，我们在批评时还应恰到好处地指出对方的潜在优势，以此调动对方的自信心和积极性，使其以积极的心态修正错误，不断进步。

（六）提问式

在运用语言的交谈中，时常需要向对方提出各种问题，而提问是否得当也直接影响到双方交往能否顺利地进行。在提问中，我们应该注意以下几个问题：

1. 话题把握

首先，提问者如何选择话题是关键。日本心理学家多湖辉曾经说过，要使对方乐于答话，莫如挑拣他的擅长来说。其实，提问也是如此。比如一个人乒乓球打得很好，你就可首先问："听说你打乒乓球很拿手，是吗？"和他人交谈，正像和他人打乒乓球一样，问话人的提问正像打乒乓球时的发球，你挑对方擅长的方面来发问，就像特意发了个使对方容易接的球，他当然乐意还击，一来一往，谈笑风生，畅谈不休。在这个意义上说，提问可以成为"谈话的发球"。

2. 措辞慎选

其实，我们在提问时，若注意慎选用词，有时是会产生奇妙效果的。如饮食店的服务员问顾客："您今天要些什么？"而不是问："您要些什么？"加个"今天"，好像把顾客看成了老主顾，使顾客感到心里热乎乎的，容易产生宾至如归的感觉。

3. 句式运用

在汉语里，按句式分，问句有是非问、选择问、一般问、特殊问等类，这对提问者来说有个选择问题。如有一家咖啡店，在卖的可可里可以加鸡蛋。售货员就常问顾客："要加鸡蛋吗？"后来在一位人际关系专家的建议下改问："要加一个鸡蛋，还是加两个鸡蛋？"果然，由过去常用的一般问改为选择问，这个句式的小小变化，就令这家咖啡店的销售额大增。

4. 语序调整

如二战后日本的许多商店因人手奇缺，准备减少送货任务，有的商店就将："是您自己拿回去呢，还是给您送回去呢？"改为："是给您送回去呢，还是您自己带回去呢？"结果大奏奇效。顾客听到后一种问法，大多说："还是我自己带回去吧。"其实只是问话的顺序作了一点调整，就使商店达到了目的，且不违背文明服务的原则。

【案例】

我国礼仪学界著名学者金正昆在他的有关著作中，对以下几种具体的提问方式进行了详细阐述，可供我们参考。

1. 直接型提问

如果交谈者双方关系比较密切而所提问题又不会引起不愉快的后果时，可以采用这种方式。1979 年 9 月，意大利著名女记者奥琳娜·法拉奇前往某国采访其宗教领袖。为了尊重宗教习俗，她穿戴上了该国妇女的衣饰，在与该宗教领袖讨论妇女权利时，她抓住时机，把服饰问题提了出来。她明确地提问道："请告诉我，为什么强迫她们掩盖自己，把自己捆在那些不舒服的服装里面，让人工作和行动感到不便？"

在该宗教领袖千方百计地为自己辩护后，法拉奇又一针见血地指出，妇女穿这种衣服并非单纯是一个风俗问题，实质上是妇女与世隔绝的地位没有得到根本的改变。她又提问："顺便问一下，披上长纱，你怎么游泳呢？"该宗教领袖无可奈何，只得说："这你管不着。我们的风俗你管不着。如果你不喜欢这样的服装，你没必要穿上它……"

法拉奇的提问一针见血，咄咄逼人。该宗教领袖对法拉奇接连的提问无法回答。

直接型提问直来直去，速战速决，节省时间，但一定要注意使用的场合和时机，否则就会事与愿违。

2. 限制型提问

这是一种目的性很强的提问技巧，它能帮助提问者获得较为理想的回答，以减少被提问者说出拒绝的话语或提问者不满意的回答。

正如前文所述咖啡店的售货员将"要放鸡蛋吗"改为"要加一个鸡蛋，还是加两个鸡蛋"，这样提问就缩小了对方的选择范围，减少了对方拒绝的机会。

3. 诱导型提问

这种发问不是为自己解答疑难的，而是无疑而问。为了紧紧吸引对方思考自己的问题，诱导对方接受自己的观点，故意向对方提问。

孟子在劝谏梁惠王时，曾经提出一个问题："假定有一个人向大王报告：我的臂力能举起三千斤的重物，却拿不起一根羽毛；我的目力能把秋天鸟的羽毛看得分明，但一车柴火摆在眼前却瞧不见。你相信吗？"惠王说："不，我不相信。"孟子马上接着说："这样看来，那个力士连一根羽毛都拿不起，只是不肯用力的缘故；那位明察秋毫的人连一车柴火都瞧不见，只是不肯用眼的缘故。如果老百姓得不到安定的生活，只是不肯干，不是不能干。"① 孟子的这种问话就是诱问法。故意把一个已知结论的问题提出来，不但能引起对方的兴趣，而且可以启发对方思考。因此，这种提问有着不可阻挡的力量。

4. 选择型提问

在日常生活中，许多问话仅是征求对方的意见，统一对一个问题的看法。若是这种情形，向对方问话时，我们可以采用选择型提问。选择型提问容易形成友好的谈话氛围。被提问者可以根据自己的意愿，自由地选择答案。比如，炎热的

---

① 原文见《孟子·梁惠王上》。

夏天，你家来了客人。你想给他弄点东西解渴，但又不知道他喜欢什么，你可以这样问他："你是要茶？还是要咖啡，或是西瓜？"这样，客人可以选择他自己喜欢的东西，且增添了友好的气氛。

5. 婉转型提问

这种提问的意图是为了避免对方拒绝而出现尴尬局面。例如，一个小伙子爱上了一个姑娘，但他并不知道姑娘是否爱他，此话又不能直说，于是他试探性地问："我可以陪你走走吗？"如女方不愿交往，她的拒绝也不会使双方难堪。

6. 提醒和协商型提问

对一些健忘的人用提醒式发问，能起到暗示的作用。如自己的东西不知丢哪里了，就会问："你没有借我的××吧？"表面上说的是"没有"，实际上是问"有没有"。谨慎而有分寸，在交际中显得很得体，不易引起对方的反感，又能达到自己想要的目的。

（七）拒绝式

有问必答是我们交谈中应遵循的礼貌原则，但有时遇到一些确实是不便回答或不必回答的问题，也需要运用拒绝的辞令技巧。有一个常用于外交场合的辞令"无可奉告"，现在较少使用了。我国前外交部长李肇星在面对各种外交场合的提问时，因几乎不用这一辞令而受到各方的推崇。在这里推荐几种拒绝方式：

1. 婉言拒绝法

如要拒绝对方邀请时，可先说明很高兴（很荣幸）接受邀请，遗憾的是工作太忙（已经有约），十分抱歉，不能赴约，待有空时邀请大家聚聚，在拒绝时还给对方以希望。比如，你看中了一个健身馆，正想报名参加，而这时你的一个朋友却很热心地向你推荐另一个健身馆，并极力邀请你一同前往报名。你不妨可对这位朋友说："我已经有了一个理想的健身馆，你尽管高兴地去你看中的那个健身馆报名吧！我还是很感谢你那么热心地把你认为最好的健身馆推荐给我。我想，总有一天，我会成为那个场馆的访客的。"

2. 缓和拒绝法

在交往中，遇到一时间难以作出回答的要求和问题时，可采用这一方法。如工作中遇到临时来访者，可借故说："我马上要开一个重要会议，我们改期行吗？"或者向对方说："您稍等一会好吗?"有时营销人员碰到顾客上门来退货,若自己不能接受对方要求,可向对方说："我向上面反映一下。"或:"让我们研究研究,做出决定后给您答复好吗?"灵活地运用此方法,可使交往者避免盲目做出反应而陷入被动状态。

3. 避实就虚拒绝法

恰当地运用避实就虚的拒绝方式,不仅效果良好,还能营造出轻松活跃的气氛。如有一次周总理在面对国外友人提问时这样回答道:"我们中国的路确实称作'马路',因为我们走的是马克思的路。"这种方式不仅维护了国家、民族的尊严,而且充分体现了一个大国总理具有的智慧和风度。又如:一位外国记者问某国总统:"你很富有,听说你的财产达到了 30 亿美元。"这个提问显然用意很多,首先针对总统是否廉洁而来。如果总统这时矢口否认,别人不会相信,照实说也显然不妥。这时,总统立即哈哈大笑,回答道:"一位外国议员还说我有 60 亿美元,你听到了吧!"总统先避开问题的实质不作回答,然后以虚拟夸张的事实去回答对方,这种语言的拒绝方式,不仅缓解了尴尬场面,也为双方都搭了一个下台的阶梯。

【短文三则】

与人愉快相处的艺术

一个人要做的最大的投资之一,便是掌握让别人与你愉快相处的艺术。这种投资的价值要远远大于任何能以金钱衡量的货币资本。要受人欢迎,你必须抛弃自私自利的心态,控制不良的习惯,让自己性格温和、平易近人、为人随和、宽宏大量,并懂得如何去帮助人。相信有了这种品质,所有的大门都会向你敞开,无论走到哪里都会畅行无阻,会像磁石吸铁一样将朋友吸引到自己的周围,让他人为你的友谊所吸引、所感动,并为你的喜好厌恶所影响。你会发现,这样的人,无论在任何一个角落,都比一个冷漠无情的人更受欢迎。

那些受欢迎的人,那些极具个人魅力的人,在培养那些点点滴滴受人欢迎的品质时,都遭受过很多的磨难,经历过很多的痛苦。那些天生不善交际的人,只要能够像那些左右逢源的社交幸运儿一样,肯花费同样的工夫,肯经受同样的磨难,也会创造同样的奇迹。

他人往往是你潜能的发掘者

当与一个有优秀品质的人接触时，他会挖掘出你身上存在的许多潜能，让自己拥有以前想都不敢想的能力。可见，我们成功的大部分原因应该归功于别人对我们的作用。正是他们增长我们的才智，点燃我们的希望，鼓励我们前进，使我们得以成功。

每个人身上都有一些独特的东西，只要他人肯于从中汲取这些优点，都会获得新的知识，给事业带来极大的帮助，使其生活变得多姿多彩。没有人能完全靠自己发掘自己的潜能，对于任何人而言，他人往往是你潜能的发掘者。

善于择友

交友应慎重，此乃人生成败的关键。应清楚，许多友谊出自机缘或巧合。其实，通过择友可判断其为人。智者永远不会与愚者真正相伴为伍。乐与某人为伍，也并不表示他就是自己的知己。有时我们看重他的幽默，但不表示欣赏他的才智。有的友谊不够纯洁，但能带来快乐；有的友谊真挚，其内涵丰富，并能孕育成功。一个朋友的真知灼见往往比许多人的祝福更珍贵。因此，交友应该精挑细选，不应该单纯依靠机缘。聪明的朋友能为你驱忧除患，愚蠢的朋友则会集忧致患。无疑，人生应善于择友。①

☞ **思考题**

1. 简述交往与人际关系的内在联系。
2. 如何调适各种特殊的人际关系？
3. 人际交往中应遵循哪些重要的礼貌规则？
4. 在实际交往中应该怎样运用语言的表达技巧？

---

① [西] 巴尔塔沙·葛拉西案，等．成功书 [M]．陈书凯，编译．北京：当代中国出版社，2002：23，文字上有所改动。

第八章
中西人际关系比较

┌─ **本章要领** ─┐

　　本章主要论述中西方不同的文化基础对中西人际交往及人际关系的影响；中西人际关系侧重点的不同而形成各自的特征；现代跨文化交往中，如何缩小中西人际交往的差距。

　　在全球化趋势下，跨地域、跨文化的人际交往将日益频繁。作为社会个体，应了解、学习如何与不同国家及民族的人们交流，进而建立一种彼此容忍、接纳及信任的人际交往关系，这将有助于我们民族从外来文化中吸收更多的有益养分，也有助于提升和丰富人类的文明。

第一节　中西人际关系的显著区别

　　由于中西方不同的地域自然条件和历史背景，形成了两种不同的文化。不同的地域文化，反映在人们的心理活动中，便产生地域文化心理。而不同的地域文化心理，使中西人际关系有着显著的区别。

一、人际关系的诉求不同

　　我国台湾学者曾仕强教授认为，中西方文化的不同基础主要表现在：西方文化以科学、法律和宗教为主，比较偏重于真理的探求；由于求真，所以重视证据、数字和事实。而中华文化则是以道德和艺术为基础，比较偏重于价值的创造；由于求善，所以重视直觉、感受和仿效。曾仕强在《人际关系与沟通》一书中，以图示对此作了清楚的说明（见图8-1）。

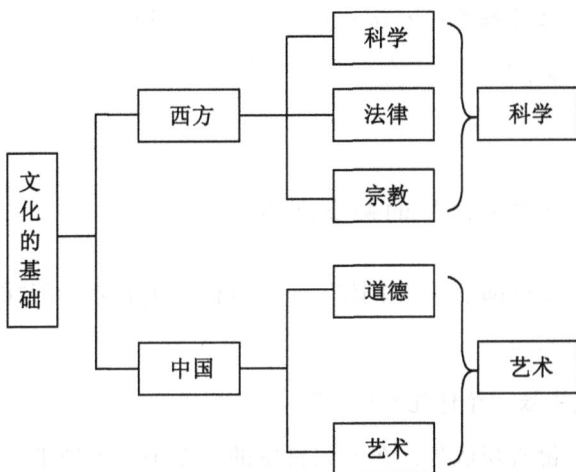

图 8-1

显然，在人际关系方面，西方讲求法律，人们普遍重视法定的权利与义务，如有纠纷和冲突，也可诉诸法律途径，依法寻求合理的解决。因而西方人崇尚自由竞争、公平法则、依法办事。而从中国的人际关系来看，人们为了能和谐相处、彼此关怀，在解决人际关系方面的问题时，则讲求先"搞好关系以寻找门路，设法创造彼此更高价值的收获"。

中国因自身文化的影响，在人际交往方面还一脉相承地倾向于"权势"关系。人们在交往时看重社会地位，并历来习惯用头衔或官衔来称呼对方。从语言表达上来看，人们顾及关系，习惯含蓄用语，通常不会毫无掩饰地表露感情；而西方的人际交往则不同，人们在社会交往中善于言语及情感的表达，并认为以同一种平等态度对待其交往对象，是对交往对象坦诚、尊重、友好的表现。因此，中西方因人际关系的诉求不同，西方偏重于"一致性"关系，其人际关系结构相对来说是比较宽松的。相比较而言，对于讲究"权势"关系的中华文化，则显现出较为严格的人际关系结构及人际关系较为正式的特征。

【案例】

有一位美国青年，特地来中国台湾地区做有关"中国人的人际关系"论文。他煞费苦心，整整研究了一年，可依然一头雾水。他最关心的问题：第一，样样讲关系，对自由竞争的市场，会不会产生负面的影响？第二，讲关系的结果，还能够维持公平的法律制度吗？第三，怎么依法办事？他提的三个问题，事实上都离不开法律的框框。①

二、"个体"和"群体"的侧重点不同

中国文化和西方文化都承认"个体"和"群体"的存在，但在两者的排序上存在分歧，其侧重点明显不同。

（一）西方文化主张"个体先于群体"

西方文化的哲学价值观认为，在人和自然的关系中，人处于支配自然和改造自然的位置，即"天人相分"，因而，在人际交往方面所持的观念是"个体先于群体"，认为一切群体都是由人为的契约造成的。所以，我们可以看到，在个人主义盛行的西方国家里，人们信守每一个人都是独立自主的社会个体，并倡导重视和尊重社会个体所具有的自由意志和独立人格。可见，他们以个人主义为价值取向，强调个人的独立自主精神。在西方人的观念中，只有每个个体都自由发展，群体才可能自由发展。

西方人在人际关系方面，允许交往个体有较大的自由度和宽松度，尤其看重个人的自我表现。因此，西方人际关系的突出特点是以"个体"为中心，致使其现实生活中人与人之间的关系淡薄。我们还可从他们的日常生活模式来理解西方这种人际关系，如西方人吃西餐，便是每人一份，各吃各的，各自付费，一切都很坦然；而他们对于中国人围在同一张桌子用餐并争相付账的行为却难以理解。

（二）中华文化主张"群体重于个体"

中华传统文化奉行的是儒家学派提出的"天人合一"宇宙观，这也是一直以来中国人的核心价值观。应该承认，这种价值观念对中华民族的交往行为产生着深远的影响。时至今日，中国人仍强调以集体主义为价值取向，认为个人是集体的一分子，个人应对集体负责。由此，在社会交往中表现出重视和强调与他人的合作，正如中国俗

---

① 曾仕强，刘君政. 人际关系与沟通 [M]. 北京：清华大学出版社，2004：3.

语所说的："一个篱笆三个桩，一个好汉三个帮。""在家靠父母，出门靠朋友。"在中华文化的观念中，人之所以成为万物之灵，完全是由于人能合群，能够借助群体的力量解决一切难题，从而实现人类的目标。曾仕强教授将中华文化"群体重于个体"的核心要点归纳为如下几点①：

(1) 先有群体，后有个体。

(2) 没有父母，如何生出子女。

(3) 群体是天然形成而非契约造成的。

(4) 中国人最希望在群体中完成个体。

(5) 群体中和谐的人际关系十分重要。

(6) 获得群体中众人的协助、成全，集结众人力量而获益。

可见，中国文化灌输的是集体主义思想，并将集体主义信念作为本民族的价值取向。因而，受这种集体主义文化的影响，中华民族的交往观奉行的是"先人后己""思己及人""思利及人"等观念。在人际交往中发生冲突时，人们更多采用的是避免、调解及委曲求全的方式。不可否认，这种集体倾向的文化影响，也衍生出人们相互依赖并过于讲求"关系"和"面子"等负面因子。

对于"个体"与"群体"这个论题，究竟是先有"个体"，还是先有"群体"，恐怕与"先有鸡还是先有蛋"的问题一样，很难获得准确的答案。但显然，中华文化这种价值观，对社会个体的发展，有着十分重要的意义。从社会学的角度来看，个体必须在群体中求得生存及发展，并实现个体的社会价值。显然，在现实生活中，因人际关系正常、良好而获得大家的协助、成全，从而获得事业成功的例子不胜枚举。因此，"群体"重于"个体"的价值观无疑具有一定的合理性和科学性，这也是我们中华民族至今仍十分肯定并强调这一文化价值取向的原因。

三、人际关系的模式不同

中国和西方国家迥然不同的文化，对人际交往产生的影响，还可从人际关系模式的不同反映出来。

(一) "情感型"与"工具型"关系模式

中国社会的人际关系比较复杂，维系这个网络的多是"人情"和"面子"。中国人

---

① 曾仕强，刘君政. 人际关系与沟通 [M]. 北京：清华大学出版社，2004：6.

在社会交往中，喜欢遵从"送人情""做人情"，所以历来重视人与人之间的"礼尚往来"。由此我们可以说，中国社会的人际关系是一种"情感型"的，这种关系通常情况下可以比较稳定、持久，但也包含许多不确定因素。

西方社会的人际关系则偏向于"工具型"。西方人受自身文化的影响，在交往中常常按照客观法则办事，对事不对人，很少顾及"人情"或"面子"；处理私事如此，处理公务也是如此，公事公办，不受个体感情的驾驭。因此，有学者认为它属于"工具型"的人际关系，它是人们在交往时为达到某个目的而建立起来的一种手段，并指出这种关系是短暂的和不稳定的。

（二）"伦理型"与"民主型"关系模式

曾仕强教授在《人际关系与沟通》一书中还提到，中国人会把伦理道德加入到人际关系中。所谓"伦"，指"次序"；所谓"理"，指"人理"。物理不需要讲求道德，因为它和道德没有关系；人伦则必须重视道德良心，重视次序，并且维持次序。他强调人伦是中国固有的文化观念，也是人类文明进步中最为重要的产物，按照伦理也即做人的道理来建立合理的人际关系最为理想。在儒家文化里，人伦的考量是个人发展其社会关系的核心标准。在此方面，社会学家费孝通提出的"差序格局"，揭示了在微观的层次上，中国人在社会结构互动中，采取的是一种特殊主义关系倾向，其推动力则是以家庭为核心的血缘关系以及地缘关系。学者金耀基所做的"人情"研究，则从另一角度阐明了"人情"与"面子"，是中国人人际交往的基本内容，强调了中国传统的伦理关系即为情谊关系，也揭示了中国传统社会的人际关系特色。

《人际关系与沟通》这本人际关系学论著对中国社会的"人伦"作了较具体的分析，认为中国社会从幼童的教养开始，便培养出反映人伦特色的人际关系。比如在西方家庭，遇到兄弟姐妹吵架，父母是本着"依法处理"的观念，大多扮演"法官"的角色，明辨是非，无论哥哥、弟弟，谁错谁道歉，没有长幼有序的顾虑；而中国家庭若遇兄弟吵架，父母不太重视谁是谁非，往往更多的是责骂兄长。从中国的家庭关系而言，更多地以伦理亲情取代明辨是非（见图8-2、图8-3）。①

中外有关方面的学者对中西不同的人际关系模式，进行了许多研究和比较，如桑普森用"聚合型"的个体主义和"离散型"的个体主义来说明中西人际关系的不同。

---

① 曾仕强，刘君政．人际关系与沟通［M］．北京：清华大学出版社，2004：28，30．

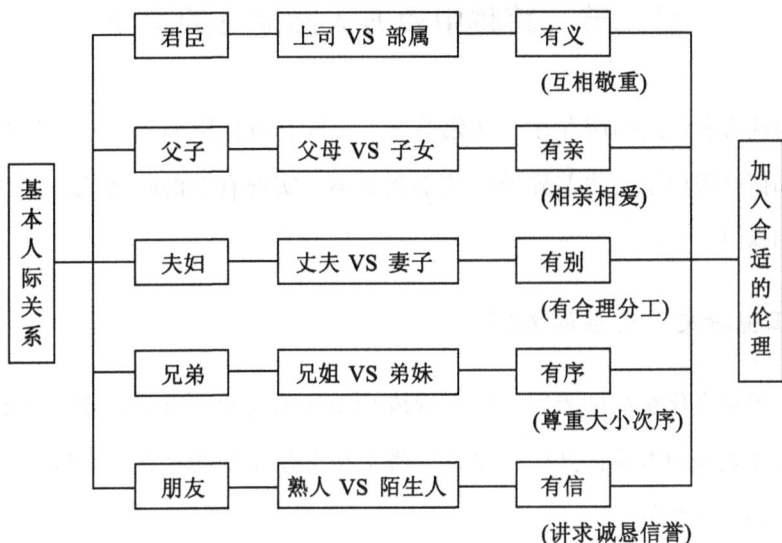

图 8-2

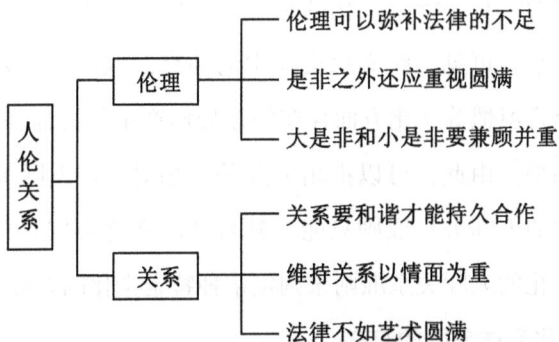

图 8-3

帕森斯则指出，与集体主义和个体主义分别对应的特殊主义与普遍主义的起源是对人类或事物进行划分的方式。费孝通区别了西方社会"团体格局"的人际关系，提出中国人际关系"差序格局"的概念。学者贾玉新也系统、深入地研究了中西人际关系的特点。关于此方面的探讨仍在不断地深入展开。

由此可以看出，中国文化的集体主义价值取向和西方文化的个人主义价值取向，是造成中西方人际关系特征迥然有别的根源所在。

第二节 跨越中西方人际交往的差距

中国与西方各国之间所存在的文化差异，无疑会直接影响到不同文化背景的人们的交往。如何克服由于文化差异带来的不利影响，实现有效的跨文化交流，应值得我们去学习和探讨。

一、正视跨文化交往的差距

正确认识跨文化交往的差距，是实现成功交往的前提。首先，我们应了解形成中西方人际关系差异的本质；其次，要正视跨文化交往差别的存在，理解并遵守不同文化背景之下的交往规范。

（一）中西方人际关系差异的本质

中西方人际关系的差异，从本质上看是文化的差异。从文化相对论的角度来看，文化差异是普遍存在的，某一特定文化的标准、信仰、规范等，只能在自身的文化中按其特定条件加以理解。可见，跨文化交往中的冲突，也往往是人们在交往时因价值观念、思维方式、语言习惯等文化方面存在的差异而产生的碰撞和对抗现象。可以说，冲突是文化碰撞的结果。由此，可以推出人际关系相对论：人际关系差异是普遍存在的，某一特定文化中的人际关系准则只能在其自己的文化中按其特定的条件理解。换言之，不能用不同文化的人际关系准则来判定某种特定文化的人际关系准则。

（二）正视跨文化交往差距的存在

要成功地实现跨文化交往，首先，要承认并正视不同文化交往差距的存在，而交往规则的差异则是相对稳定、不易改变的。我们对这些存在的差异要有充分的认识，从而在跨文化交往中，交往双方能相互了解对方包括人际关系准则在内的文化背景，多从对方的文化视角理解其交往行为，避免以自身的文化依据作为判断和评价标准，如"西方人崇尚科学，迷信逻辑，建立了一种以物质为中心的理性文化"[①]，"在面对生活的基本矛盾时，西方人喜欢从外部世界中寻找可以利用的各种工具来帮助自己解决问题"[②]，因而，中国人在与西方人的交往中，需要予以通融和尊重，求同而存异。

---

① 张自慧. 人际关系与沟通艺术 [M]. 北京：人民美术出版社，2004：424.
② 张自慧. 人际关系与沟通艺术 [M]. 北京：人民美术出版社，2004：424.

其次，还应该主动地去接受对方的文化。譬如，我们民族可"积极吸纳西方工业文明中的科学民主精神和自由平等的观念，并从我国的具体国情出发，以中国文化背景可以接受的形式，分两个层面来缓和不同向度的价值冲突：一方面，以合理的制度、宽容的心态，吸纳西方文化的精华，建立现代工业社会市场经济体制所必需的人文价值规范；另一方面，以马克思主义为指导，融会传统文化精髓建构超越性的人文价值体系"①。在中西方人们的交往过程中，双方应给予对方应有的信任。如果说交际双方都出于友好的目的进行交往，努力消除因人际关系的差异而产生的误解，那么双方的交往便能顺畅进行。

二、重视交往个体心理方面的主要干扰

在跨文化交往中存在的一些问题，常使交往个体受到社会和心理方面的干扰，从而使交往和沟通出现偏差。因此，在跨文化交往中，应对这些来自交往主体的心理干扰有正确的认识，并引以为戒。

（一）排除民族优越感的干扰

所谓民族优越感，是指一个民族认为自己所处的文化群体的行为、规范、思维发生方式和存在方式优于其他文化群体的心理定势。持有这种极端观点的人，在具体的交往中，会随时流露出优越于对方的情绪及言行。例如，中国人通常在公开场所发表演说，习惯以一些谦敬语，诸如"本人准备不足""抛砖引玉"等话语作为开场白。美国人却不同，在发表公开演讲之前，大多吹嘘自己一番，并在演讲完毕时，对周围人的恭维话加以发挥，如"我确实讲得很清楚"。显然，在具体的交往中，这种优越感会阻碍交往主体对交往对象进行全面而详细的了解，也会影响交往者在情感移入上的尝试，从而形成跨文化交往中的一种障碍。

（二）排除民族成见和偏见的干扰

所谓民族成见，是指一个民族对另一个民族及其文化，基于主观的认识而得出的过于简单和扭曲的看法。通常，在跨文化交往中，成见一旦建立起来，就很难改变。由于成见的存在，交往者通常可能从支持而不是否定成见的角度去领会对方的思想和意愿，这样便会对交往形成阻碍。因此，我们应对这种成见对跨文化交往构成的干扰予以重视并加强对此的研究。

---

① 张自慧. 人际关系与沟通艺术 [M]. 北京：人民美术出版社，2004：424.

所谓偏见，是指根据一定表象或虚假信息作出判断，从而出现判断失误或判断本身与判断对象的真实情况不相符合的现象。所谓民族偏见，是指在很少或没有经验的基础上，对一种文化群体所持的非客观的评价。现代社会心理学认为，一种社会的偏见，实质上是一种刻板印象。G. 吉尔巴特调查了美国普林斯顿大学学生对于各个国家、各个民族所具有的刻板印象，发现这些大学生对各国国民及民族的看法颇为一致，他们认为：

英国人：有绅士风度、聪明、因循守旧、爱传统、保守；

非洲人：爱好音乐、无忧无虑、迷信无知、懒惰；

日本人：聪明、勤劳、有进取心、机灵、狡猾。

1970 年，我国台湾地区社会心理学家李本华等人用类似的方法，调查了台湾大学学生对于其他国家国民的印象，包括美国、苏联、法国等国国民，发现这些大学生的看法也比较一致，如他们认为：

美国人：民主、天真、乐观、友善、热情；

苏联人：唯物、勤劳、狡猾、有野心和残酷；

法国人：爱好艺术、轻率、热情、开朗；

日本人：善于模仿、进取、尚武、有野心。

通过上述调查反映，偏见的产生，源于人们不是根据自己的亲身交往与接触，不是从其他民族的社会历史、政治经济、文化等方面去分析，而是更多地来自道听途说。偏见对跨文化交往同样会形成干扰和障碍，因此，我们需要对此有足够的认识和警惕。

（三）消除民族歧视

所谓歧视，是指不平等地看待，偏见进一步发展就会变为歧视。而民族歧视，通常表现为人们排斥、避开其他民族群体或与其他民族群体保持距离的行为。如何理解"歧视"？若是针对某一个人进行的歧视，可定义为个体歧视；如对许多个体或群体进行歧视，则应称为集体歧视或民族歧视。随着社会的发展，歧视的种类越来越多，但是无论哪种歧视，在跨文化交往中，都会对正常的人际交流及交往构成危害。一般而言，在现实的交往中，经济较为发达地区的民族，容易对经济落后地区的民族产生集体歧视心理。我们必须明白，经济状况的差异并不意味着人格的不平等，在跨文化交往中，无论经济地位、社会地位、人种、肤色存在多大的悬殊，参与交往的双方都拥有平等对话和交往的权利。

因此，应警惕民族之间的歧视对跨文化交往的负面影响。在交往中，有些人会在不经意的话语中，或在细微的表情中，或一个身体部位的动作中流露出对交往对象的歧视。毫无疑问，在跨文化交往中，这种歧视现象对人际交流的妨碍，要比成见和偏见更加严重，因此，必须重视并尽量消除因歧视因素对跨文化交往构成的干扰。

第三节　实现跨文化交往的有效途径

有效地进行跨文化交往，有利于不同文化背景下的人们相互沟通和交流，使人们从多样化的文化和不同的思想中获益，从而在新的环境下形成一种宽容、信任的人际交流局面。不同文化所形成的交往差异，不仅仅是由宗教或民族的不同造成的，也有因社会发展程度不同、生活习俗的差别以及对事物固有的看法而导致的。因此，需要从多方面去探求实现跨文化交往的有效途径。

一、了解并尊重别国的交往规范

不同地区和民族有着不同的交往规范，不同的宗教信仰也会形成不同的交往规范，因此，对交往个体而言，了解并尊重别国的习俗、宗教，以及由此形成的不同的交往规范显得十分重要。

（一）西方主要国家的交往规范

1. 英国

英国人的特点之一，是他们在为人处世方面较为谨慎和保守。对待新生事物，英国人往往会持观望的态度，他们原有的生活方式和习惯做法通常是一成不变的。在外人看起来，他们事事循规蹈矩，不仅保守，而且守旧。

与他人在社交场所初次相见，英国人认为，没有第三者的介绍，直率地去问对方姓名是不敬的。英国人在交往开始时，会与交往对方保持一段距离，然后才慢慢接近。但是，在遇到决策时，他们也会毫不犹豫地作出决定，遇到纠纷时，也不会轻易地道歉，他们相信自己的作为是完美的。英国人的作风是很注重逻辑，凡是自己所想的事，总是想办法作出逻辑性很强的说明。同时，英国人会考虑对方的立场之后才开始行动，以免给别人造成不舒服的感觉。

他们在待人接物上讲究含蓄和距离。从总体上讲，英国人性格内向，不善表达，不爱张扬。他们不仅自己如此，而且也乐于看到别人这么做。因此，在外人看来，英国人个个严肃刻板，神情冷漠，不苟言笑。对他人的喜怒哀乐他们不仅毫无兴趣，而且往往表现得无动于衷，因而使人觉得他们过于矜持、冷漠。

英国人珍惜自己的职业，安于自己的岗位，在自己选择的职业中精益求精，对自己的职业感到自豪。英国人做生意，首先从建立信用着手，然后考虑到要"有助"于人。所以当交涉中某些事项未能遂愿时，千万不能强人所难，这在英国的商界是行不通的。遇到这种情况时，就得另想办法，或等待下一次机会，诉诸感情的做法是万万行不通的。此外，与英国人交往，凡事都有一定的程序，不能操之过急。

在社交场合，英国人特别强调所谓的"绅士风度"。这不仅仅表现在英国人对妇女的尊重与照顾方面，而且也见之于英国人的仪表整洁、服饰得体和举止大方上。英国人在正式场合的穿着，十分庄重而保守。一般是男士要穿三件套的深色西服，女士则要穿深色的套裙或素雅的连衣裙。

在人际交往中，英国人不欢迎贵重的礼物。涉及私生活的服饰、肥皂、香水，带有公司商标与广告的物品，亦不宜送给英国人。鲜花、威士忌、巧克力、工艺品以及音乐会门票，则是作为礼物送给英国人的适当之选。

2. 美国

美国人为人诚挚，乐观大方，天性浪漫，好交朋友。美国人主张凡事讲求实效，不搞形式主义。他们并不是不讲究礼仪，而是反对过分拘泥于礼仪和过分地矫揉造作。

与美国人做生意，"是"和"否"必须分清楚，这是一条基本的原则。如当美国人提出某项条款时，如果你认为不能接受，就要明白地告诉美国人不能接受，而不能含糊其词，使对方存有希望。

如果发生纠纷，就要注意谈话的态度，必须诚恳、认真，绝对不要笑。因为在美国人看来，出现了纠纷而争论时，双方的心情都很恶劣，笑容必定是装出来的，这就会使得对方更为生气，甚至认为你已经自认理亏了。

与美国人交往时应注意，绝对不要指名道姓地批评某人，指责客户公司中某人的缺点，或把以前与某人有过摩擦的事作为话题，或把处于竞争关系的公司的缺点拿出来进行贬损等，都是绝对不可以的。这是因为美国人谈到第三者时，都会避免损伤对方的人格。这一点，务必牢记于心，否则是会被对方蔑视的。

美国人最讨厌的数字是"13"和"3"，他们不喜欢星期五。不宜送给美国人的礼品有：香烟、香水、内衣、药品以及广告用品。

3. 法国

法国人很珍惜人际关系，而这种性格也影响到商业上的交涉。但尚未成为朋友之前，法国人是不会跟你进行大宗买卖的。

法国人办事大多依靠自己的力量，很少考虑集体的力量，个人的办事权限很大。一般组织结构单纯，从下级管理职位到上级管理职位只有两三级，因此在从事商谈的时候，也大多由一人承担，而且还负责决策，商谈能够迅速进行。

当你和法国人谈判时，即使他们的英语讲得很好，他们可能也会要求用法语进行谈判。在这一点上他们很少让步，除非他们恰好是在国外而且在商业上对你有所求。如果一个法国谈判者对你说英语，那么这一天你将可能取得对方最大的让步。

在法国的社会交往中，迟到不会被原谅。但如果别人迟到了，你不要发火，要学会容忍。你可以和准时出席的人随便交谈，法国人非常健谈。法国人对穿戴极为讲究，在会谈时要尽可能地穿上最好的衣服。在法国从事商务活动，宜穿保守式西装，访问前要预约，礼节上要求你把自己的身份列在名片上。客人在拜访和参加晚宴的前夕，总是喜欢送花给主人。

法国人忌讳"13"，他们不住 13 号房间，不在 13 日这天外出旅行，不坐 13 号座位，更不会 13 个人共进晚餐。法国人除非关系比较融洽，一般不互相送礼。

4. 德国

德国人为人处世不仅讲究有法可依，而且注重有法必依。遵纪守法，在德国被视为做人的一种美德。与德国人打交道时，对目无法纪的人，他会敬而远之；相反，对遵纪守法的人，他会非常敬重。

大多数的德国人非常重视人与人之间的感情。他们的家庭观念很强，把亲人之间的团聚视为最幸福的时光。他们具有很强的群体意识，酷爱集会和结社，并以此为人际交往的渠道与纽带。

在经济往来中，德国人非常讲究信誉。他们虽然在谈判时会斤斤计较，精于讨价还价，但是正式的合同一旦订立，则必定会严格遵守，依约而行。德国人讲求效率和声誉，他们有科技天赋，对理想的追求永不停息。如果你与德国人有生意上的往来，一定要让他们相信你公司的产品可以满足他们在各方面一贯的高标准。在某种程度上，他们对你在谈判中表现的评价取决于你能否令人信服地说明你将信守诺言。

德国人在穿着打扮上的总体风格是庄重、朴素、整洁。他们不大容易接受前卫的服装。在正式场合，他们的穿戴一定会整整齐齐，一般以深色为主，如男士多穿三件套西装，女士多穿裙式服装。对于服饰品位与自己相近者，德国人往往比较欣赏。

对于"13"与"星期五"，德国人极度厌恶。他们对于四个人交叉握手，或在交际场合进行交叉谈话，也比较反感。因为这两种做法，都被他们看作是不礼貌的。德国人对纳粹党徽的图案"卐"十分忌讳。他们喜欢健谈的人。①

（二）西方国家的宗教信仰

我们在了解西方主要国家的交往规范时，不可忽略其宗教信仰的影响作用。因此，应对西方主要国家宗教——基督教进行必要的了解。

基督教以《圣经》为根本经典，以上帝为唯一崇拜对象，它信仰上帝创造并主宰世界。基督教分为天主教、东正教和新教三大支派。天主教是原始基督教的直接延续者和继承者，又称罗马公教，也就是普世大公教会。东正教是在1054年从天主教分离出来的东方教会，也称为东方正教。新教是在16世纪宗教改革运动中脱离天主教而形成的，它自己不断分出许多宗派。我国宗教界称为"基督教"的教会，在国际上和学术界称为新教，也称基督新教，在中国民间称为"基督教"，以区别于天主教和东正教。1807年，新教正式传入我国。1954年成立了中国基督教的三自爱国运动委员会，1980年成立了中国基督教协会。

基督教的主要仪式有洗礼、礼拜、祈祷、告解、祝福、圣事、按手礼、祝圣、圣餐、派立礼等。基督教的主要禁忌是：忌拜别的神、忌崇拜别的偶像、忌妄称上帝的名字；忌杀人、奸淫、盗窃、出假证陷害他人；忌对别人的女人与财物有不轨行为。

应邀到基督教徒家中做客，送给女主人礼物，数目忌"13"，日期忌星期五。因为据《圣经》记载，耶稣及其门徒共13人，在举行最后晚餐那天恰恰是星期五，耶稣被钉于十字架上的那天也正是13号、星期五。

基督教主要的节日有：圣诞节、受难节、复活节以及圣灵降临节。其中圣诞节和复活节是天主教、东正教、新教共同庆祝的重要节日，已融入民俗文化之中，成为民间习俗中的节日，在全世界有很大影响。

与基督教徒交往时，应遵守其相关礼俗，如进入礼拜堂时应衣着整洁、谈吐文明；在宗教活动进行中，不可大声交谈、嬉笑，不可随意走动，更不可鼓掌；尤应注意的是，不能宣传无神论，不可宣传别的宗教的迷信。衣服或者首饰上，应避免带有被基

① 李莉. 礼仪实用教程 [M]. 北京：中国人民大学出版社，2006：254.

督教徒视为偶像的东西。要使用闪光灯摄影时应征得教会工作人员的同意，在会众祷告时则不可使用闪光灯。当信徒祷告和唱诗时，自己可以不出声，但会众起立时自己也应该起立；选择座位宜靠后，以免在需要早退时引人注目，影响秩序。遇到圣餐礼拜，如果愿意观礼，应主动靠后，若有人分给饼和酒则应谢绝，等等。

宗教信仰是信徒的精神支柱，我们对不同宗教的规范要有明确的认识，并在与这些信徒的交往中严格遵守。如在交往中，首先要明确交往对象是否信仰某一宗教，弄清楚以后，就要对这一宗教的行为规范与禁忌进行了解；否则就容易在交往中出现错误，甚至因冒犯对方而令交往失败。

二、遵从西方各民族的习俗

以下对西方一些民族的见面习俗、西方社交场所的衣着规则、西方的饮食文化及可借鉴的先进习俗，作些简要说明，以便我们了解和学习，并在实际交往中去遵循。

（一）西方民族的见面习俗

在跨文化交往中，成功的关键往往在于比对方更早、更好地表达对对方的尊重，所以提倡在交往时尊重对方的日常生活习俗，让对方感受到尊重，从而在交往中趋于主动地位，促使交往的顺利进行。

与西方人交往，必须先了解中西方在见面问候上存在的习俗差异。例如，中国人有句普遍的见面问候语："您吃了吗？"这就和西方人见面时说的"您好"意义相近，只是表达礼貌，而无其他含义，但这句问候语在西方人听来，会误以为你想请客吃饭。另如，西方的男性与女性见面时通常会发出赞美："您今天很漂亮！"这句话其实和中国人见面时说"您吃了吗"一样，无多大的实在意义，也是一个表示礼貌的习惯语。在社交场合相互表达问候方面，尤其应注意的是，要了解西方国家的一些社交禁忌，如在西方国家普遍通行的一条禁令，即"公开场合里，男性不问财产，女性不问年龄"。像年龄、薪资是比较忌讳的、属于个人隐私的问题。所以，中国人习惯在见面时，开口便问对方的年龄，这种行为是有触犯对方隐私之嫌的，会被对方视作失礼行为。

（二）西方社交场所的衣着规则

西方国家比较重视个体在社交场所的仪表形象，主要体现在衣着方面，例如，他们往往把男士的西装当做观察交往对象的主要依据。因为在众多西方人看来，西装是男人的标志性特征，穿着规范的西装便意味着这位男士有品位、有教养、有良好的职业素养，并认为与这样的男士是能够进行交往和沟通的。但在我们国家，你会发现穿西装的人很多，但能规范穿着西装的人却很少，如有的人不分场合穿西装，有的人穿着皱皱巴巴的西装，有的人身穿西装却脚蹬旅游鞋，等等。若是以这样的穿着与西方人交往，会贻笑大方，并在无形中为沟通和交流设置了障碍。再如，女性着装的问题。前些年里，在我国社交场合你会看到许多女士身着黑皮裙，这些女性认为这样的穿着展示了女性的美丽和活力。然而，在西方国家女士们是忌穿黑色皮裙的，因为它是某种特殊行业的标志性服装，会让对方对你的身份产生怀疑，进而影响对方对你的信任。由此可见，我们必须了解西方国家在衣着方面的习俗。

（三）西方的宴请及送礼习俗

中西方的宴请习俗也有较大的不同。通常，西方人正式邀请客人进餐时，桌上往往摆少量的菜，却振振有词："这是我的拿手好菜！"或对客人热情洋溢地说："这道菜，是我夫人特地精心为你做的。"在中国人看来，西方人的这些话语，似乎显得有些狂妄，但这恰恰表现出西方人的热情与直率。这里顺便指出，中西方在宴请客人时，还有一个截然不同的习惯，中国人通常看到桌子上的食物被客人一扫而光，一般会感到很没有面子，因为这表明饭菜不够丰盛；而西方女主人见此情景，一定会非常高兴，因为反映了主人较高的烹饪水平，以及饭菜的可口。再则，了解西方的饮酒文化，也是非常必要的。如从饮酒来看，西方人素爱红酒，中国人喜欢白酒。如果中国人与西方人共同进餐，应注意不要按照自己的饮酒习惯，如中国人有一种做法是把红酒和其他饮料兑在一起饮，这种饮法不但让人享受不到红酒的真正美味，而且破坏了西方人长久以来的红酒品尝习惯，中国人的这种做法会令西方人大惑不解，甚至影响双方关系的良好发展。

在馈赠礼物方面，西方人比较讲究礼品的文化格调与艺术品位。例如，送同事一本装帧精美的好书，献给女主人一束美丽的鲜花，带给朋友一瓶名酒或一件做工别致的工艺品等。在一般情况下，他们既不送过于贵重的礼品，也不送廉价的东西，但却普遍重视礼品的包装。即便是很普通的礼品，他们也会用彩纸包装，用丝带包扎，力求包装得尽善尽美，以此表示其深情厚谊。

（四）西方社会其他的习俗

由于中西方社会发展程度不同，所以在文明程度上也存在一定的差异。在社会交往方面，我们需要学习和借鉴西方国家许多先进的做法或习惯。例如，"女士优先"是源自并畅行于欧美国家的一条基本社交行为准则。在西方社交场所，男士与女士交往时，都会展现男士特有的"绅士"风度，如在进出门时，男士都会让女士先行，并且为其开门和引路；在公共汽车上，男士为女士让座。特别是在危急关头，男士更会挺身而出，正如美国电影《泰坦尼克号》中所展现的那样，男士理所当然地要把生存的机会留给妇女和孩子，而自己则去承担危险、克服困难。

还应注意的是，受不同文化的影响，不同文化背景的人们对某一事物的看法往往会有分歧，这说明沟通渠道是具有一定地域性的。例如，在中国，人们往往喜欢在会客室摆放菊花，因为我们中国人普遍喜欢菊花的凌风傲雪、风霜高洁。然而，在一些欧美国家，菊花通常意味着悲哀或者不幸，常常被用于丧葬、扫墓和吊唁场合。假如我们在接待欧美国家的客人时，在会客室摆上菊花，那么对方就会认为这次交往很"晦气"，从而给双方关系蒙上阴影。

（五）西方国家的主要节日

下面我们以表格的形式将西方国家的主要节日罗列出来，供大家学习、了解，以便在以后的交往中正确运用（见表8-1）。①

表 8-1 　　　　　　　　　　　　　西方节日特征

节日名称	日　期	来　历　及　意　义	活动及习俗
情人节	2月14日	据说，公元3世纪，古罗马帝国有一位虔诚的基督徒名叫瓦伦丁。他由于带头反抗罗马统治者对基督教信徒的疯狂迫害而入狱。在那里，他治愈了典狱长女儿失明的双眼。当暴君听到这一奇迹时，感到非常害怕，于是将瓦伦丁斩首示众。在行刑的那一天早晨，瓦伦丁给典狱长的女儿写了一封情意绵绵的告别信，落款是：From Your Valentine（寄自你的瓦伦丁）。当天，典狱长的女儿在他墓前种了一棵开红花的杏树，以寄托自己的情思，这一天就是2月14日。自此以后，基督教便把2月14日定为情人节	虽然情人节来自一个伤感的故事，但是民间在这一节日里所注重的却是创造出一种美丽、浪漫、甜蜜的气氛，借以表达对爱情的赞美和对情人的祝福 在情人节，沉浸在爱情之中的人们要互赠礼物。最常见的礼物有：巧克力、精巧的小饰物和郁金香花束，前两种东西以做成心形的最受欢迎

---

① 李莉. 实用礼仪教程 [M]. 北京：中国人民大学出版社，2006：247.

节日名称	日 期	来 历 及 意 义	活动及习俗
狂欢节	2月中下旬	这个节日起源于欧洲的中世纪。古希腊和古罗马的木神节、酒神节都可以说是其前身。有些地区还把它称为谢肉节和忏悔节。该节日曾与复活节有密切关系。复活节前有一个为期40天的大斋期，即四旬斋。斋期里，人们禁止娱乐，禁食肉食，反省、忏悔以纪念复活节前3天遭难的耶稣，生活肃穆沉闷，于是在斋期开始的前3天里，人们会专门举行宴会、舞会、游行，纵情欢乐，故有"狂欢节"之说。如今已没有多少人坚守大斋期之类的清规戒律，但传统的狂欢活动却保留了下来，成为人们对幸福和自由向往的重要节日	许多国家都有传统的狂欢节，化装舞会、彩车游行、假面具和宴会是狂欢节的几大特色，它起源于非基督徒的节日庆典，如古希腊酒神节、古罗马农神节和木神节以及凯尔特人的宗教仪式等。虽然这些节日举行的时间不尽相同，但大多数在2月或3月份举行
复活节	每年春分（3月21日或22日）月圆后的第一个星期日	复活节是基督教纪念耶稣复活的节日。传说耶稣被钉死在十字架上，死后第三天复活升天	西方各国在复活节时，大多举行传统的游行活动。在美国，游行队伍中既有身穿牛仔服脚踩高跷的小丑，也有活泼可爱的卡通人物米老鼠。在英国，游行多以介绍当地的历史和风土人情为主，游行者化装成为苏格兰风笛乐队以及皇宫卫士，吸引了众多的游客。彩蛋和兔子是复活节的象征。复活节的传统食品主要有羊肉和火腿

节日名称	日 期	来 历 及 意 义	活动及习俗
愚人节	4月1日	愚人节较普遍的说法是起源于法国。1564年,法国国王查理九世决定采用新改革的纪年法——格里高利历(即目前通用的阳历),以1月1日为一年的开始,改变了过去以4月1日为新年的开端。但一些守旧派反对这种改革,依然按照旧的历法在4月1日这天送新年礼,庆祝新年。主张改革的人对守旧派这些做法大加嘲弄,在4月1日给他们送假礼物,邀请他们参加假的聚会。从此,4月1日捉弄人便流传开来。当人上当受骗的时候,捉弄他的人会大声叫"四月之鱼",意为"四月恶作剧"	愚人节最典型的活动还是大家互相开玩笑,用假话捉弄对方。有的人把用细线拴着的钱包丢在大街上,自己在暗处拉着线的另一端。一旦有人捡钱包,他们就出其不意地猛然把钱包拽走。还有人把砖头放在破帽子下面搁在马路当中,然后等着看谁来了会踢它。小孩们会告诉父母说自己的书包破了个洞,或者脸上有个黑点,等大人俯身来看时,他们就一边喊着"四月傻瓜",一边笑着跑开去
母亲节	5月的第二个星期天	1906年,美国的安娜·贾维丝小姐在她母亲去世之后,首先提出了设立"母亲节"的设想。她为之四处奔走,终于在其家乡举办了世界上第一次庆祝母亲节的活动。但她并不因此而满足,又分别致信国会、政府和新闻界,呼吁在美国设立全国性的母亲节。在她的努力下,美国国会终于在1914年通过决议,将每年5月的第二个星期天确定为母亲节,以表示对所有母亲的崇敬和感谢	在母亲节,人们要向自己的母亲赠送表达自己心意的礼品,其中鲜花是最受欢迎的。当天不能赶回家当面向母亲祝贺节日的人,通常要打电话向母亲致意

节日名称	日 期	来 历 及 意 义	活动及习俗
父亲节	6月的第三个星期日	1909年华盛顿州的一位妇女约翰·布鲁斯·杜德夫人提出应有类似母亲节的一天来向一家之长的父亲表示敬意。杜德夫人年幼丧母，是父亲把她带大。她非常爱自己的父亲。在杜德夫人提出她的想法的同一年——1909年，华盛顿州州长作出反应，宣布6月的第三个星期日为父亲节。这个节日在1916年被伍德·威尔逊总统正式批准。1924年，卡尔文·柯立芝总统建议把父亲节作为一个全国性的节日以便"在父亲和子女间建立更亲密的关系，并且使父亲铭记自己应尽的全部责任"	根据杜德夫人的建议，人们在父亲节佩戴红玫瑰向健在的父亲们表示爱戴，佩戴白玫瑰对故去的父亲表示悼念。后来在温哥华，人们选择了佩戴白丁香，宾夕法尼亚人用蒲公英向父亲表示致意。红色或白色玫瑰是公认的父亲节的节花
感恩节	11月的第四个星期四	1620年，著名的"五月花号"船满载102名不堪忍受英国国内宗教迫害的清教徒到达美洲。1620年和1621年之交的冬天，他们遇到了难以想象的困难，处在饥寒交迫之中，冬天过后，活下来的移民只剩50来人。基于"来者都是客"的信念与习俗，印第安人给这些移民送来了生活必需品，并且教导他们狩猎、捕鱼和种植玉米、南瓜等生存方法。在印第安人的帮助下，来自欧陆的新移民逐渐习惯了当地的生存方式。在欢庆丰收的日子，欧陆新移民邀请印第安人一同感谢上天的赐予。如此年复一年，便形成了感恩节	每逢感恩节这一天，美国举国上下热闹非常，基督徒按照习俗前往教堂做感恩祈祷，城市乡镇到处都有化装游行、戏剧表演或体育比赛等。分别了一年的亲人们也会从天南海北归来，一家人团圆，品尝以火鸡为主的感恩节美食

续表

节日名称	日　期	来　历　及　意　义	活动及习俗
圣诞节	12月25日	圣诞节本是基督教用以纪念耶稣基督诞辰的一个宗教节日，但是随着基督教势力的扩展和西方文化传播的影响，它已经成为一个世界性的民间节日。它的节日期限很长，通常为12月24日至次年1月6日	西方人以红、绿、白三色为圣诞色，圣诞节来临时家家户户都要用圣诞色来装饰。红色的有圣诞花和圣诞蜡烛，绿色的是圣诞树。圣诞树是圣诞节的主要装饰品，用砍伐来的杉、柏一类呈塔形的常青树装饰而成。上面悬挂着五颜六色的彩灯、礼物和纸花，还点燃着圣诞蜡烛 红色与白色相映成趣的是圣诞老人，他是圣诞节活动中最受欢迎的人物。在西方，儿童在圣诞夜临睡之前，要在壁炉前或枕头旁放上一只袜子，等候圣诞老人在他们入睡后把礼物放在袜子里

三、采用交往中的通融策略

一般而言，交往中以相同的感性观点进行沟通，对来自相同的种族或文化的人们来说是较为容易的，但对来自不同种族或文化背景的人来说就会比较困难。我们必须意识到跨文化交往的复杂性。从整个人类来说，没有哪一种文化比另外一种文化更好，也没有哪一种文化是不同寻常的或者说是异质的。因此，如果要让跨文化交往得以顺利展开，便需要采取一种通融的策略。

（一）消除因主观假设而形成的障碍

在人的意识中，"假设"实质上是一种主观臆断，在交往中则表现出过于简单地理解他人的观点。因此,在跨文化交往中,不能假设自己是唯一正确的,要有勇气对自己习惯的交往及沟通方式进行质疑。应该认识到,如果交往中沟通不畅,既可能是自己没有用一种可以被对方理解的方式传递信息,还可能是对方错误地理解了所传递的信息。不要假设对方的价值观与自己不同,认为自己受到了挑战。交往者应控制随意性假设的出现,即尽量地避免因各种假设而导致的跨文化交往中的紧张和对抗。

(二) 通融并移情于交往过程

在交往中,应该尽量设法做到从对方的视角、情感立场以及与对方基本相同的方式,来看待彼此交谈的问题。当然,为使跨文化交往有效进行,在此之前,首先要对对方的性别、种族、民族、文化程度、社会经济状况等有一个充分的研究和把握,这样才能在直接的交往中,理解对方的情感,并表现出对对方的兴趣,以及对对方的需要保持敏感,做到通融并移情于交往过程中,从而使双方更加宽容,增加理解和尊重。其实,应清楚意识到"所有的沟通者都是在扮演角色"。因此,在跨文化交往中,扮演多文化背景下的不同角色,会给交往者带来更多机会,更有利于实现交往的成功。

(三) 获取更多的跨文化交往的知识和经验

当人们在进行跨文化交往时,或许会问,有没有一种特定的沟通模式?有没有特定的应对不同文化种类的人的有效方式?有没有一些能与不同文化背景的人实现有效沟通的技能?答案是多样的,但是其中最为重要的一点就是学习和模仿,并通过实践去积累经验,如认真的倾听和仔细的观察,再通过思考、感觉和沟通来设法构造一种联结。当然,交往者需要认真地学习和吸收新知识,有接受挑战的信心和能力。从实际来看,交往主体的文化和语言知识越丰富,其信仰与来自其他文化的信仰重叠得越多,在交往中造成的误解就越小;并且对其他文化了解得越多,就越能自觉地克服交往中诸如优越感、成见、偏见等心理障碍。现代社会信息渠道及学习方式多样化,就青年大学生而言,还可以通过那些有不同文化背景的人员组成的服务团队或参加国际性的活动,获得跨文化交往的经验。总之,善于主动学习和参与交往实践,是我们快速掌握跨文化交往知识和经验的最有效的途径。

随着国际交往的日益频繁,中国的现代化进程客观上需要我们遵守相应的国际规范。在对外交往中,只有保持自己传统规则中的合理成分,同时遵守和借鉴相应的国际规则,并认同和遵守不同文化背景的民族习俗,才能更好、更快地融入整个世界。

📖 【短文二则】

中美外交史上的"趣语"

邓小平同志于 1979 年访美。谈到台湾问题时，他说：我们知道，不少朋友关心台湾的前途。统一祖国，这是全体中国人民的夙愿。我想曾经在一百多年前受过国家分裂之苦的美国人民，是能够理解中国人民统一祖国的民族愿望的。短短几句话，唤醒了美国听众的民族感情。1972 年 2 月，尼克松总统第一次访华，他在中国政府举行的欢迎晚宴上致答谢词时说："多少事，从来急；天地转，光阴迫。一万年太久，只争朝夕！现在就是只争朝夕的时候了！"当时被视为中国头号敌人的美国领导人，竟引用毛泽东主席的诗词，一下子缩短了与中国民众的距离。①

一语打破僵局

美国西雅图有一家华人餐厅，为吸引顾客，在顾客吃完饭后总要奉送一盒点心，内附"口彩卡"一张，上印"吉祥如意""幸福快乐"等吉利话。一天，有一对新婚夫妇慕名来到这家餐厅，在他们期待良好祝愿的时刻，打开点心盒，却意外地发现没有"口彩卡"，顿感十分不吉利，向老板兴师问罪，不管老板怎么解释道歉，都无济于事。刚从大陆去的老板弟弟见状，微笑着走到这对夫妇面前，用不熟练的英语说："No news is the best news（没有消息就是最好的消息——美国谚语）。"新郎新娘破颜一笑，转怒为喜，并高兴地和他握手拥抱，连连致谢，一个僵局就这样解决了。②

☞ 思考题

1. 中西方人际关系有哪些差异？

2. 为什么说正常的人际关系，可以在交往和沟通中收到合力的效果？

3. 为什么中国的人际关系特别复杂？

4. 为什么中国人主张"群体"先于"个体"？你的看法如何？

---

① 李蔚，黄鹏. 社交谋略与技巧［M］. 成都：四川大学出版社，1997：110.
② 李蔚，黄鹏. 社交谋略与技巧［M］. 成都：四川大学出版社，1997：110.

第九章
新型的网络人际关系

本章要领

　　本章主要对新型的网络人际交往的形态、特征及网络人际关系发展趋向等，作一阐述和说明，并针对现代网络人际关系中存在的问题及弊端进行分析，探讨如何促使网络人际关系健康、良性的发展。

　　有学者认为，社会的人际关系发展到今天，已陷入一种深深的困境中，最为突出的表现是，人们在交往中已无法体会到参与感、归属感及被需要感；而网络社会的崛起，创建了人际交往的新平台，并创造了一种全新的人际关系模式。确实，网络世界展示的新生活质态，对传统的人际关系产生的实质影响，不仅体现在使人际交往成本降低、交往效率提高以及交往速度加快，而且还体现在创造了人际交往的全新空间，使人际交往从原来的"点对点""点对面"的熟悉的强联系人群拓展到了遥远、陌生的弱联系人群，呈现出"面对面"人际交往所没有的新形态。

　　诚然，网络具有报刊、广播、电视等媒体所没有的许多优势，如高度的开放性、分散性和自主性，能以低廉的服务费用、灵活的服务方式、最快的传输速度提供最大量的信息资源。目前，世界各大报纸、杂志、电台、电视台和图书馆基本上"上了网"，几乎所有国家的政府、知名大学、机构都设立了网站。"上网"已是现代社会个体和组织融入时代新经济的"入场券"。

第一节　崭新的人际交流形态

网络人际关系是一种不直接面对面，而是经由互联网这一媒介形成的人际关系。

这种通过网络建立的人际关系，交往者不曾谋面，没有利益冲突，直来直去，将现实生活中的人际关系、遇到的问题，通过网络人际关系予以探讨、争论，最终取长补短，弥补现实生活中人际关系的缺陷。网上可以形成一对一、一对多、多对多等各种交流模式，可以说是一种新的人际交流形态。

一、无需面对面交流的人际关系网络

互联网诞生以前的人际关系，绝大多数时候是以面对面交流为基础的人际关系，其人际关系网主要局限于血缘（亲缘）、地缘、业缘、朋友间的直接往来关系。而以个人电脑网络为媒介形成的人际关系网络，却是由相互之间从未谋面并且相距甚远的人们组建起的一个关系网络，互动双方并不像现实社会中那样面对面地参与沟通，这便是网络人际交往与现实社会的人际交往的实质性区别。应当说，网络形成了一个非常特殊的人际关系网，其显著特点是：很多人可以同时参与交流，而且能够像日常交往那样快速地交换信息。

（一）不受社会角色的束缚

网络人际交往，可以说打破了人与人之间年龄、职业、社会地位等距离，以及国籍等限制，使得在现实中没有机会结交的人们也有了成为朋友的可能。我们看到，在现实的人际关系中，每个人都好像在扮演着某个角色。例如，一个人在公司里是科长，在与客户的交往中是销售员，而在家庭中又是一个父亲。他在每个场合都需扮演不同的角色，如果不能及时调整自己的角色，他就不能获得别人的信任。而在网络世界中，每个人却能从这些现实的不同角色的束缚中解脱出来，自由地发表言论。大家可以不在乎自己的职业和身份，自由地与他人交流。同时，由于网络交流能构建匿名性的人际关系，所以通过网络的交往，人们可以不受现实社会的约束，也不必受个人所扮演的社会角色的束缚。

因此，一些人在现实中不敢或非常谨慎地发表自己的言论，而在网络交流中却可以放心、大胆地表达自己真正的想法。如平时在上司面前不敢发表的言论，在网络交流中可以毫无顾忌地说出来。可见，网络上的交流没有约束，可以谈论得很真实、很深入、很投机，交流的气氛可以非常活跃。

社会心理学研究证明，扮演多重角色的个体，比那些仅有少量限定角色的个体具有更强的适应生活压力和变化的能力。但是，当个体处于相对稳定的环境中，个体的角色重建则相当困难。当个体在网上参与社会交往时，由于网络人际交往的新群体没有对他们形成限定的角色期望，个体也就能够自由地扮演各种不同的角色。同时，网络人际交往还给那些在现实生活中角色贫乏、感到压抑的人提供了角色重建的机会。因为现实生活中的角色扮演往往是有限的，而网络人际交往则恰好为他们提供了扮演各种角色的机会。这对于青年人而言，便可促使他们在扮演角色的同时，把握自己在现实社会中的各种角色行为，从而提高自己在现实生活中的人际交往能力。

（二）能够塑造一个新的自我

在网络空间，个人可以隐瞒部分甚至全部在现实世界里的真实身份，可见，网络空间的这种匿名性保护，为交往者提供了充分的自由，也提供了在网络空间重新塑造自我的可能。

在现实社会里，无论多么充满热情和开朗的人，内心也许掩藏着某种阴暗郁闷的一面；无论多么和蔼可亲、充实和富于自制力的人，内心也许隐藏着某种非常激烈的攻击性；无论多么认真严谨的人，内心也许潜藏着懒散、调皮的一面。因此，无论何人，背后都有可能隐藏着一个难以在他人面前表现的自我，这个自我往往被长期压抑，无法得到释放。而网络的出现，则为这个自我的释放提供了一个平台，因为在网络人际关系中，人们不必顾忌平时的自我形象，而是按照此时的心情自由地释放自己，可以把自己变成与平时完全不同的一个人来与他人交往。网络交往过程中即使发生了任何不愉快或令人尴尬的情景，也不会触动现实中的"我"，因而在这种没有后顾之忧的情形下，个人就会勇于尝试平常不敢尝试的各种举动。

大量实例表明，人们在网络世界里能够以一种更为开放、更为大胆的姿态出现，可自由选择自己呈现给他人的面貌，通过人际交往重新塑造跟现实世界中的自我完全不同的"自我"。个体从现实中彻底解脱出来，根据自己的兴趣、爱好或动机，在网络空间中通过展示甚至重塑部分自我，来完成自我认同与自我塑造。

网络为人们提供了重新进行自我塑造和多样性发展的空间。当然，人们在网络空间中进行的这种自我塑造与多样性发展，必须通过人与人之间的互动和交往才能真正实现。

（三）无现场感的轻松交流

由于交往者的身体从社交场合的撤离，与此相关的个体名誉、声望等在现实交往中要考虑的问题也随之消失。没有在现场的感觉和约束便可以轻松地进行交流，无论何时都能无所顾忌地、轻松地说出自己真实的想法。应该指出，所谓网络交往中的"真实"，从广义上说是指语言交流的真实，而从狭义上说则是指情感交流的存在。现代社会里，个体孤独感的广泛存在，加之受个体情感交流、宣泄、表现等心理动因的驱使，网络人际交往便成为网上生活中相当重要的环节。一些个人具体而隐秘的情感问题、生活细节、工作苦恼都可以在网上得到倾诉，也往往能得到随之而来的交流、安慰和帮助，以虚拟的身份便能轻松完成真实的交流。在现实生活中，我们看到许多不善于在现场表达自己、性格内向的人，却在网络交流中，能够妙趣横生，幽默感十足，很多时候让人不敢相信这是同一个人。

在面对面的交流中，交流者虽然可以隐瞒自己的职业和社会地位，却没有办法隐瞒自己的年龄、性别、容貌姿态等，而网络交流却能够隐瞒所有的因素，相互之间完全看不见对方的真实面目。即使是那些因容貌、姿态而自卑，不能积极地参与人际交流的人们，在网络世界里，也能够积极与各种各样的人保持联系，自如地交往。有的人在平时的人际关系交流中，因紧张而少言寡语、局促不安，在网络世界里，却像换了一个人似的，善谈、幽默、活力四射，这正说明无现场感的交流能使人彻底轻松、愉快而自由。

有人将有关饮酒行为的两个调查结果进行了比较，一个是实际生活中通过面对面采访得出的结果；一个则是通过个人电脑采访得出的结果。对比结果显示，在通过电脑采访的调查结果中，饮酒量要多出很多，这正与根据酒的销售量推算出来的饮酒量相符。可见，通过面对面进行调查时，每个人都会担心别人怎么评价自己，存在说实话的顾虑。这一事例说明，网络无现场感的轻松交流能使人吐露真言。

二、诉诸语言表达的人际交往

在传统的人际交往中，第一印象是非常重要的，而第一印象在很大程度上取决于对方的外貌及仪表。但是，在网络人际交往中，与陌生人的第一次见面是"身体不在场"的，也就是说，双方是无法得知对方的外貌及仪表的。因此，在网络人际交往中，双方都会将较多的注意力放在对方的语言表达上，所以说，网络是以文字为主要载体的人际交往，这种交往具有明显的间接性特点，即通过文字来描述形象、传情达意、表露心迹，这使得交往主体相互所描述、传达的信息往往是经过刻意包装的，所表现的自我也往往是刻意包装的"心理自我"，这种"心理自我"经常与现实中的自我可能相距甚远。社会心理学指出："人是一种富有表情的社会人，人的表情乃是反映其身心状态的一种客观指标。例如'喜气洋洋''愁眉苦脸''气势汹汹''眉开眼笑'等，标志着人们喜、怒、哀、乐的心理状态，在社会生活中，人们往往根据他人的面部表情来判断其情绪、情感。"可见，以文字为主要载体的人际交往，是难以确保其真实性的。这令我们看到，相对于传统的面对面的人际交往，诉诸语言表达的网络人际交往，显然存在较大的局限。

可以推论，人的存在，按其本性是具体的和活生生的，具有多种色彩和风格，具有多种潜在的可能性。而人们在网络空间的交往，只是一种借助文本实现的局部的人格交流，并没有像现实人际交往中那样的身体和感官接触，因此，有学者认为：交往者可凭借网络空间的隔离与联结功能，暂时脱离日常生活，进入另一个生活空间；通过与他人的交流和互动，实现自己的交往需要。这种网络交往，十分类似于现实生活中只有局部互动的陌生人关系。当然，两个陌生人第一次在网上相遇，由于只是"言语"的接触，恐怕比在面对面的情况下更容易互相吸引、互有好感。因此，通过网络展开人际交往，需要更加警惕。

三、极大地拓宽了交友面

在网络世界里，时间概念和空间界限都失去了传统的意义。空间距离已不再是人们交流的屏障，现实的世界变得越来越小，以至于有许多人惊奇地发觉世界正在变成一个网络化的"地球村"，正如美国著名未来学家奈斯比特在《大趋势》中所说："我们正生活在一个网络重叠的世界中。"

的确，互联网所具有的资源共享、服务灵活、高度开放和虚拟性等特点，为人们打开了认识世界和与世界自由交流的一扇窗口，为人们扩大了交往范围。国外的研究发现，互联网作为社交工具，增强了人们之间的交往和沟通，给用户以归属感和人性支持。不可否认，在传统的交往方式下，个体的人际交往常常囿于实际生活中狭小的生活圈子，而网络中的交往却能突破地域空间的限制，让整个地球变成一个小小的村落，真正实现"我们的朋友遍天下"。它可以让人足不出户在数秒之内找到许多远隔千山万水的朋友倾诉感受，为人们拓展了另一个求知的广阔空间。

相对来说，网络空间提供了比以往任何方式都要广阔得多的对话界面，使许多人能够按照自己的意愿和喜好通过这个对话界面，与他人交流和沟通，并且可以利用网络认识各种各样的人。或许原本没有机会相识，甚至没有条件保持联系的人们，通过网络，他们彼此间能进行交流和互动，并促使交往得以深入，关系能得到一定程度的维系和发展。如果说面对面交往是全人格交往，那么网上交往则是部分人格交往，这种部分人格交往与全人格交往相比有其轻松的一面。如果是全人格交往，就不可能同时与很多人保持联系。而根据需要进行部分人格交往，就能够同时与很多人维持交往了。

第二节 人际关系选择取舍的特征

对网络人际交往所呈现出的新特征，已有不少学者进行了研究，并从各自的角度给予了归纳总结。

一、与不特定人群的交往

如果我们对网络人际交往进行仔细的观察，就不难发现，它改变了许多现实中的交往方式。一个最显著的特征是：与不特定人群的双向交流。如在网上就某一感兴趣的主题呼吁大家进来讨论，具有类似兴趣爱好的人便会给予回应；再如，就某些社会潮流发表自己的一些感想，产生共鸣的人便会作出相应的回复，而且自己也有可能成为回复别人观点的一方。因此，网络交往多是与不特定人群之间展开的双向交流，这种交往方式显然有别于现实中的人际交往方式。

二、有选择的人际关系

从古至今，人们都是选择与自己合得来的人成为好朋友，如俗语所说"志同道合"；而与那些同自己性格不合的人仅仅保持形式上的交往。这就是说，人类一直在对人际关系进行着选择、取舍。这反映出一个现实问题，如果面对面的交流占据人与人之间交流的全部内容，可以想象，在和居住在周围的人们以及与工作相关的人们进行交流时，是不能够马虎草率的。此外，居住在自家周围的人们是具有偶然性的，在选择自己的住房的时候，是不可能同时选择邻居的人品的。同样，选择单位的同事也是如此，也不可能按照自己的意愿去选择一起工作的同事，因此这些必然要发生交往关系的邻居、同事，不可能都与自己性情相投、志同道合，有可能在价值观念、兴趣志向上存在着天壤之别。即便如此，在现实交往中，也不可完全忽视对方。这便是现实中人际交往的困惑。

与现实中人际关系不同的是，网络人际关系是以共同的兴趣爱好为前提的，人们可以只与那些志同道合的人交往。所以，在这个世界里，与他人交往时，对交往对方可作任意的选择取舍，相对于现实中的人际关系来说，在网络上，人们可以构造一个较为舒适、令自我满意的人际关系世界。虽然，从某种意义上说，这是一个非常以自我为中心的世界，但它适合并满足了人们内心对交友的一种需求。

三、能够掌握的细分化的人际关系

我们还可以看到，现实中的面对面交往是全人格交往，而网上交往则是部分人格交往。显然，网络所具有的部分人格交往特征，给交往者提供了自由选择的权利，因而，网络交往开创了能够灵活掌握的细分化的人际关系局面。例如进入网络空间，如果你的电脑操作遇到麻烦，可向网上的电脑高手请教；如果想探讨教育方面的问题，可向专门研究教育问题的专家请教；再如，因某事兴奋不已，并想与人分享这种兴奋感时，可以上"聊天室"，与网友一起分享。总之，在网络上根据自己的不同需求，可以找到不同类型的朋友交流。这一网上交往的特别形式，形成了网络所谓的细分化的人际关系特征。①

当今，有许多对网络特征的描绘，如全球化、超时空、跨地域、虚拟主体、实在内容、人际平等、人格多元等。无论人们对网络赋予怎样的诠释，必须承认网络运行所造就的这些特质在很大程度上促进了人类的交流。现在的网络技术手段已经能确保其覆盖范围内的任何时间、不同地域间的信息交流，语言障碍已显得微不足道了。

【短文一则】

遵守"微信"公共平台交流规则

微信是公共交流平台，发表言论具有公开性。为了有效发挥其功能，促进人际间的正常交流，以体现对他人的尊敬，我们需要遵守相关礼仪规则。

一、发送微信，应注重礼尚往来。浏览后应注意向对你打"招呼"方及时予

①　本节中部分内容参见《e时代人际关系》一书，科学出版社2004年版。

以回应；还应及时点赞以示关注，忌只浏览不发不转。

二、尽量发布格调高雅、释放正能量的信息，并对所发布的任何信息负责。切记不可发送低级庸俗的文字及图片，因为你的作品是你自身素养及品位的客观体现。

三、在微信上转发可先"点赞"，以示礼貌，看到别人发的精彩文段或图片，若欲意转发，应先"点赞"或作适当赞扬后再转发到其他群。"点赞"也有"我在默默关注你"的含义，解决了不知如何发表评论的困惑。

四、不刻意要求他人，不能咒人。微信群是一个公共交流平台，每个人都可发出自己的声音。因而，不可强制别人转发你的信息，更不可咒人。

五、发表评论不宜太长，以免喧宾夺主。当然，若对别人的评论不作及时回复是不妥的，但应回避在共同的评论区与单个人密切交谈。为避免干扰他人，可以通过私信一对一单聊。

六、在朋友圈内，不发个人生活琐事及宣泄负面情绪的信息。这既会影响他人情绪，也会暴露个人隐私。

七、微信上的回复及评论，应表现诚意，避免单纯用"笑脸"表达，应善于使用能传递自我真情实感的图文，可多使用感谢语、祝语等。

八、不得泄露他人隐私。不可随意发表未经他（她）人同意，带有个人隐私性质的内容和图片，这涉及人权和肖像权，也是行规。

九、应高度警惕，涉及国家和组织机密的信息，不可乱发，哪怕是一对一发也不妥。信息网络时代都有被记录和泄密的可能。

应当正确使用微信通信工具，防止成为低头族以被微信所绑架，而让"微信"更好地服务于我们的生活和工作，成为开展人际交流的有益平台。

第三节 网络人际关系的消极影响

随着互联网的快速发展，网络交往已经成为现代人际交往的一个重要方面，并对现实人际交往产生着重要的影响。但从社会学角度进行辩证分析，这种影响是双重的，它既有积极的一面，也有其消极的一面，所以，网络如同一把"双刃剑"。

一、对现实人际关系的省略

调查显示，有相当一部分人经常通过网络进行人际交往。应当正视，网络交往一方面使现代人际交往面得到极大的拓宽，开阔了人们的视野，并有利于人们接触多元文化，获取多种信息，培养现代意识；但另一方面，由于网络交往必然要占用现实生活中的直接人际交往时间，因而它在无形中使人忽略了个人与社会及他人的直接交往。

（一）将"个体"从人群中孤立出来

我们知道，现实生活中的人际关系是需要通过关心对方才能感受的，而网络人际关系却不同，它可省去这些"顾忌"或"麻烦"，从某种意义上来说，网络将人际关系从复杂中解脱了出来。所以，当今许多青年学生由于深受网络人际交往的影响，在学校里表现出不擅长与他人交流，有的学生甚至不愿去商店购物，与营业员说几句话都嫌麻烦，干脆从网络或自动售货机上买东西。在职的人员中，也有许多年轻人为与人交往犯愁，而整天坐在办公室里。这使我们看到，网络产生了一种负面作用，它将"个体"从周围的人群中孤立了出来。可以想象一下，如果人们都觉得待人接物非常麻烦而将这一环节省略，这个世界又将变成怎样呢？

（二）一种所谓"新"的交友方式

网络交往创立了一种所谓"新"的交友方式，人际关系不再受空间的制约，因此，人与人之间无论距离多远，都有机会相遇并保持联系。反过来说，即使是居住在一起的邻居或工作中的同事，如果性格不合，也可不必保持联系。可见，网络交往是不因为对方是邻居或者是同事而特意相遇并保持联系的。某项调查表明："互联网不仅影响了用户日常生活的许多方面，而且也在某种程度上改变了他们的生活风格——沟通强度、感情表达方式、工作效率和学习模式。"例如，有网民认为互联网的确改变了他们的交友方式："我能找到来自互联网的新朋友。我已经没有多少时间通过我的私人机会和专业机会结识新朋友了。"而我们清楚，在面对面的现实世界里，因为存在现实空间的制约，是不能够进行主观控制的。试想，如果我们把网络世界里的心性带入现实世界，将会产生什么影响呢？应当承认，一个人事业的成功终究要靠与同事的相互合作，而生活中也离不开邻居的帮助，正如俗语所说："远水救不了近火。"邻里关系是唇齿相依、不可或缺的。

由于网络交往带来的人际关系忽略，或许让人们觉得在现实中的交往不再是一种乐趣，而是一种负担。因此，网络人际交往导致的这种心理倾向，会不会逐渐令一部分"个体"从"群体"中孤立出来？这种所谓的"新"的交友方式，会不会从心理上把一个人与在空间意义上进行接触的邻居和同事隔离开，甚至还会导致更多的人对周围的人们漠不关心？这些问题，不得不引起人际关系学领域的高度重视。

二、网络的虚拟性、欺骗性造成人际关系恶化

网络的匿名性反映出网络虚拟性特征，而由此产生的欺骗性，构成了对人际关系的极大损害。

（一）匿名性导致信任度下降

由于网络人际交往中通常并不使用真名，而采用匿名的方式，使交往双方能够隐藏真实的自我，或以虚虚实实的形象出现在虚拟世界中，其真实性就会大打折扣，即"你只能获取一个人的一部分"，而不能直观地、完整地感受交往对象，这便阻碍了人们心灵深处的情感及精神的交流，导致交往片面化、简单化。因此，人们往往认为网络中的人际关系是虚伪的和不真实的：人们一般对陌生人充满了怀疑和不信任感，不敢轻易相信对方，并出现了怀疑、欺骗、寻求刺激、攻击、逃避等不良心理。同时，网络人际交往的匿名性，使交往双方只在虚拟的网络社会中交往，而在现实生活中完全没有交流。据调查显示，上网爱好者的人际信任水平明显低于非上网爱好者，由此可见，网络交往对现实社会中人际交往造成的负面影响。

（二）虚拟性导致欺骗行为多发

在现实社会中，人际交往的行为，必然受到道德规范、社会舆论以及法律法规的约束。而在网络世界里，由于网络人际关系以互联网为中介，交往者的身份往往是虚拟化的，因此，这些道德规范、社会舆论和法律法规似乎都失效了。由于目前还没有健全的适用于网络的社会规范，因此，一些人会为自己突然之间在虚拟社会中获得的"能力"和"自由"所陶醉，因而在网络世界中随心所欲地放纵自己，忽略了自己所担当的社会角色，丝毫不顾及自己行为造成的后果。如网上骗财、骗婚的例子不胜枚举。无疑，这些网络人际交往所存在的虚拟性，对现实的社会规范起到了某种程度的破坏作用。

在虚拟社区中数字化"隐身衣"的保护下，许多人在网络社会和现实社会中的表

现截然不同，其人格分裂的倾向十分明显。因为在网络社会里，他可以轻松跨越那些在现实生活中不可逾越的道德障碍，人性中的种种阴暗面在网络中会毫无顾忌地自然而然地暴露出来。

三、网络交往对大学生人际关系的消极影响

由于网络世界和现实社会是两个完全不同的空间，因而网络世界的人际关系就和现实的人际关系有割裂的可能。在网络世界中所展现的自我，在本质上是不确定、多重、流动和零散的，人们可以自己选择自己的角色，以局部人格与他人互动。

（一）使大学生思想偏离正确的价值观

网络所产生的负面影响，已使一些大学生在思想上产生了对正确价值观的背离。比如，一项对北京五所高校的学生进行的问卷调查显示，有 26.3% 的人表示"黑客有高超的技术，令人佩服"，16.7% 的人认为"黑客的行为促进了网络技术发展"，只有24.2% 的人表示"黑客的行为具有社会危害性，应严厉惩罚，尽力杜绝"。该调查表明，真正让我们担忧的不是黑客的数量，而是大学生对黑客的评价标准出现的偏差。此外，还有一些调查表明，有些大学生上网查阅黄色的图片或文字，窃取他人的信件和机密，并参与发布不健康的信息；还有些大学生利用网络追求所谓的"一夜情"，或利用网络谩骂、攻击他人。这些网络中的不良行为，必须引起全社会及教育界的高度重视。

（二）使大学生身心健康受到损害

网络从其信息库的功能来看，它在给人们带来知识信息的同时，也不可避免地带来了大量的信息垃圾。这种负面效应无疑也对大学生的身心健康造成危害，并对他们的个体人格和现实的人际交往产生负面影响。据《光明日报》2018 年 5 月 24 日消息，2018 年以来，全国"扫黄打非"部门加大网上"扫黄打非"工作力度，据统计，1—4月，全国共取缔、关闭淫秽色情网站 2.2 万余个，处置淫秽有害信息 175 万余条，查办相关案件 390 余起。可见，如此大量的信息垃圾对大学生及青少年的身心健康造成了极坏的影响，它很容易造成大学生人性和伦理的丧失、个体意志的消沉及道德觉悟的下降。事实证明，这也是引发许多社会问题和人际交往障碍的重要原因。

（三）使大学生对网络产生"眷恋情结"

不可否认，互联网向人们所传递的信息包罗万象、吸引力极强。即使成年人也难

以抵挡网络的诱惑，何况年轻的大学生，他们好奇心强并易感情用事，如果长时间与网络相处，很容易产生对网络的"眷恋情结"。比如一些大学生热衷于网上恋爱，如果一段时间不上网，便会产生种种身体和心理上的不适应，形成了对虚拟的网上恋人和网络本身的"眷恋情结"。这种"网恋""恋网"情结的持续，会严重阻碍他们理性认知和逻辑能力的良性发展，很容易造成他们在认知和人际交往方面的障碍。

可见，建立网络人际交往规则和交往秩序已成为当代网络人际交往中的当务之急。尤其在高校里，针对网络人际交往中大学生的道德弱化趋向，应在加强对大学生的法制教育、网络文明教育的同时，注重对大学生的道德教育，帮助大学生树立正确的人生观、价值观和社会主义荣辱观。高校应倡导大学生进行文明的网络人际交往，并拟订具体的网络人际交往文明行为守则，以约束其在网络中的失范行为。同时，全社会需共同努力，确立完整、统一的网络人际交往规范，共同营造健康的网络环境，以有利于"上网"人群的正常交往，并有利于大学生人际交往能力的提高和人格的健全发展。

综上所述，网络作为人际交往的一种新形式，它具有两重性，既对人际交往具有虚拟性、快捷性和开放性等优势，但也带来了人的道德失范、人际情感弱化、人际信任危机等一系列社会问题。网络引发的系列社会问题，给人际关系学领域提出了新的研究课题。随着网络时代的发展，应该怎样正确认识网络交往，如何充分利用网络的优势资源弥补现实社会中人际交往的不足，促使网络人际交往健康、良性发展，还有待于众多学者展开深入的探讨和研究。

【短文二则】

心理专家对网络交友案例的分析①

国内某职校的一名女生，在向网上心理咨询求助的 E-mail 中写道：通过网络结交了一位男性朋友，觉得他很善解人意，感觉与他交谈时很开心。我们有很多共同语言，经常会聊到半夜。但在持续了一段交往后的一次见面，未料改变了双方之间的关系。我看到他是一位很酷的男生，他见了我则有些吃惊，可能嫌我太

---

① 根据人民网相关文章改编，网址见：http：//www.edu.people.com.cn/GB/1054/3518086.html。

胖。这次见面后，他的态度变了，开始不太愿意与我聊天了。这段网络交往令我感到很恍惚，现在做什么都没劲，希望能得到专家的指导和帮助。

一名国内高中女生，也反映了所遇到的问题，她说：我喜欢上网。也许是缘分，在网上认识了一位男友，当时他失恋，我便以网友的身份劝他，也就促进了我俩关系的发展。他起初提出要和我见面时，被我回绝了，因为我不相信会在虚拟世界中寻找到现实生活中的另一半。之后我们还是见了面，但我发现现实生活中的他和网上的他有很大的不同，他沾染了一些坏习气，我想与他"分手"，但很犹豫，因为与网上的他很谈得来，我们之间似乎有一种难以抗拒的吸引力，我不知道是否该信任他，继续保持交往关系。

网上心理咨询专家分析：以上是两个比较典型的网络交友案例，两名当事人有一些共同点，即都是女生，周围没有很好的交流伙伴，生活中不太被别人关注和喜欢。前一位女生比较内向，稍有些自卑感，而后一位女生则相对外向些，并表现出一定的自信和主见。很显然，两位当事人都很希望与人交往，而实际生活中由于种种因素，又无法使这种需求得到满足，因此她们对网络交友寄予厚望，全身心地投入进去，但结果却出乎自己的预料，从而产生了失望、痛苦或迷茫的复杂心情。

中学生网络交友调查①

有关部门开展了一项覆盖北京、上海、广东等10个省、市、自治区的"国内中学生网络交友调查"，并由上海市教科院普教所发布了这项调查结果。调查结果表明，网络聊天已经成为中学生特别是城市中学生建构人际关系的一种十分普遍的方式，并可能对其人生产生重要的影响。约半数中学生倾向于选择"坦诚""幽默"和"文明"的人作为自己的网友。中学生大多选择比自己年龄大5岁至10岁的人作为网友。约9%的人表示最看重网友的素质，17%的人看重的是网友的才华，19%的人看重对方的外貌，31%的人看重人品，其余的学生则是凭感觉交网友。

调查发现，中学生最热衷于与网友交流的话题主要是日常生活、情感经历和人生体验等内容，谈论学习的人不足三成。有69%的人选择打字聊天，觉得这样

① 根据南风窗网站相关文章改编，网址见：http：//www.nfcmag.com/2009-07-16。

"更有神秘感",另有11%的人会选择语音聊天,有12%的人喜欢视频聊天,仅有4%的人会"约会见面聊天"。

处于网络时代的"90后"中学生,交友的动机也是多样的。49%的人期望从网友那里得到情感上的依恋和支持,38%的人只在心情不好时找网友聊天。一些被调查的学生说:"进网吧就好像是回家,网友的问话会很贴心,会让你觉得比父母还亲切。"还有的学生说,有许多话不便对父母说,向网友倾诉会释放心里的压力和郁闷的心情,倾诉后顿感轻松和宽慰。

主持这项调查的东北师范大学教育科学院的孙彩平和南京师大教育科学院唐燕两位学者,也提出了一个警醒,那就是:有网友的中学生中,超过四成的人认为自己的生活已经受到了网友的影响。35%的人承认自己受到网友的观点和聊天内容的影响,有5%的人对与网友交往产生了严重依赖并影响到了自己的日常情绪,有41%的人直言不讳地说,所交的网友对他们现实中的学习和生活有负面影响。调查发现,认为通过交网友可以"促进学习与成长"的中学生仅占6%,而且也仅有不足一成的人认为网友的帮助比现实生活中的朋友要大。这些说明对于中学生而言,网聊的负面影响很大。

☞ **思考题**

1. 你认为网络人际关系最显著的特征是什么?
2. 如何充分利用网络交往的优势?如何克服网络交往存在的弊端?
3. 如何正确对待网上交友?

第十章
建立真正的人际关系

本章要领

本章主要阐述人际交往的基本原则，并对如何维系真正的人际关系，从"基础""内核""纽带"三个方面展开说明；从优化人际关系环境的角度，说明如何发展真正的人际关系。

当今，世界已进入一个多元社会共存、多元文化共享、多种价值取向并存的时代，因此，对人际关系提出了新的要求，即探求建立"真正的人际关系"，将人际关系推向一个更高的层次。

第一节　人际交往的基本原则

人类具有思想和意识，因而能够意识到社会发展及人类完善的客观需要，从而按照一定的原则要求来建立和协调交往中的人际关系，并以这些原则来引导自身的行为。因而，人际关系的原则，也是人们对长期交往实践规律探索的高度概括。我们应清楚，学习和掌握人际关系原则，应是建立真正人际关系的前提。其主要有：平等原则、尊重原则、诚信原则、礼貌原则、关怀原则、互利原则、道德原则、适度原则、相容原则、积极原则。

一、平等原则

平等是交往的基础，人与人之间应该是平等的关系。《世界人权宣言》第一条就明确规定："人人生而自由，在尊严和权利上一律平等。"人际交往中应树立正确的平等观，尊重他人的价值观，满足对方需要，才能较好地处理人与人之间的关系。有关人际关系学的论著中指出，"平等的内涵包括政治上的平等、经济上的平等、法律上的平等、人格上的平等"，并说明"平等具有其相对性，它具体表现在：平等是有条件的，包括自然条件和社会条件，起点和机会是均等的。平等是现实的，平等具有时代性、平等具有地域性、平等具有文化性，平等是发展变化的。这种平等意味着所有社会成员都享有包括生存权和发展权在内的宪法和法律所规定的各项权利和自由，其人格和尊严都一视同仁地得到法律和正义的护佑，其权利和责任能够对称"。人人平等理念的关键含义是，每个交往个体应做到相互尊重，既尊重自己，又尊重他人。换言之，任何一个人要做到和别人正常的交往，就要既珍视自我的价值，又珍视他人的价值，以实现两者的有机统一，这样才有利于建立人与人之间的平等关系。

二、尊重原则

在人类趋向完善的发展阶段，人的交往更突出地表现为人格与人格的交往。人在交往中，实际上在维护着自己的尊严，并通过给他人以尊严提升自我的人格价值。正如威廉·詹姆斯所说："人类最渴望得到的，就是外界的认可和尊重。"可以说，尊重是人的类本质的最基本的表现。同时，尊重也是对人的最底线的道德要求。原美国国务卿希拉里一直将父亲的嘱咐当做自己人生的座右铭："你要尊重那些不被别人尊重的人，因为我们原本没有什么不同。"尊重具有客观的相互性，它充分揭示了人与人之间的交互主体性本质，因而包括"尊己"和"尊他"两层含义。尊己，是人们对自我存在价值和发展价值的肯定和确信，是对自我尊严、自我人格的尊重；尊他，要求承认交往对象的客观存在及其存在价值，其实质是尊重他人的人格尊严。无疑，任何一个社会个体，都有自己独立的人格，都有做人的权利和尊严，都有一个社会人所应有的规定性，这种规定性应该得到社会的尊重，并得到任何其他社会成员的尊重。

当然，做到尊重每一个人，最重要的在于尊重个体的差异，因而，应重视个体的不同心理、情绪与智能。总之，在现实交往中，人们唯有遵循尊重原则，才可使交往双方之间产生信任感，进而获得对方的人格认可与行为支持，以消除人际交往中的障碍，保持和谐的人际关系。

三、诚信原则

诚信原则是指在人际交往中双方诚实、守诺并讲求信用的原则。诚信是人际交往的基本原则，也是世界性的法律原则。诚信作为中华民族的优秀传统美德之一，体现在人与人的关系中，表现为真实可信、待人以诚、言行一致、信守承诺、老少无欺。真诚也是一个人外在行为与内在道德的有机统一。从人际心理学的角度来看，一个人的思想、观点、愿望和要求能否为对方所接受，往往与其本人对对方的真诚程度成正比。显然，你对对方越真诚，那么对方接受你的思想观点、愿望和要求的可能性就越大，相互之间就越容易建立良好的人际关系。诚然，人性之美莫过于"诚"，"诚信"一直被视为人格魅力的源泉，这也是一个亘古不变的原则。讲求诚信应是做人之本，唯有遵循这一原则，才能在现实交往中赢得他人的拥戴，并使人际关系得到巩固和发展。

美国著名的心理学家约翰·安德森曾做过一项调查，在一张表格中列出了 500 多个描写人的形容词，他邀请近 6000 名大学生挑选他们所喜欢的做人的品质。调查结果显示，大学生们对做人的品质给予最高评价的形容词是"真诚"。在 8 个评价最高的候选词语中，其中有 6 个和真诚有关，它们是：真诚的、诚实的、忠实的、真实的、信得过的和可靠的。大学生们对做人的品质给以最低评价的形容词是"虚伪"。在 5 个评价最低的候选词中，其中有 4 个和虚伪有关，它们是：说谎、做作、装假、不老实。

由此可见，人们从内心里还是渴望真诚的。约翰·安德森的这个调查研究结果在社会上具有普遍意义。生活中我们总是乐意跟真诚、信得过的人打交道，讨厌说谎、不老实的人。日本著名的佛学大师池田大作说："一个诚实的人，不论他有多少缺点，同他接触时，心神就会感到清爽。这样的人，一定能找到幸福，在事业上有所成就，这是因为以诚待人，别人也会以诚相见。"①

真诚是财富，而且是最宝贵的财富。在这方面进行投资的人，可以获得丰厚的回报。因此，真诚是建立良好人际关系的基础，能促使人际关系正常、长期、稳定的发展。

四、礼貌原则

人们在交往活动长期发展的过程中，形成了一种约束与指导人们交往行为的规

---

① 转引自陈南. 感谢折磨你的人全集 [M]. 北京：中国妇女出版社，2007：326.

范——礼仪，作为一种约定俗成的行为准则，一种协调人际关系乃至整个社会生活的无形的"法"。俄国文学家、哲学家赫尔岑说："生活中最主要的是有礼貌，它比最高的智慧，比一切学识都重要。"人们的印象形成过程始于通过感官觉察对方，社会交往中的人总是以一定的仪表、服饰、言谈、举止来表现某种行为，这是影响人们印象的主要因素，因而，礼貌原则是指交往双方通过言谈举止表现出谦虚、恭敬、相互尊重的原则。可见，人际交往中，我们要注重礼节、礼貌，要了解、掌握和遵循当今国际上通行的社交场所的礼仪规则，如日常交往中，言谈举止要文明、优雅、自然、大方、得体；服饰穿着应遵循国际通行的"TPO 原则"，即时间原则、地点原则、场合原则；待人接物注重文明礼貌等。显然，一个人以何种形象出现在他人面前，已经越来越成为人们非常重视的问题。因为它在事实上影响着人与人之间的沟通效果，甚至制约着人际交往的成败。而个体所表现出来的良好的礼仪风度，在交往中必然会给对方留下深刻而美好的印象，从而建立起稳固的关系。

五、关怀原则

美国学者诺丁斯曾对"关怀原则"做过理论概括，他将"关怀原则"的主要内容概括为两个方面：一是承担，即为某事、某问题、某人（群体）操心、担忧或烦恼；二是关注，即对被关怀的对象的感受、想法和利益等非常在意。这一理论说明，关怀是一种关系行为，涉及关怀方与被关怀方双方；关怀能否从关怀方传达到被关怀方，并能在一定时间内得到维系与持续，在较大程度上取决于关怀方的意愿与行动，但同时也与被关怀方的接受态度和感受关怀的能力有关。因此，这一理论告诉我们，对他人的关怀作为一种关系行为，是要考虑被关怀方的感受的。由此，采取恰当的方式来表达自己对他人的关爱，让他人觉得没有"施舍"意义上的关爱而乐于接受，就显得尤为重要。

有一位心理学家曾经说过，不肯关心别人的人，不但自己为人处世感到孤独，甚至还会成为害群之马。在现实交往中，关爱他人、利他应是构成和谐人际关系的重要因素之一。在现实社会中，生活是丰富多彩的，关爱的表达方式也是丰富多彩的，只要坚持具体问题具体分析的方法，只要是发自内心的，交往者无论采用何种方式，都会收到一定的效果。

六、互利原则

人际交往形成的本质根源之一，是人们之间存在的利益关系，而利益关系的一个重要内容在于交往双方关系的维持，因此，利益表现为主体关系双方互为前提的条件性。可见，当某人说"我的利益"时，在逻辑上就暗中肯定了对方的利益。所以"互利原则是交往过程中，双方通过对物质、精神的交换而使各自的需求得到满足的原则"。

"互利"的内涵包括物质和精神两个层面。物质即人维持生存所应有的对物质资料的需要；精神则是人在情感、意识、心理、文化及社会交往方面的需要。人类社会的发展历史证明，人们正是通过物质上的互相帮助和支持，以及精神上的彼此慰藉和鼓励，才使人际交往得以延续。其实，在日常生活中，我们只要努力地去做令别人满意的事情，便是给自己更多的机会。因此，"互利"是促使人类社会和谐、健康发展的人际交往原则。

七、道德原则

社会中的每个人，都承担着相应的责任和义务，并分享着一定的权利，而权利和义务的分配是依据一定的原则、准则来进行的。因此，人与人的交往乃至形成的人际关系就被赋予了道德属性。实际上，道德原则是用以调整利益关系、为社会成员的权利和义务及分配提供合理的价值尺度的。因此，道德是指为了维护社会共同利益，尊重他人的人格和权利，协调各种利益关系的行为准则。它通过社会舆论、内在信念、传统习俗的力量，来实现对社会各种关系的调整。道德的含义还可解释为：道德是社会用来调整人与人之间、人与社会之间关系的行为准则和规范的总和。因此，从道德的内涵而言，它以善和恶、荣和耻、美和丑等概念为评价标准。我们看到，在日常生活中，人们对任何具有或符合一定道德准则的行为给予道德赞许或道德奖励，而对任何缺乏或违背道德准则的行为则给予道德谴责或道德制裁。无疑，道德原则是确保人际交往正常进行的一条基本原则。

八、适度原则

人际关系是在人际交往中建立的，而人际交往是否成功在很大程度上取决于交往主体对自身交往行为的"度"的把握。适度主要是指与他人交往中，交往主体的表情、态度及言行等是否把握得有分寸，做得恰如其分、恰到好处。适度原则的内容主要由以下三个方面组成：

第一，交往者的表情应适度。人的面部通常有喜、怒、哀、乐等表情变化，交往中一般保持微笑的表情即可，因微笑已被全世界公认为社交场所的常规表情。关于与人交往中如何正确地运用目光，已在前面的章节里作了较详细的说明。

第二，交往者的态度应适度。就态度而言，它是交往者对交往对象相对稳定的一种心理反应倾向。一般来说，在正常交往中，针对不同对象应采取不同的态度。如对长者的态度不同于对晚辈的态度、对领导的态度不同于对下属的态度、对亲友的态度不同于对陌生人的态度。总的来说，对任何交往对象，都应表现出适度的尊重、热情和诚恳，以给对方良好的心理反应，促使交往顺利进行。

第三，交往者的言行应适度。这是指交往中的言谈、举止应遵守一定的规范，不可以根据自己的喜好，随意放纵。交往双方应使用文明、规范的用语，语言交流适当，即语义、语音的使用恰当；举止则要求大方，举手投足分寸恰当，在交往对象面前展现良好的自我形象。

九、相容原则

人作为社会个体，是极其复杂的，因为所有的人既有其自身的心理基础，又都会打上不同的社会烙印。交往中需要宽容、豁达、谦让的待人态度和精神，才能做到求同存异、和睦共处。相容原则，便是指交往中双方需有一定的忍耐度，能相互宽容的原则。由于社会个体之间存在的差异，如成长经历、受教育程度、习俗信仰、行为习惯的不同，需要双方相互宽容。就像世上没有两片完全相同的树叶一样，世上也没有两个完全相同的人，人与人之间存在诸多的差异；况且，世上也无十全十美的人，正如俗语说的"金无足赤，人无完人"。因此，人际交往中"相容"是最难做到的，难就难在对交往对象的"短处"要能够容忍。为此，首先，要能够善意地帮助对方，指出错误所在，并给对方改正错误的机会。其次，要学会抑制自己的行为习惯，尽可能地规范自己的交往行为，以适应不同的交往对象，促使交往关系的建立。再次，要把握好"度"，不应将"相容"表现为怯弱、低三下四，而应表现出一种豁达的心胸、积极的心态、谦虚的品格。

可见，宽容是一个人思想境界和品德修养的反映，同时也是实现人与人之间和谐相处的重要原则。从人际关系的角度看，相容，实际上是肯定了交往中的人，必须摆脱自己的一孔之见，积极吸纳多方面的意见，在与他人的交往中，能设身处地地为他人着想和最大限度地理解他人。有位小学老师做了一项有趣的实验，请班上学生写出自己所讨厌的同学名字。有的学生只写了一个，有的学生写了三十几个。这个老师发现一件有趣的事，写了最多名字的那个人，他的名字却最多出现在其他人的名单上。理由很简单：因为他讨厌大部分的人，所以大部分的人讨厌他。这个例子清楚说明，交往主体需要先容忍和接纳对方，才能换取对方的容忍和接纳。遵循相容原则，需要交往双方做到相互了解，相互体谅，换位思考，真正地替对方着想，从而建立双方之间融洽的关系。

十、积极原则

"积极"反映为一种处世态度。通常在交往中，一个人所表现出的处世态度，会在很大程度上影响对方的交往态度和方式。积极原则是指交往中以主动、热情的态度与对方交往，以获得对方的反应。在某种意义上，我们将人分为两类：积极处世的人和消极处世的人。积极处世的人是以热情主动的态度和行为参与人际交往活动；而消极处世的人则往往表现出冷漠并拒绝交往。前者通过积极主动地与他人交往，从对方那里获得精神上的满足，并促使自身的发展；后者对交往持拒绝的态度，其精神上陷入孤独的境地，容易产生悲观厌世的情绪。因此，在人际交往中，应以主动热情的态度和行为影响交往对象做出相应的反应，促使双方展开良性的互动与交流。

第二节　真正人际关系的维系

人际关系是在人际交往过程中形成和发展的，而人际交往的双方都是能动的主体，因此，真正人际关系的维系，需要交往双方的相互努力和密切配合。

一、真正人际关系的基础

（一）真挚的情感

心理学认为，情感是人对客观事物是否满足自己的需要而产生的态度体验，它对人的心灵和外在行为有着重要影响。在某种具体的人际情境中，交往者如果表现出真挚的情感，会给予对方正面的效应，如令对方油然起敬，乃至被感动；如果交往者缺乏真挚的情感，便会使对方产生厌恶感，乃至引起痛恨。中国古代"推己及人"的交往观点，就是基于人类情感所具有的相通性来说的。在现实生活中，许多人抱怨"交朋友"是一件最难的事，殊不知，人是情感动物，俗话说："人非草木，孰能无情。"其实，与人交往，既要交换信息，也要交换感情。要想真正征服对方，应按古语所说的那样："攻城为下，攻心为上。"因此，在人际交往中唯有真挚的情感才能引起双方的共鸣。当然，交往者还要能够体验对方内心的真实情感，只有这样，才能促使自己的交往行为具有合理性、对应性。

（二）彼此的信任

交往双方的相互信任，也是进行交往并发展彼此之间关系的重要基础。在现实的人际接触中，如果缺乏对交往对象的信任，便会导致对立情绪的产生，使得对方采取一种敌视的态度，交往难以正常进行，并对双方关系造成伤害。因此，在人际交往中，应给予对方一定的信任感，这是建立交往关系的基础，也是促使双方交往进一步深入的动力。

二、真正人际关系的内核

现代社会新的交往模式，将人与人之间的心灵感通、情感相悦、理性观照作为一种价值目标，并视为建立真正人际关系的内在核心因素。

（一）心灵感通

卡耐基在《人性的弱点》一书中写道："在世界上所有的道路中，心与心之间的道路是最难行走的。人人都在追求利益，可他们却找不到通往心灵的方向。"人与人之间的现实交往活动，其实是双方的心灵感应过程。从化学原理来看，两种完全不同但能产生化学反应的物质相结合，可能会产生另外一种物质。它的能量可能远远超过这两种物质简单相加所释放的能量。其实，人与人彼此的心灵感应，也可激发人的潜能。许多作者将自己最出色的论著和书中最睿智的话语归功于自己的某个朋友，因为是这个朋友给了他心灵的启迪，并激发了自己的潜能。

（二）情感相融

社会学认为，人际关系是由认知、情感、行为三个因素构成的，其中情感是最重要的调节因素，它体现了关系主体积极或消极的情绪状态和体验，以及关系主体情绪的敏感性、对人际关系的满足程度等。如果说人的需要可分为许多维度和层次，那么情感的需要应是人的需要的重要维度和层次。当然，人的情感的需要和满足人的许多其他需要和满足一样，离不开他人和社会。然而，令我们感到遗憾的是，现代社会的生存方式使人际交往趋于"利他性"。因此，在现实生活中，人们常听到这样的感叹：有用者，未必可亲；而可亲者，又未必有用。似乎感到交友是一件十分困难的事。殊不知，浇花要浇根，交人要交心。不可违抗的事实是，唯有真情能够促使心与心的交融和碰撞，维系人与人之间普遍而持久的交往，减少或避免人际摩擦与冲突，使交往得以良性循环。所以，我们应当重视交往主体的情感，相信这种情感会对人的心灵和外在行为产生重大影响。因此，在人际交往中，应以彼此情感相悦达到情感相容，从而建立真正的人际关系。

（三）理性观照

理性观照是指交往双方彼此在价值观念、态度、信念等方面相近或相似。其实，在双方建立交往关系的过程中，唯有双方在上述方面能达到相似或相近，才能在认识上趋于一致，使双方的相互适应比较顺利，彼此之间的距离才可能缩短。巴尔塔沙·葛拉西安等著、陈书凯编译的《成功书》中提道："芝加哥颇具财力的商业集体，包括经营口香糖公司的威廉·莱利每年的收益高达 1500 万美元，经营午餐连锁店的约翰·汤普森、广告经纪人雷斯尔、经营快递公司的麦克·库洛及黄色计程车行的利奇和赫兹，这六个人并没有特殊的学历，都是白手起家。他们并非侥幸发财。他们互相鼓励，依照个人的专长提出观念和建议，协助彼此的目标。他们定期聚会，分享彼此的观点、分析、研究，互相竞争、协调与创造。"因此，理性观照有助于双方的相互认可、接纳及相互支持，同时，在交往者之间形成稳定的关系。

三、真正人际关系的纽带

人际关系的巩固，需要经常维系，以下从三个方面说明。

（一）彼此接纳

在现实生活中，我们可以看到，那些观点、态度较一致的人在一起交往，能够互相带来惬意的感受。而与那些在思想、观点、性格方面不一致的人一起交往，便需要有一颗接纳对方的心，要有宽容、大度的心境，这便需要在交往中努力了解对方。卡耐基说：从人性的本质来看，每个人最关心的都是自己。要使别人喜欢自己，那就做一个善于静听的人，鼓励别人多谈论自己。多关注对方固然重要，但需注意，交往中不是被动地接纳对方，也就是说，不能一味地、无原则地迎合他人，也要适时地表达自己的意愿和要求，使自己能被对方欣然接纳。

美国学者约翰·杜威曾说：人类最原始、最迫切的一种欲望，就是寻求自身的一种重要性。人与动物的区别也在于此，人类文明的进步，也是以此为动力。由此，在人际交往中，应建立一个明确的概念，应让对方感受到他的重要性。无论何时何地，都应遵守这个准则：要他人怎么待你，就先怎么待他人。

其实，要想真正做到接纳对方，并非一件难事。我们以平等的态度与人交往，学会正确地评价对方的优点和缺点，尤其学会善于发现对方身上的闪光点，并向对方敞开心扉，坦诚相待。这样做，才能赢得对方的赏识，被对方欣然接受，从而在双方之间开创一个愉快的交往局面。毋庸置疑，和谐的人际关系，是建立在交往双方彼此接纳的基础上的。

（二）相助共勉

现代社会是一个精密有序、不可分割的有机整体，社会交往中的任何行为都会有多种关联。一种正常而友好的人际交往，能使彼此获取精神上的养分，使内心获得充实、情感得到慰藉，并得到人生有益的启示。但我们发现，如果一个人长期处在孤立的境地，就会变得意志消沉、丧失活力，例如，19 世纪的诗人沃尔特·惠特曼经历多年的苦苦奋斗，却一直没引起世人的注意。正当他气馁、沮丧的时候，他收到一封信，信中说："亲爱的先生，我发现自己不能不对《草叶集》中展现的非凡才华视而不见。我认为，它是美国迄今为止最具才情和智慧的作品，我祝贺你即将展开的辉煌生涯。"可以想象，这封信中的激励语言，在当时给惠特曼所带来的巨大力量。① 因此，不可忽视人与人之间的相互勉励，它能给交往者带来生活的激情、生命的力量，乃至创造的活力。应该意识到，人际关系之所以具有相互激励的作用，正是人际交往中存在着这种相互勉励的因素，正是这种因素促使交往双方共同进步和共同发展。

（三）互惠共赢

纵观社会发展和人类自身发展的轨迹，我们可以发现每一个人都离不开与他人在

---

① ［美］约翰·麦克斯韦尔，雷·帕罗特 . 与人共赢的 25 个关键 ［M］. 任月园，等，译 . 北京：中国社会科学出版社，2007：153.

物质和精神方面的相互帮助与支持。人际交往的延续，也正是建立在交往双方的需求和对需求满足保持平衡状态的基础上，可见，良好的人际关系会产生互惠共赢的效应。但是，它与所谓的庸俗关系是截然不同的，二者的分水岭在于："正常的人际关系所产生的互惠共赢效应，是积极的、合理合法的，并符合社会道德规范的；而庸俗关系则表现为损害集体及他人的利益，违反社会法律道德，有碍于社会的正常进步和发展。"我们需要正确认识和区分两种不同性质的"关系"。

如何在人际交往中实现互惠共赢？马丁·路德金说：人生中最经常、最迫切的问题是：你在为别人做什么？因而，当我们意识到受了别人太多的恩惠时，应及时地给对方以回报。其实，我们在无私地给予对方时，同时也是在为自己做善事，并必定会获得回报。我们可将"互惠共赢"作为人际交往中的一种基本行为方式。

可见，倡导"互惠共赢"的新型人际关系，是因为这种新型人际关系从客观上来看，不仅体现了人际交往最基本的动机，也是人际交往得以持久发展的强劲动力。

第三节　真正人际关系的发展

随着时代日新月异的快速发展，全球一体化即将来临。我们需要建立一种适应人类发展的、崭新的人际关系。这种崭新的人际关系，不仅应体现我们所处时代的特征，而且应符合人类历史的发展规律，推动整个人类文明的进步和发展。

一、优化人际关系的大环境

从人际关系的发展轨迹来看，它无疑会受到现实环境的影响，受到时代条件的制约，因而创造良好的社会大环境，对优化人际关系具有十分重要的意义和作用。

（一）有助于学习和研究人际关系学

创造一种良好的社会大环境，有利于对人际关系展开深入学习和研究。人际关系学作为一门新兴的学科，有待于我们去深入探讨其理论精髓，从而指导人们把握人际关系的实质、特点及其发展规律。应当正视，全球范围内的人际交往日益频繁，并且日趋复杂。因此，人们的交往仅凭在生活中学习那么一些经验已远远不够了，必须依靠人际关系学的科学理论作为指导。由此，我们需要有一个良好的学习和研究的环境。

（二）有助于树立正确的人际交往观

在人际交往中，双方关系的形成和建立，受诸多因素的影响，如有些人缺乏正确的交往观念，难以与人和谐相处；还有些人存在心理方面的障碍，这也会影响其与他人的正常交往。因此，需要有一个良好的外部环境，从正面引导和启发人们正确认识自我，并正确地对待他人，学会如何规避来自主观的消极因素的干扰，懂得怎样消除影响人际交往的个体心理障碍，以使人们在正确人际交往观的指导下，提高自我的人际交往能力，使人际交往顺利展开，实现人与人之间真正意义的和睦关系。

（三）有助于人际关系呈良好态势的发展

2000 年 5 月，我国民政部制定的《全国社区建设示范城基本标准》指出："充分利用社区教育资源，广泛开展……社会公德、职业道德、家庭美德等各类教育培训活动，宣传普及科学知识，形成团结互助、平等友爱的新型人际关系。"该标准要求创造一个文明的人文生态环境，端正社会风气，并在全社会倡导和推行一种新型的人际关系，即人与人相互关爱、彼此信任、互相激励，促使人际关系优化发展，并使人们掌握和运用优化人际关系的方法和技巧，从而建立适应社会发展的新型人际关系。

二、人际关系与人类发展并进

当今，整个世界呈现出一个"一体化"的发展趋势，人类需要在一个具有多元的文化及价值取向的社会中共存。由此，建立"和谐共处"的人际关系和创立"和而不同"的人际关系格局，已成为全人类共同的追求和向往。

（一）建立"和谐共处"的新型人际关系

真正的人际关系，应呈现出"和谐共处"的景象。其实，在中国古代，人们就已倡导这种思想。孟子说："天时不如地利，地利不如人和。"（《孟子·公孙丑下》）在我国传统社会，儒、释、道三教并流，其共同点之一，便是强调和谐。其"和谐"的内涵包括，人与自然的和谐、人与社会的和谐、人与人的和谐。显然，强调"人与人的和谐"，已成为当代倡导"和谐"的第一要义。就"和谐"的内蕴而言，就是哲学意义上的"平衡"，因此，人际关系是向着一个"平衡""和谐"的方向发展。在我们国家的社会生活中，十分注重和强调和谐，以和谐作为时代的基调，来营造一种融洽的氛围，使人们和睦相待、和平相处，在这个基础上发展协作、友好关系。

在社会交往中，"和谐"应是我们协调各种人际关系的原则。在现代组织中，唯有人际关系和谐、融洽，才能形成组织强大的内聚力，这样的组织才能同心协力、士气高昂地完成共同的事业，实现宏伟的目标。从另一角度去审视，"和谐社会"也可称为一种新的生存智慧，它提倡一种社会本位基础上的人际互利共生、共赢的理性思维方式，并推崇"我生人也生"的信念；它要求在社会生活中，首先要学会尊重他人，以达到人与人之间的和谐共处、实现"双赢"和"多赢"的共同目的。

（二）构建"和而不同"的多元人际关系格局

在这样一个多元文化及多元价值取向的时代，人类社会要有序地发展，需要创建一个"和而不同"的人际关系格局。当今世界，不同的政治派别、不同信仰的民族、不同利益的社会集团，都希望创建一个"求同存异，共谋发展"的关系格局。那么，个体与个体之间，也应以"求同存异"作为建立彼此关系的准则，从而与整个时代相融合。其实，"和而不同"是我国从古延续至今的重要思维方法和实践方法，是引导社会事物和社会关系和谐发展的一条重要规律，更是人们处世行事应该遵循的准则。它反映在人与人的关系上，就意味着对他人应采取既有克服又有保留的正确态度。这也是人际关系乃至社会关系发展的一条重要规律。随着历史的向前发展，这个规律仍将发挥重要的作用。

其实，人类社会是由各种各样的人分工合作的一个大系统，我们怎样才能使这个系统有序地运转呢？应该承认，人类乃至自然界每个具体的存在，都有其存在的理由及合理性，因而每个个体都有自己的相对长处，都是组成这个丰富多彩的世界的一分子，只不过有着不同的使命，扮演着不同的社会角色。所以，人们应和平共处，根据自己所处的社会环境和自己所扮演的角色，共同创造人类美好的生活，实现人类共同的目的。显然，人的本质是一切社会关系的总和，每个人都处在一定的社会生活中，从属于一定的社会形式，人们之间结成各种关系，产生相互作用，才能实现共同活动中各成员之间的协调一致，成就每个人的人生。我们应看到每个人身上都有极大的潜力可挖，应该给他人也给自己提供和创造机会。不可否认，一个能发挥人们的创造性和积极性的社会，才能称为真正的"和谐社会"。

【短文一则】

用欣赏人、尊重人的方式去处理人际关系

人都希望别人欣赏自己、尊重自己；而是否欣赏和尊重对方，则因人而异。我们必须克服人性的弱点，客观地观察他人和自己，会惊奇地发现，原来自己还有许多不足，而身边的人都有值得自己学习、借鉴的地方。我们不应当因为对方有某些不足而去否定别人，而是应该因为别人有比自己强的优点而去欣赏和尊重别人。若能如此，会惊奇地发现，世界上所有自己能接触到的人，只要用心观察，都可以发现自己所不具备的优点。

一个懂得欣赏人、尊重人的人，会处理人际关系，会变得心态平和、与世无争，同时也能赢得别人的尊重。这样的人组成的团体，将是凝聚力极强、办事效率极高的团队。

【案例一】

尊重的力量是无穷的

乔治·华盛顿是人所共知的美国第一任总统，他领导美国人民为了自由、为了独立浴血奋战。

很难想象，华盛顿一个人能使美国独立。仅凭一个人的力量，没有成千上万的人愿意听从华盛顿的召唤，华盛顿绝对不可能取得如此的成功。

华盛顿为什么能成功呢？关键的因素之一就是华盛顿赢得了美国人的信任和尊重。他很懂得领导的艺术，他了解他人、尊重他人。

有一天，华盛顿身穿没膝的大衣独自一人走出营房。他所遇到的士兵，没有一个人认出他。在一个地方，他看到一个下士领着手下的士兵正在修筑街垒。

那位下士把自己的双手插在衣袋里，对抬着巨大石块的士兵们发号施令。尽管下士的喉咙都快喊破了，士兵们经过多次努力，还是不能把石头放到正确的位置上。

士兵们的力气快要用完了，石块眼看着就要滚下来了。

这时，华盛顿疾步上前，用他强壮的臂膀顶住了石块。这一援助很及时，石

块终于放到了正确的位置上，士兵们转过身，拥抱华盛顿，并表示感谢。

华盛顿问那个下士说："你为什么光喊加油而把自己的双手放在衣袋里？"

"你问我？难道你看不出来我是这里的下士吗？"那个下士鼻孔朝天，背着双手，很不以为然地回答说。

华盛顿听那下士这样回答，就不慌不忙地解开自己的大衣纽扣向那个傲气十足的下士露出自己的军服，说："从衣服上看，我是上将。不过，下次再抬重东西时，你就叫上我。"

下士这时才知道自己面前的这个人就是华盛顿本人，他一下子羞愧到了极点。但此时他才真正懂得：伟大的人之所以伟大，就在于他绝不做那种逼迫别人尊重自己的蠢事。

华盛顿和下士虽然职务高低不同，但无论大小，都是领导人物，无疑都有使别人尊重自己的需要，以便在组织工作中能产生最佳的工作效益。毫无疑问，在此方面，华盛顿获得了巨大的成功，而那个下士如果一如既往，恐怕很难成功。两个人的差别就在于获取他人尊重的方法上，下士时时处处都用自己的权势逼迫他人，使他人尊重自己，毫不顾及他人的情感。而华盛顿在获取他人尊敬的方法上不滥用权势，不逼迫他人，一切顺乎人情。可见，尊重的力量在于，它远远要比你费尽心机、费尽口舌给别人讲道理，说服或命令别人按你的指令做取得更好的效果。①

【案例二】

真正的友谊

——马克思与恩格斯的故事

列宁曾说，马克思和恩格斯的友谊"超过了古人关于友谊的一切动人的传说"。马克思和恩格斯虽然都有独立的个性，但在思想、感情和志向上却有着惊人的相似性，性格特征上有着很强的互补性。所以，他们俩才可能产生深刻的理解，并在长达40年的共同战斗中结下了深厚的友谊。从性格特征来看，恩格斯十分敏

---

① ［西］巴尔塔沙·葛拉西案，等. 成功书［M］. 陈书凯，编译. 北京：当代中国出版社，2002，有改动。

锐，"机灵得出奇"；马克思观察事物十分精细，分析深入透彻，穷根究底。马克思性格内向，治学、办事十分谨慎、持重，从不谈出自己未深思熟虑的意见；恩格斯性格外向，办事、治学雷厉风行。恩格斯敏锐、机灵的性格帮助马克思迅速地捕捉到各种新思想、新事物，而马克思的精细观察、分析透彻又使恩格斯的认识得以不断深入。恩格斯雷厉风行的作风促使马克思创造精神产品的速度得以加快，其外向、善交际的性格又帮助马克思解决了生活、交际方面的许多难题，使马克思在逆境中终于完成了鸿篇巨制；而马克思的谨慎、持重对恩格斯也产生了积极的影响，使其论著更加严谨，无懈可击。①

☞ **思考题**

1. 遵循人际关系原则有何重要意义？
2. 试论如何维系真正的人际关系。
3. 21世纪人际关系的格局将发生怎样的变化？

---

① 李荣建. 现代礼仪 [M]. 北京：高等教育出版社，2011：155.

第十一章
大学生人际关系概述

┌─ **本章要领** ─┐

　　大学时期，是大学生走向成熟的人生关键期。此阶段的人际关系状态及交往经验，会对其今后的人生成长产生重要影响。因而，处在这一阶段的大学生，需要重视和学习如何建立良好人际关系。

第一节　大学生建立良好人际关系的意义

　　建立良好的人际关系，直接关乎大学生的身心健康成长，以及社会化进程，并对于他们未来的成才及成功具有特殊意义。

一、有助于广泛获取知识

　　良好的人际关系，能拓宽大学生获取知识的渠道。其实，大学生不仅可从课堂和书本获取知识，吸取自身发展需要的养料；还可以通过大学生之间的相互学习、激励而获得成长，自然，这种互补是在建立在良好人际关系的基础上的。对于大学生来说，在大学阶段，需要主动建立良好的师生关系，以促使师生之间情感相融，教学相长；还应该善于与不同学科人才进行交流，以促使在心灵上相互沟通、学习上相互探讨、实践上共同提高。

二、有助于个性及心理健康

　　良好的人际关系，是大学生塑造自我、完善个性的重要条件。可以判断，在良好的人际关系条件下，大学生能通过他人对自己形象的映射，了解自己行为表现的恰当性与能力的高低，从而作出适当调整，明确努力方向，使自我潜能得以开掘。同时，大学生在广泛的人际交往中，可从他人的态度、价值观念、人格品质、精神风貌等方面吸收养分，取人之长，丰富自我，完善个性。

良好的人际关系，也是确保大学生心理健康的法宝。通常，因交往而赢得的友谊、支持和理解，能提高大学生的自信和自尊，增强对自我价值的肯定。应明白，人际交往的时间与空间越宽裕，人的精神生活就越丰富，得到支持的机会就越多，心理也就越能保持平衡。大学时期是个性定型的关键时期。如果人际交往的需要得不到满足或常常发生障碍，出现情感孤寂、惆怅、空虚，就会引发孤独感、挫折感，甚至引发内心的矛盾冲突，以致带来一系列不良情绪反应，如削弱人的抗病能力、神经系统的工作能力，导致心理障碍等。反之，如果建立了良好的协调的人际关系，能获得周围人的广泛支持和赞许，就能保持积极的情绪体验，使个性趣与乐观、开朗、主动、向上，便会极大地促进人的身心健康。

三、有助于个体社会化进程

大学阶段是大学生迈入社会化的重要时期，人际关系是他们稳定实现社会化的重要途径。在这个时期，良好的人际关系能促使大学生与家人、同学、老师和谐相处，有利于积累深化社会经验，掌握社会生活所必备的知识、技能及道德规范等，明确自我在社会中的地位与责任。

近年来，大学毕业生在参加应聘面试时，通常出现两种截然不同的情形，有的学生心慌胆怯，对人冷漠，不善言辞，反应迟缓，答非所问；有的则充满自信，言谈自如，举止得体，待人热情而又不失分寸。后者大多是在大学期间积极承担适量社会工作的大学生，由于他们注重人际交往，愿意在各种场合展现自我，才打下如此良好的社会基础。无疑，积极进行人际交往，对于加快大学生个体社会化进程至关重要。大学生应充分利用大学阶段的各种有利条件和资源，学习人际交往知识，努力提升其人际交往能力，以期掌握交往主动权，扮演适宜的社会角色。

第二节 大学生人际关系的表象、特征及类型

本节试从高校大学生这个特殊群体在校园交往中，所呈现的人际关系表象、特征

及类型，审视当代大学生人际关系现状。

一、大学生人际关系的表象

依据对现代大学生所进行的考察，可将在校的大学生人际关系的表象划分为四类：纵横向人际关系、分化成小群体、自我选择对象、交往深入持久。

（一）纵横向人际关系

大学生的横向人际关系，是指大学生与同龄的同学与朋友之间建立的人际关系；纵向人际关系则指他们与父母、师长等不同年龄人之间建立的人际关系。对纵横向联系作比较，可发现大学生对同辈间的交往关系，其重视程度甚至超过与父母或其他成年人的交往。一方面可以看出，大学生在人生的这一成长阶段，个体自我意识有了进一步的发展；从另一方面来看，大学生乐于与同学和同龄朋友交往，是因为其在生理、心理上有更多的相似之处，在理想、爱好、愿望等方面有更多的共同点。

（二）分化成小群体

小群体特指由于成员彼此认同而自发形成的群体，其主要特征是以情感因素作为人际关系纽带。大学生随着自我意识的增强，不愿意接受各种硬性制度束缚，加之感情丰富，渴求高度个别化的私人情谊，由此自发地形成各种小群体。

（三）自由选择对象

大学的人际交往，有别于中小学时代的结伴上学、共同游戏为基础的人际关系。大学生与同学朋友的关系，更多地表现在思想观念、价值取向、文化知识等方面的相互作用上，其人际关系的建立是自觉选择的结果。大学生按照自我意愿选择交往对象，交往密切度与自身的价值观念、兴趣爱好成正相关。

（四）交往深入持久

大学阶段，应是人生交朋觅友的高峰期，也是人生最珍视友谊、最渴望交往的时期。一般而言，大学生在这个阶段结成的友谊最牢固，一般也最为珍惜。

二、大学生人际关系的特征

大学生作为特殊群体，既具有当代青年人际交往的特点，又反映出自身交往的显著特征。具体表现为以下几个方面。

（一）交往对象的开放性

随着社会的发展，大学生之间的人际交往越来越频繁，交往范围也越来越广泛，具有明显的开放性特征。首先是交往对象的开放，其交往对象由过去局限于与同专业、同班级、同性别同学交往，发展到跨专业、跨班级、异性同学交往，并主动与老师及社会各类人员交往。可见，过去不敢涉足新的交往对象与范围，把自己囿于原有的小圈子内，其交往层次具有浅表性特点，实际交往对象与他们所希望追求心灵结合的朋友关系有很大距离。其次是交往范围的开放，由以往只限于班级、宿舍较封闭的范围，辐射到其他院校、系别、年级，其交往者社交圈较以往呈拓展趋势。再次是交往内容的开放，虽仍以学习为中心，但许多社会交往已渗透到大学生的社交内容中来，大学生的勤工俭学，使不少交往活动与经商、家教、销售等工作联系起来。可以看到，大学生的交往依赖心理不断减弱，而主体交往意识已唤醒，并成为他们交往开放性特征的核心与内因。

（二）交往机会的平等性

大学生对待人际关系的态度，表现出对平等交往的重视。他们中多数者认为，人与人是平等的、互助的。大学生之间是同学关系，谁也不依赖谁，不存在较大的利益冲突，而且具有共同的学习任务和相对一致的学习目的，加之学校及老师对他们布置的任务、提出的要求、给予的机会几乎是均等的，不会因为个体家庭的政治、经济背景不同而区别对待，这便使每个大学生在群体中都是平等的一员。从交往机会的平等性特点来看，显然，这与大学生彼此关系的非利益冲突和较强的平等交往意识有密切联系。

（三）交往需求的迫切性

从现代大学生心理来分析，大学生几乎都意识到交往的重要性。目前存在此类状况：有些大学生担心别人不愿意与自己交往，自认为个人条件不如他人，如无特长、成绩欠佳或经济状况窘迫，存在自卑心理，认为别人会瞧不起自己，而缺乏与他人交往的信心。

但绝大多数大学生，能反映出较强烈的对交往的需求。他们以主动报名方式，参加大学校园内的各种组织及社团，以拓展自己的人脉关系，扩大交际的范围。

（四）交往动机的双重性

在大学生交往中，也蕴含着市场经济交换中的"利益交换原则"，它体现为大学生交往的互助、双赢及功利性。当然，就大学生个体而言，他们还处于成长期，作为同学之间的交往，无论是学习上的互相帮助、思想上的共同进步，还是文体娱乐上的合作，都表现出较强的情感联系。因而，彼此无经济上和思想上的依赖性，在他们之间很少发生根本性利益冲突。

但是，应看到大学生群体对于交往自身不可避免地存在着矛盾心理，如面临竞争激烈的就业关头，一方面迫于社会的现实，深感应当主动出击，拉点"关系"，解决自己的就业问题，找到满意的工作；另一方面，又深知要依靠自己的真才实学自立于社会，反对和鄙视拉"关系"、走"后门"。不可否认，大学生在即将毕业迈出校园时，出现由真实情感与功利性动机形成的心理冲突，会导致其人际交往动机的双重性。

三、大学生人际关系的类型

从高校大学生交往的普遍状况来看，大学生在校园内正常展开的人际交往，主要呈现出以下四种类型：地缘型、业缘型、趣缘型、情缘型。

（一）地缘型

地缘型，主要指大学生因居住同一地域的缘故而结成的人际关系。在大学校园内，最为常见的一种形式是同乡会，它在刚入学的新生中尤为突出。大学校园里因地缘结成的人际关系，虽具有联络情感、促进交流的意义，但同时也产生负面作用，如以老乡名义拉帮结派。因而，大学生需要慎重处理地缘关系。

（二）业缘型

业缘型，指大学生因相同学科或专业在校园内建立及发展的友好关系。须意识到，现代社会各门学科之间的相互渗透性越来越强。作为交往个体的大学生，单靠一门学科的知识很难有大成就。因而，对于大学生来说，应该学会与不同学科人才进行交流的能力，从而在心灵上相互沟通、行为上相互协调，彼此促进、共同提高。

（三）趣缘型

趣缘型，指大学生以情趣爱好相投而结成的人际关系。大学生在完成学业阶段，对与自己有共同追求及业余爱好的交往对象，会产生自然的相互吸引，这便导致相互之间的志趣相投。趣缘型人际关系在大学校园里，以各种自发的团体出现，如诗社、剧团、球类、棋类、武术等各种协会；同时，也有专业兴趣一致所形成的趣缘人际关系。趣缘型的人际关系在大学生中是相当常见的交往类型。

（四）情缘型

情缘型，指大学生为满足爱情的需要，通过与异性交往而建立的人际关系。历来，在大学生的人际关系需求中，爱情需要占了重要位置。情缘型人际关系日趋成为大学生中最为突出的人际关系。在北京市两所高校中的调查发现，积极考虑和正在考虑恋爱的大学生占 89.36%。一个班通常都会出现 3 至 5 对，多则 10 多对，占全班人数的 50%左右。现今高校里谈恋爱者实为普遍，在此类交往人群中，又以女性大学生追求情缘关系者甚多。

情缘型人际关系，已成为大学生诸种人际关系中比例较高的一种。需指出一种现象，即男女大学生一旦找到异性朋友，就会全身心投入，将所有精力与时间都花在上面，恋爱者龟缩在爱情的小天地里，无形中疏远了身边的人，也无暇再去顾及原来的同性好友，从而在一定程度上限制了人际交往面。大学生应警惕情缘关系导致的负面影响。

关于大学生人际关系类型，还有其他分类方法。如依据交往心理与行为的不同，可将大学生的人际交往类型划分为：积极型、被动型与沉静型；从大学生人际关系建立基础的角度来划分，可分为学习型、生活型和活动型三种类型……

第三节 大学生如何建立良好人际关系

大学阶段，是青年大学生建立人脉关系的关键时期。因而，每一位在校大学生需重视学习和掌握人际交往知识及技能，为未来进入社会奠定基础。

一、建立良好人际关系必备的个性品质

（一）真诚、热情

在人际交往中，"人之相知，贵相知心"。因而，真诚能使交往双方心心相印，彼此肝胆相照，唯有真诚能使友谊地久天长。待人热情，能传递给人以温暖，能融化一颗冷漠的心，可促进人与人的相互理解。因此，真诚、热情是促进人际交往的重要心理品质。

（二）理解、信任

在人际交往中，相互理解是建立关系的重要条件，信任则是人际关系的纽带。与人相处，应相信他人的真诚，从积极的角度去理解他人的动机和言行，而不是持猜疑心理，相互设防。美国哲学家和诗人爱默生说过：你信任他人，他人才对你重视。作

为交往双方，若能彼此做到相互理解和信任，才可促成人际关系的正常发展。

（三）克制、宽容

人与人相处，难免会发生摩擦冲突，"克制"则往往能"化干戈为玉帛"。克制能反映交往者以友谊为重，以大局为重。有调查发现，在人际沟通中，情绪是促成双方交往愉悦的重要因素，交往的顺畅需要良好的情绪来作为润滑剂。这说明良性的"沟通"，应先控制情绪。宽容，则是最难能可贵的品质，唯有宽以待人，才能确保交往的持久。但应指出，克制和宽容并不是无条件的，应有理、有利、有节，若忍气吞声任凭他人的无端攻击和伤害，则是怯懦的表现，而不是正确的交往态度。我们须有胸襟待人，以克制和宽容维系人际关系的发展。

（四）自信、乐观

在人际交往中，自信的人总是不卑不亢、落落大方、谈吐从容，但绝非孤芳自赏、盲目清高，而是对自己的不足有所认识，并善于倾听别人的劝告与开导，勇于改正自己的错误。乐观是一种优良品质，给人积极向上、对自我充满信心的印象；它可使对方在交往中自然放松，缩短心理距离。诚然，乐观所释放的正能量磁场，会深深吸引周围的人。

二、建立良好人际关系应掌握的交往技能

大学生普遍具有交往热情，期望扩大自己的社交范围，并能在社交舞台上游刃有余，左右逢源。为此，需要学习和掌握相关人际交往技能。

（一）情为先导

美国社会学家卡耐基说：与人相处的时候，要记住，和我们来往的不是逻辑的人物，而是充满感情的人物。诸如中国成语"通情达理""合情合理"等所蕴含的寓意。因此，在交往中应发挥情商的作用，懂得双方交往是尊重的互换及情感互动的过程。所以，我们在与人见面时，须微笑致意，讲求交往中的礼貌细节，并注重对方的感受，以真情感动对方，从心理及情感上拉近与对方的距离。

（二）重视倾听

人际交往通常是在交谈中进行，因而倾听十分重要。其实，用心并聚精会神地倾听是对人的一种友好表现。通常，倾听过程中须暂时将自己的意愿与观点搁下，保持目光交流，尽可能地去理解和体会交谈对象的内心世界与感受，确认自己的理解是否

符合对方的意图。在倾听中还可试用简短评语和提问，表示对说话内容的关注，同时体现出对谈话者的敬重，以获得交往对象的赏识和信任。

（三）认同对方

在人际交往中，我们不可忽视，作为人的本性，我们在内心深处都有一种被对方认同的渴望。不可否认，交往是建立在彼此认同基础上的。所以，在交往中，人们总是在不断地寻求认同，只有获得认同感才可能促使交往向纵深发展。因此，我们应该有意识地认同对方的内心感受，真诚地接纳他人的诸多方面，以"求大同，存小异"，疏通和推进人际关系。

（四）善于赞美

当我们揭开人性的奥秘，会发现，赞美是打开他人心扉的一把最直接有效的钥匙。因而，在与人交往中，实事求是、适当地赞美对方，可以营造一种热情友好的气氛。但应提醒，需要恰如其分地赞美。在交往中，应善于发现对方引以为豪、期盼被人称赞之处，然后再加以恰如其分的赞美，这样才会对促进双方交往起到推波助澜的作用。其实，在现实交往中，当我们赞美他人时，如同"赠人玫瑰，手留余香"，赞美者往往也可获得交往对方的友好回报。

（五）学会感恩

在社会生活及交往中，往往懂得感恩者易结善缘，为此，与人往来，须常怀感激之心。在交往中，如果接受了别人的恩惠，不管是礼物、忠告或任何帮助，都应该及时向对方表达谢意。尤其是对曾经扶持过自己的老师、同学或朋友，应不失时机地表达自己的由衷感激之情，并采用适当的方式予以回报。对于拥有感恩之心的人而言，随着时间推移，会发现其人际关系愈加牢固，并且会被他人仿效。

三、良好人际关系的巩固及发展

如何维系和巩固大学时期的人际关系，以促使其关系良性发展，并成为将来进入社会的人脉资源，不妨借鉴以下几点。

（一）尊重肯定，欣赏对方

人类普遍存在着对"尊重"的需要，"交往"从某种意义上而言，可谓"尊重"的互换。因而，在实际交往过程中，只有双方的自尊感得到高度满足，交往者才会体验到愉悦，也随之会对交往对方的态度、观点易于接受。尤其是大学生这个特殊群体，正处于人生青春期阶段，自尊心极强，因而在交往中先肯定对方，尊重对方，这是交往成功的基础。

真诚热情是待人之"道"，对于青年大学生的人际交往更是至关重要。可以设想，在交往中，若对方感受到你的真诚与热情，显然会做出良好的肯定及评价。须提示，交往者不仅需要有充沛的热情，同时应表现出坦诚，但可言明自身利益，显得真诚而又合情合理，以此得到对方的接纳，为成功交往开道。

（二）尝试体验，接近对方

良好的人际关系是在交往中形成和发展起来的。大学生应力求主动与人交往，若与不熟悉的人初次交往，可遵从礼貌规则，先以寒暄引出话题，如询问对方姓名，有哪些业余爱好等；继而转入中性话题，以防止话语偏激；然后再进入双方共同关注，或触及个人利益的话题，如各自对完成学业及未来工作的想法等。建议大学生可利用校园这个"小社会"，多尝试体验与人的实际交往，主动抓住机会与人交谈，积累交往经验。其实，对于大学生而言，注重并善于与他人交往，可以释放情绪、缓解压力，不失为促进身心健康的良方。

当然，一个人在不同场合具有不同角色身份，大学生应清楚，若在大学校园里，是学生；若在社会上，则是公民。因而在交往活动中，应能把握角色的变换。同时，善于观察和了解交往对方在特定情境中的心理状态和行为方式，学会换位思考，用同理心去接近对方，改善待人态度，会有效打开与各类交往对象的交往通道。

（三）展示魅力，吸引对方

大学生为拓展人际交往范围，应先注重个人素养的提升。如同自然界的原理，花香自有蜜蜂来。应确信，在社交圈里，丰富自己比取悦他人更重要。因而，应力求从仪表、智慧、人格及才能等方面展现自我魅力。

1. 仪表魅力

仪表指人的外表，包括人的仪容、表情、姿态、服饰，以及风度气质的呈现。心理学阐述的"首轮效应"，说明与人初次见面的前30秒，可决定交往者对对方形成的印象。因而，不可忽视交往者的仪表对人际吸引产生的影响，因为优雅的气质最终是通过仪容、姿态及衣着服饰流露出来的。关于仪表相关知识，请参看本书其他章节的详细阐述。风度气质，虽是人先天素质和后天教养的综合，但更侧重于由内而外散发出的个人魅力。大学生是具有文化教养的青年人，其风度应体现出：仪态端庄、优雅，谈吐文明、举止得体及彬彬有礼。应提示，女性大学生应明白，对于女性的美，更深层次的"化妆"，是改变气质。

2. 智慧魅力

青年大学生须懂得，智慧之美胜过容颜之美，并能超越青春，永恒于生命之中。人类进入 21 世纪，公认"智慧"是现代人应具有的优秀素质。因而，大学生应拥有智慧的生存方式，敢于接受挑战，有试图创新的意愿，并能选择自己的生活，拥有自我价值观以及行为方式。当然具有知识者，才能智慧充盈。大学生应酷爱知识，勤于学习、勤于阅读，用知识丰满其智慧。应意识到，在人际交往中，其真正的智慧是大气而非平庸的小聪明，有大心胸和大格局，待人处事应是灵性与弹性的结合。

3. 人格魅力

常言道：人格如金。其实，与人交往的持久性，最终与交往者人格有很大关联，一个人的气质魅力是从人格深处散发出来的。大学生要力求使自己在人际交往中具有人格魅力，须努力培养自己真诚、信任、自尊、自信、热情、正直等做人的态度；还须形成待人坦诚、关心他人、富于同情心、热爱集体、有强烈责任感、热情开朗等受欢迎的个性，从而由内而外散发出人格魅力。

4. 才能魅力

"才能"是指以一个人的才华和能力。显然，人的才华是其知识和智慧的结晶，能力则体现为实际的创造及解决问题的能耐。应清楚，大学生的主要职责是学习和增长才能，若能努力掌握过硬的专业知识，并能不断地学习和把握本学科及专业领域的新知识、新信息，乐于大胆创新，便可展现其才能。当然，大学生要谦虚谨慎，不恃才自傲，应有学无止境的精神，方能彰显其魅力。

总而言之，大学生应审时度势，21 世纪呈现出一种明显的特征，即以人脉关系赢天下。因而，大学生须把握大学阶段这一创立人脉关系的关键时期，同时促使自身全面发展，全面适应社会需求。

【短文二则】

人际交往的"界限"感

随着社会文明的发展，对个人隐私的日益尊重，人际交往的"界限"，已不仅限于物理上的个人空间或家庭空间，还上升到心理层面上的个人空间。由于交往的"界限"感较模糊，从而引发人际关系中的痛苦和无奈，这种现象比比皆是。应正视，犹如这个世界上没有完全相同的两片树叶，这个世界上也不会有完全相同的两个人。遗传基因、出生背景及所受教育不同，使人与人千差万别。自然，当一个人缺乏"界限"感，便难以感觉到自己和他人的不同。

诚然，人有清晰的界限感，会意识到这种不同，并尊重其差异。若界限感模糊，面对这种差异，会觉得痛苦，可能对他人产生抱怨和不解："你怎么这么办事？""你凭什么这样对我？""你怎么有这种法？""你的想法好奇怪！"当一个人缺乏界限感，还会将自己的事托付他人，邀请他人跨入自己的界限；也常常把自己的意愿强加于人，强行跨入他人的界限。这里要指出，中国家庭早期教育方面，常常出现界限模糊的情景，如当一个幼儿跌倒，本应自己爬起时，往往被父母干预及扶起，其实，善良的中国父母已经侵入了孩子的界限，致使孩子的"界限感"开始逐渐缺失。

须指出，交往为人性所必需，其分寸却难以把握。帕斯卡尔说："我们由于交往而形成了精神和感情，但我们也由于交往而败坏着精神和感情。"正常的交往，其实质是：双方把握介入他人空间的尺度，互相表示尊敬。古往今来，有价值的交往，总是发生在两个具有独立的人格之间。对于人际关系，可遵循一个合乎人性的原则，再好的朋友也应保持距离，把控好人际交往的"界限"。

真正的"友情"

茫茫人海，与你擦肩而过、相识相交的人不计其数。除了亲人之外，还有这样一种人，尽管与你没有血缘关系，但也像亲人般接纳你、关爱你、惦念你，这是世间无可替代的"友情"关系。

"友情"，只存在于真正的朋友之间，对方是你高兴时想分享、烦恼时想倾诉、有难时同担的人。朋友可一起漫步、沉溺于遐思……当然，这样亲密的朋友，不一定是先来的人，或者认识最久的人，但一定是走进你生命中便再也无法分离的人。这种友情很奇妙，即使双方不常联系，但也不会彼此相忘，并在偶尔念起时，仍然感觉那么温暖、那么亲切、那么柔情；可见，真正的友情，是把关怀放在心里，把关注藏在眼底，相伴走过一段人生。这般情谊，不求门当户对，但可同舟共济；无需形影不离，必是惺惺相惜；不仅能锦上添花，更能雪中送炭。当这份"友情"降临时，需珍惜生命中的这份馈赠。

附录:

大学生人际关系调查问卷①

1. 你的性别是？

○ 男

○ 女

2. 你的年级？

○ 一年级

○ 二年级

○ 三年级

○ 四年级

3. 你觉得你的人际关系有何不同？

○ 关系很好，很满意

○ 关系一般，马马虎虎

○ 关系很差，自己很失败

○ 不清楚

4. 你认为在大学建立良好的人际关系重要吗？

○ 很重要

○ 一般重要

○ 不重要

5. 与中学相比，你觉得大学的人际关系？

○ 有所进步，更深刻

○ 有所倒退，更虚伪

---

① 问卷原文见网址：http://www.askform.cn/26895-36873.aspx，略有改动。

○ 不是很清楚

6. 你觉得自己在人际交往上是否有障碍？

○ 很有障碍

○ 有一些障碍

○ 完全没有障碍

7. 你和同寝室的人相处怎样？

○ 很融洽

○ 一般

○ 较差

○ 和他们不怎么交流

8. 你在宿舍或者生活中有特别不喜欢的人吗？

○ 有很多

○ 有，但很少

○ 没有

○ 不清楚

9. 你在大学期间承受最大的压力是哪方面的压力？

○ 人际关系压力

○ 学业压力

○ 就业压力

○ 异性交往压力

10. 生活中与其他人产生矛盾是难免的，你认为与他人产生矛盾的主要原因是什么？（可多选）

○ 经济利益

○ 学习问题

○ 生活中小摩擦的积累

○ 感情问题

○ 生活习惯不同

○ 做事时意见难以统一

○ 其他原因

11. 当你与别人发生分歧时，你是否会换位思考、冷静分析原因？

○ 会

○ 偶尔会

○ 从不

○ 从没有分歧

12. 与一大群朋友在一起，你会感到孤独失落吗？

○ 经常

○ 偶尔会

○ 从不

13. 上大学后，离家较远，一般你和家人谁会主动联系对方？

○ 家人

○ 自己

○ 差不多

○ 从不联系

14. 进入新的环境后，你是否会怀念老朋友？

○ 经常

○ 偶尔

○ 从不

15. 在你建立了稳固的朋友圈之后，你还愿意去结交新的朋友吗？

○ 很愿意

○ 不愿意

○ 视情况而定

16. 与人交往时，你比较在意对方的（　　　）？

○ 与自己的兴趣爱好是否相投

○ 家庭背景

○ 个人能力

○ 长相

○ 人际关系

○ 学习成绩

○ 其他

17. 你会觉得自己的烦恼无人可以诉说或者有口难开吗？

○ 经常

○ 偶尔

○ 从不

18. 网友与现实中的朋友相比，你觉得（　　）？

○ 现实中的朋友更真实可靠

○ 网友比现实中的朋友更开放、更谈得来、更有意思

○ 各有各的好处

19. 当发现自己无意中做错了事或者伤害了他人，你会很快承认错误或作出道歉吗？

○ 会

○ 不会，因为不是故意的

○ 看情况

20. 和异性交往，你会（　　）？

○ 感觉不自然，在迫不得已的情况下才会去接触他/她们

○ 几乎和他/她们没交往

○ 感觉很自然，能同他/她们接近，并正常交往

21. 遇到困难和压力，你会向谁求助？（可多选）

○ 朋友

○ 亲人

○ 老师

○ 自己解决

○ 专业人士

主要参考书目

冯兰．人际关系学［M］．沈阳：辽宁大学出版社，2005．

［美］亚伯拉罕·哈罗德·马斯洛．实现人生价值［M］．冯化平，译．北京：中国社会科学出版社，2013．

［美］Loren Ford．人际关系［M］．王建中，等，译．北京：高等教育出版社，2008．

曾仕强，刘君政．人际关系与沟通［M］．北京：清华大学出版社，2004．

伍茂国，徐丽君．人际交流［M］．北京：中国纺织出版社，2003．

时容华．现代社会心理学［M］．上海：华东师范大学出版社，2007．

李素霞．交往手段革命与交往方式变迁［M］．北京：人民出版社，2005．

黄华新，朱法贞．现代人际关系学［M］．杭州：浙江大学出版社，1995．

［日］蛛本博明．e时代人际关系［M］．高丕娟，译．北京：科学出版社，2004．

李荣建，宋和平，等．现代社交礼仪［M］．武汉：武汉大学出版社，2007．

宋莉萍．礼仪与沟通教程［M］．上海：上海财经大学出版社，2006．

樊富珉，王建中．当代大学生心理健康教程［M］．武汉：武汉大学出版社，2006．

郭腾尹．人脉是画出来的［M］．北京：北京大学出版社，2008．

［美］托马斯·弗里德曼．世界是平的［M］．何帆，肖莹莹，译．长沙：湖南科学技术出版社，2008．

高山．人际交往心理学［M］．北京：北京燕山出版社，2017．

高阳．48种社交场合绝妙辞令［M］．苏州：江苏人民出版社，2005．

金正昆．王牌口才，金牌礼仪［M］．西安：陕西师范大学出版社，2008．

李莉．礼仪实用教程［M］．北京：中国人民大学出版社，2006．

李蔚，黄鹂．社交谋略与技巧［M］．成都：四川大学出版社，1997．

［西］巴尔塔沙·葛拉西安，等 . 成功书 ［M］. 陈书凯，编译 . 北京：当代中国出版社，2002.

［美］约翰·麦克斯韦尔，雷·帕罗特 . 与人共赢的 25 个关键 ［M］. 任月园，等，译 . 北京：中国社会科学出版社，2007.

陈南 . 感谢折磨你的人 ［M］. 北京：中国妇女出版社，2007.

罗鲜瑛 . 影响你一生的选择与放弃 ［M］. 北京：群言出版社，2004.

后 记

　　本教材经历大半年的辛勤笔耕，时值阳春三月，欣喜阖卷。回顾编写过程，可谓百感交集。我感怀于在整个编写之中所受到的来自各方面的关怀和支持，终使我能如释重负。

　　在编写此书的过程中，参考了大量国内外有关方面的书籍资料，在此，本人对著作者及学界同仁表示深深的敬慕及谢意。

　　在此，还要对武汉大学出版社王雅红编审的鼎力相助深表谢意，并对参与此书校对、出版的全体人员的辛勤工作，表示衷心感谢。

　　编者由于知识水平的局限，在编写中出现的疏漏和瑕疵，期待广大读者和学界同仁的悉心指正。

杨　丹

2010 年 3 月于武汉

第二版后记

作为编者深感庆幸,此《人际关系学》自 2010 年发行一版后,即重印多次。本人对此书能获得社会广泛关注及认可,实为感激。

在编写新版书籍过程中,仍借鉴并参考了国内外相关文献资料,在此心存感激,对著作者及学界同仁一并表示敬慕及谢意!

借此,由衷感谢武汉大学出版社相关编辑的鼎力支助,同时对参与此书校对、出版的全体工作人员的辛勤付出,表达诚挚的致谢。

本人由于知识水平的局限,在编写新版教材中出现的疏忽和瑕疵,恳请广大读者和学界同仁指正。

杨 丹

2018 年 10 月于武汉